Lothar Ebert

*Die weiße Schamanin*

Lothar Ebert

# *Die weiße Schamanin*

Die Fortsetzung von
»Im nächsten Leben«

Roman

Paramon
Verlag

Die Deutsche Nationalbibliothek verzeichnet diese Publikation in der Deutschen Nationalbibliografie; detaillierte bibliografische Daten sind im Internet über dnb.dnb.de abrufbar. Die Schweizerische Nationalbibliothek (NB) verzeichnet aufgenommene Bücher unter Helveticat.ch und die Österreichische Nationalbibliothek (ÖNB) unter onb.ac.at.

Unsere Bücher werden in namhaften Bibliotheken aufgenommen, darunter an den Universitätsbibliotheken Harvard, Oxford und Princeton.

Lothar Ebert:
*Die weiße Schamanin: Die Fortsetzung von »Im nächsten Leben«*
ISBN: 978-3-03830-953-6

Buchsatz: Danny Lee Lewis, Berlin: dannyleelewis@gmail.com

Paramon® ist ein Imprint der
Europäische Verlagsgesellschaften GmbH
Erscheinungsort: Zug

Sie finden uns im Internet unter: www.paramon.de

# Inhalt

*Gewidmet all jenen, die Empathie im Herzen tragen; vor allem aber unseren Familien, den Freunden in Jena, Potsdam, Sachsen und Bayern.*

# Einleitung

Große Hoffnungen führten zwei Menschen als Auswanderer in ein neues, nächstes Leben, das alte hinter sich lassend, in dem Ann Trebe nach langem, schmerzensreichem Kampf gegen die Krebserkrankung weitestgehend gesundete, nach Kanada.

Sie und ihr Mann Marty wagten dieses Abenteuer, weil ihnen bewusst war, dass nichts Schlimmeres als das hinter ihnen Liegende eintreten könne.

So entstand das 1. Buch »Im nächsten Leben«, in dessen direkter Fortsetzung nun das 2. Buch »Die weiße Schamanin« vorliegt, in dem der weitere Lebensweg der Ann Trebe erzählt wird. Als nach vielen Jahren eine persönliche Tragödie ihre psychische Kraft verschleißt, besteht sie dennoch zusammen mit ihrem Wolfsrudel Herausforderungen und Gefahren, unterstützt und getragen von vielen Freundschaften mit besonderen Menschen, diese verehren sie als die *weiße Schamanin*.

Ihr Charakter und Charisma durchweht die unendlichen Weiten der kanadischen Wildnis, macht nicht Halt vor ethnologischen Grenzen und den unterschiedlichen Befindlichkeiten des Vielvölkerstaats Kanada, bringt Menschen zusammen und trennt Gutes von Bösem. Weiterhin aber bilden ihre Wolfshunde den Mittelpunkt ihres Seins, zusammen mit ihren indianischen Freunden und weißen Yukon Men sind sie das Fundament ihres Glücks.

Dichtung und Wahrheit verschwimmen miteinander. Manche Personen, Ereignisse und Örtlichkeiten sind jedoch frei erfunden. So wie auch die Wolfshunde, die Ann und Marty als Welpen aufnahmen und großzogen.

# Prolog

Der Moksgmol hob den Kopf und richtete witternd die Nase zum Blockhaus, so als suchte er etwas. Vorsichtig, Tatze für Tatze setzend, erreichte er das verwaiste Anwesen. Im Laufe der Jahre hatte sich sein Pelz im Nacken und an den Schultern leicht verfärbt, kleine hellbraune Stellen bildeten einen unnatürlichen Kontrast zum ansonsten weißen Pelz. Er blieb vor den Stufen zur Terrasse stehen, die mittlerweile teilweise von Heidelbeergestrüpp und hochwachsenden Fireweed überwuchert waren.

Der Bär hatte den Wolfshund längst bemerkt, streckte sich aber unbeeindruckt aus und blinzelte mit seinen kleinen Augen zum Felsenhügel. Torok reagierte nicht, blieb stattdessen an einem Grabhügel liegen. Man könnte meinen, dass beide auf irgendeine Art miteinander kommunizierten; nur die Rufe eines Diademhähers schufen den akustischen Rahmen der Szene. Seelenruhig verspeiste der blaugefiederte Vogel die Muschelreste, die der Bär am Ufer hinterlassen hatte. Der war aufgestanden und im Licht der untergehenden Sonne bekamen die Haare seines weißen Pelzes goldene Spitzen.

Auch Torok erhob sich. Beider Augen fixierten einander, als wollten sie abschätzen, ob sie gleichen Sinnes sind. Das einsetzende Heulen des schwarzen Wolfshunds schien den Bären nicht zu beeindrucken, der zwar wie zu einer Salzsäule erstarrt war, aber keine drohende Haltung einnahm. Schritt für Schritt näherte sich Torok, bis die beiden Tiere nur noch wenige Meter trennte. *Wir gehören beide hierher,* fast könnte man ihre Gedanken lesen. Der Moksgmol war nur wenig größer als der Wolfshund. Der neigte dennoch in einer unterwürfig anmutenden Art den Kopf, ohne seinen Blick abzuwenden. Wie in einem grotesken Stummfilm verharrten die beiden Raubtiere. Etwas schien sie zu einen ...

In freier Wildbahn gehen sich Bär und Wolf in der Regel aus dem Weg. Trotzdem kommt es vor, dass sie aneinandergeraten. Dabei handelt es sich meistens um Beute. Weil Wölfe aber stets im Rudel jagen, zieht ein Bär oft den Kürzeren, obwohl er der Stärkere ist und vielleicht die Beute riss oder Aas verteidigt. Wölfe sind klug und ihr Innovationsvermögen vervielfacht sich als Rudel, das hartnäckig, geduldig und strategisch vorgeht.

Hier und jetzt war alles anders: Keine Beute, kein Rudel, keine Aggression. Was jeden Tierbiologen und Wildhüter sprachlos gemacht hätte, geschah – die beiden Tiere traten zueinander. Zögerlich beschnüffelten sie sich, jedoch mit gesträubten Nackenhaaren.

Ein Bär und ein Wolf – Erzfeinde der Wildnis.

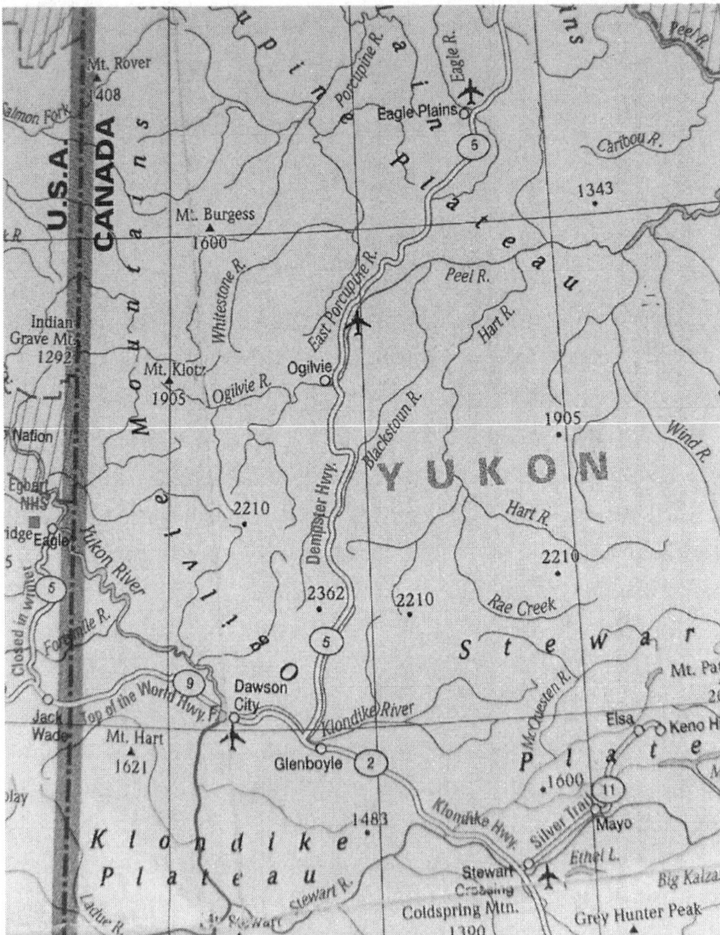
U.S.A.
CANADA
Mt. Rover
1408
Mt. Burgess
1600
Eagle Plains
Porcupine R.
Eagle R.
Peel R.
Caribou R.
1343
East Porcupine R.
Whitestone R.
Hart R.
Indian Grave Mt.
1292
Mt. Klotz
1905
Ogilvie R.
Ogilvie
Blackstone R.
1905
Wind R.
YUKON
Hart R.
2210
Dempster Hwy.
Eagle
Yukon River
Closed in winter
Fortymile R.
2362
2210
2210
Rae Creek
Dawson City
Top of the World Hwy.
Jack Wade
Klondike River
McQuesten R.
Mt. Hart
1621
Glenboyle
Elsa
Keno Hill
1600
Mayo
1483
Klondike Hwy.
Silver Trail
Klondike Plateau
Ethel L.
Stewart Crossing
Big Kalzas
Stewart R.
Coldspring Mtn.
1390
Grey Hunter Peak

# Ross River

## Canada; Yukon Territory

»Akecheta und seine Gruppe kenne ich nur flüchtig. Nach meiner Kenntnis leben sie sehr zurückgezogen und absolut autark. Eine Verbindung gab es nur über Jess Bato, seinen Sohn, der Partner von Mel Awan war. Ein ruhiger, wenig mitteilsamer junger Mann, der die Wildnis liebte.«

Takoma wandte sich Ann zu, die neugierig die Landschaft unter ihnen betrachtete. Sie waren in Whitehorse gestartet, wo Ann eine Besprechung mit Dan Winslow wegen ihres zweiten Buches hatte. Sie überflogen gerade die Pelly Mountain, die Ross River vorgelagert waren und sich entlang des Highways 6 erstreckten. Blausilbrige kleine Seen lockerten die Ansicht der schier unendlichen grünen Wildnis auf. Ohne sich vom Fenster abzuwenden, antwortete sie: »Auf diesen Stamm der Siksika freue ich mich und bin sehr neugierig.«

»Fleur, schau, dort vorn kann man das Pelly Plateau erkennen. In einem schmalen Tal mit drei hintereinander liegenden kleinen Seen müsste sich die Siksika-Siedlung befinden. Hoffentlich finde ich eine leidliche Piste oder einer der Seen bietet sich an.«

Takoma drosselte die Geschwindigkeit und ging tiefer, um sogleich wieder hochzuziehen. Die Saint Cyr Range mit ihren bis zu 2500 m hohen Gipfeln raste fast zum Greifen nahe an den Tragflächen vorbei. Hinter Ann winselte Atka, die zusammen mit Sitka gesichert zwischen Gepäckstücken und Versorgungsgütern lag.

»Diese Region ist mir nicht sehr vertraut. Vermutlich werde ich die Schwimmer brauchen, aber wir erkunden erst mal die Gegend, und 20-30 Minuten Flugzeit bleiben uns sowieso noch.«

Takoma konzentrierte sich wieder auf das immer schwieriger werdende Profil der Landschaft. Da Ann stumm blieb, sprach er weiter: »Hast du sie darauf vorbereitet, dass zwei Wölfe mitkommen werden?«.

Ann riss sich los vom Ausblick auf die unter ihnen vorbeiziehende Wildnis.

»Ja. Weißt du, die CBC North erfüllt mir wohl jeden Wunsch«, sie lächelte verhalten, »sie organisierten eine Verbindung in die Siksika-Siedlung, was eine Weile dauerte. Zum Glück haben sie wenigstens Empfänger und Sender. Ich sprach mit diesem Akecheta. Er wirkte auf mich, wie soll ich sagen, irgendwie verhalten, reserviert.«

»Er ist ein Siksika«, unterbrach sie Takoma, schaute nach vorn und Ann sah förmlich seine Gedanken kreiseln, »und als Chief seiner kleinen Gemeinschaft führt er ein an altem Brauchtum orientiertes Regime.« Als er kurz zu Ann blickte, sah er ihre fragend gerunzelte Stirn.

»Er ist ein Siksika«, wiederholte Takoma, »und diese haben in der Vergangenheit viel erdulden müssen. Die Auseinandersetzungen erst mit der amerikanischen und später mit der kanadischen Regierung verliefen nicht immer einvernehmlich wie bei uns. Wir hatten aber auch nur mit den kanadischen Behörden zu tun – und unsere Interessen vertrat Nao-ita«! Bedeutungsvoll schaute er sie an. Ann verstand und ein sanftes Lächeln stahl sich auf ihr Gesicht.

»Loup besorgte mir für meine Recherchen ein Buch, in dem ich vieles über das Land um Ross River und seine Bewohner, ihre ethnische Herkunft und Population erfuhr. Aber mit ihnen selbst zu sprechen wird mich weiterbringen. Vorhin fiel mir auf, dass du mehrmals mit seltsamer Betonung – *Er ist ein Siksika* – sagtest. In diesem Zusammenhang musste ich an Loup denken, als er mir von dem Treffen mit ihnen in der Bibliothek erzählte. Dieser Akecheta sagte damals zu ihm, dass sein Sohn von einem Weißen ermordet wurde, was Loup zunächst sehr distanziert aufnahm. Im Verlauf des weiteren Gesprächs glättete sich das wieder, zumal der später die Worte Nao-itas gebrauchte: ... *eure Haut ist weiß, aber im Herzen seid ihr rot*, ehrlich gesagt, langsam kommen mir Bedenken.«

Über Takomas Gesicht huschte ein Lächeln, »wenn ich dich so ansehe, kann ich Nao und Akecheta nicht mehr recht geben. Dein Teint kommt dem unseren inzwischen sehr nahe.« »Ich bin doch Loups Squaw«.

Takoma lächelte, »ja, das bist du und durch ihn und meinen Sohn sind wir auch irgendwie ein bisschen verwandt miteinander«. Er wurde wieder ernst, »folgendes solltest du noch wissen. In der indianischen Historie des 19. Jahrhunderts waren sich Ojibwa und Siksika nicht wohlgesonnen. Die Siksika galten zusammen mit den Cheyennen als enge Verbündete der Lakota-Sioux. Der Weißenhass saß tief und Spuren davon führen sogar noch bis in die Gegenwart. Trotzdem, Fleur, Bedenken musst du keine haben. Akecheta und seine Gemeinschaft sind trotz allem gastfreundliche Menschen«.

»Ja okay, das ist mir schon bewusst, vor allem nach Loups Schilderung«.

Takoma lud nur Anns Gepäck aus und blieb an der Beaver stehen, die er an einem kleinen, wackligen Steg kurz fixiert hatte. »Ich komme nicht mit. Ein Ojibwa ist nicht gern gesehen hier«. Er umarmte Ann, »sollte sich ein Problem ergeben, dann setze nur ein kurzes Signal über eines ihrer Funkgeräte ab – von der Zentrale der RCMP kann es geortet werden – und ich oder Bob holen dich sofort ab. Ansonsten übermorgen, so gegen Mittag oder kurz danach. Alles klar? By, Fleur«. Takoma kletterte ins Cockpit und hob die Hand.

Ihr Gepäck aufnehmend, ging Ann flankiert von Sitka und Atka auf die Häuser zu. Einige Bewohner standen stumm beieinander. Eine einzelne junge Frau kam mit zögerlichen Schritten auf sie zu, an der Hand ein kleines Mädchen.

- *Es ist anders* -, dachte Ann bei sich, *es ist anders als in der Ojibwa/Cree-Siedlung. Aber ich bin eben eine Fremde. Sie sehen auch ärmlicher aus.* Sie vermisste einfach die Freundlichkeit und Herzlichkeit, die sie von ihren Freunden in den Ogilvies her gewohnt war.

Einige Schritte vor Ann blieb die junge Frau stehen. Deren Tochter starrte mit großen, ängstlichen Augen nur auf die Wölfe und versteckte sich halb hinter ihrer Mutter. Das Gesicht der Frau war ernst, aber ihre dunklen Augen blickten Ann freundlich entgegen. Sie neigte den Kopf zum Gruß. Auch Ann grüßte freundlich und legte eine Hand an die linke Brust.

»Unser Volk freut sich, dich kennenzulernen, Fleur. Ich bin Dakota und das ist meine Tochter Aquene. Unsere drei Stimmen sind ja schon vertraut miteinander. Seit unserem Gespräch damals musste ich oft an dich denken und meine Tochter drängelte ständig, wann du uns endlich besuchst. Aber«, sie stockte kurz erschrocken, »bitte verzeih mir – ich, wir alle teilen deine Trauer aus tiefstem Herzen«.

»Danke«, erwiderte Ann, »ich weiß auch um eure Trauer, die ich mit euch teile«.

Aquene anlächelnd, hockte sie sich hin, schlang ihre Arme um Sitkas und Atkas Hals und sagte freundlich zu dem Mädchen: »Dies hier ist Sitka und das Atka, beide sind Fähen, also weibliche Tiere. Du brauchst dich nicht zu fürchten. Meine große Wölfin hier«, sie strich Sitka zärtlich über den Kopf, »ist Atkas Mom. Beide beschützen mich. Gefallen sie dir«?

Das Mädchen nickte heftig, »aber sie sind so groß«.

»Pass auf, Aquene«, Ann legte eine Hand auf Sitkas Schnauze, die Fähe zog kurz den Kopf zurück und schnappte sich ihre Hand. Zurückschreckend und mit einem erstickten Laut entzog Aquene ihrer Mutter die Hand und hielt beide vor den Mund.

»Jetzt gib mir deine Hand, Aquene, hab keine Angst, vertrau mir«.

Sie legte die kleine Hand des Mädchens in ihre und näherte sie Sitka: »Ikwezens onji-baa«. Dakota wollte einschreiten, aber Ann wehrte sie ab, »sei unbesorgt, Sitka ist mit Moksgmol verbunden und beide sind bei deiner Tochter«.

Die Wölfin nahm beide Hände ins Maul. Mit großen, erschreckten Augen erstarrte die Mutter. Sitka gab die Hände frei. Noch immer lag Aquenes Hand in der von Ann. Abwechselnd starrte das kleine Mädchen auf ihre Hand, auf Ann und die Wölfin. Dakotas Blick haftete auf Ann und sie flüsterte: »Moksgmol, Moksgmol«.

Die zwei Männer, die mit gezücktem Messer herbeigestürmt waren, wichen zurück und die Messer entglitten ihren Händen. Aus der kleinen Gruppe, die seit Anns Ankunft unbeweglich abseits stand, erhob sich ein monotoner Singsang, den sie mit rhythmischen, hoch erhobenen Armen begleiteten. Dakotas Starre hatte sich gelöst und ohne auf ihre Tochter zu achten, die vor den beiden Wolfshunden stand, auch Atka hatte sich dazugesellt, nahm sie mit beiden Händen eine Hand von Ann, verneigte sich und sagte: »Du bist eine weise Frau. Bitte helfe dem Vater, er ist krank«.

Die Abwesenheit dieses Akecheta registrierte Ann bereits bei ihrer Ankunft unangenehm. Nun fragte sie ruhig: »Was ist mit Akecheta, wie kann ich helfen«?

Erst jetzt schweifte Dakotas Blick zu ihrer Tochter, die zwischen den beiden Wolfshunden stand und von diesen überragt wurde. Zögerlich, aber dennoch angstfrei streichelte sie deren Köpfe. Mit entrücktem Blick schaute sie zu ihrer Mutter, die ungläubig verharrte. »Komm«, sagte sie leise.

Langsam näherten sie sich der kleinen Menschengruppe, bestehend aus fünf Frauen unterschiedlichen Alters und den zwei Männern, die soeben noch aggressiv reagiert hatten. Vor einigen der ärmlich anmutenden Häuser standen weitere Bewohner, die ihre neugierigen Kinder zurückhielten. Keine Grüße, kein Winken, nur stummes Starren. Unbewusst beschlich Ann ein bedrückendes Gefühl. Die Behausungen und ihre Umgebung befanden sich in einem schlechten Zustand. Überall häufte sich Müll, verwilderte Ansätze von Gärten, abgedeckte Gestelle, in denen ungeordnet Fischhälften im Wind schaukelten, und dazwischen herumrennende räudige Hunde. Dazu heranwehende üble Gerüche.

Derweil war das kleine Mädchen an Anns Seite getreten, flankiert von Sitka und Atka. Aquenes Augen hatten einen ungläubigen, aber frohen Glanz angenommen, »Mom, schau«.

Aus der Menschengruppe löste sich eine alte Frau, blieb vor Ann stehen, ergriff scheu deren Hand und führte sie an ihre Brust: »Sei willkommen, weise Frau. Dein Besuch ist eine Botschaft von Wakan Tanka und der Mutter Erde. Durch dich können wir Moksgmols Kraft spüren. Hab Dank«.

Ann neigte den Kopf, blickte zu den anderen und wiederholte ihre Geste. Dann wanderte ihr Blick zu Aquene, die noch immer zwischen den beiden Wolfshunden stand. Für einen Moment verflüchtigte sich der düstere Eindruck der Ankunft. *Mein Gott, man muss diesen Menschen helfen,* Anns graue Zellen arbeiteten bereits. Währenddessen blieb Dakota vor einem Haus stehen, schaute sich umdrehend nicht zu Ann, sondern zu ihrer

Tochter, die stehend in Sitkas Augen blickte und ihre Mutter nicht beachtete.

»Sei unbesorgt, Dakota, deine Tochter ist behütet«.

Sie betraten das Haus. Der Odem, der Ann entgegenschlug, warf sie fast zurück. Akecheta lag auf einem Bett und atmete schwer. Dakota half ihm auf, so dass er sitzend Ann begrüßen konnte.

»Ich grüße Nao-itas Tochter, sei willkommen, Fleur«.

Ann grüßte auf indianische Art zurück.

»Noch immer umhüllt Dunkelheit mein Herz und ich fühle mich in Trauer mit dir verbunden. Zwei gute Menschen sind gestorben. Das war nicht Wakan Tankas Wille, sondern der eures Gottes. Ich danke dir für dein Kommen, weise Frau«. Akecheta schwieg erschöpft. Ann ergriff seine Hand, die sich heiß und feucht anfühlte. Sie kramte aus ihrem Rucksack zwei kleine Stoffbeutel, die Pflanzenteile des Wasserdosts und Weidenrinde enthielten und reichte sie Dakota.

»Setz damit einen Sud an, schnell. Dann öffne alle Fenster, leg Birkenholzscheite in den Ofen und öffne die Klappe, damit der Rauch ins Zimmer gelangen kann. Mach schnell«. Dann wandte sie sich wieder dem alten Mann zu, dessen Augenlider zuckten.

Bald breitete sich der Rauch aus, Dakota kam mit dem Trank und flößte ihn Akecheta ein.

»Was soll ich noch tun, Fleur?«

»Wir lassen den Rauch noch eine Weile im Zimmer, dann schließt du die Klappe und lässt alle Fenster offen sowie die Tür«.

Akecheta war zurückgesunken, hatte die Augen geschlossen und atmete ruhig.

»Wir lassen deinen Vater etwas schlafen, komm«.

Ann erhob sich und zog Dakota mit nach draußen. Sie setzten sich auf eine Bank neben der Haustür. Sitka und Atka lagen etwas abseits und fixierten Ann, die ein paar Worte sagte, worauf sie sich zu ihren Füßen niederließen, Aquene im Schlepptau. Sie schwiegen und beachteten andere Bewohner nicht, die sich still eingefunden hatten und Abstand hielten. Als einige näher kamen, hoben die Wolfshunde ruckartig den Kopf und die Menschen zogen sich wieder zurück.

»Erzähle mir bitte vom Leben in eurer Siedlung. Woran glaubt ihr, was hält euch zusammen, wie wachsen die Kinder auf und gibt es eine Schule? Und wie kommst du mit dem Verlust deines Mannes zurecht?«

Geduldig beantwortete Ann alle Fragen. Aber als sie von Loup sprach, begann ihre Stimme zu zittern.

Sachte berührte Dakota Anns Hand und sagte leise: »Eine weise Frau weint nicht ... aber du bist ein Mensch«.

Sitka erhob sich und knurrte verhalten.

»Als wir deinen Mann in Whitehorse trafen, fragte ich ihn etwas. Ich fragte ihn, ob er ohne seine Frau leben könnte«. Dakota spürte das Zittern der Hand unter der ihren. »Er zögerte keine Sekunde und sagte: Nein«.

»Hör auf, sei still«, antwortete Ann leise und entzog Dakota ihre Hand.

Beide Frauen schwiegen.

»Warum schreist du nicht, Fleur?«

Daraufhin schaute Ann die junge Frau direkt an und trotz ihrer feuchten Augen entgegnete sie sanft lächelnd: »Wer stark ist, kann sich erlauben, leise zu sprechen. Und Loup ist immer bei mir«.

Aus dem Haus kamen leise Rufe: »Fleur, Dakota«!

Hastig standen beide Frauen auf und schritten zur Tür. Der Rauch war verzogen, ein frischer Wind wehte durchs Haus, die Holzstücke im Ofen waren zu Asche zerfallen und rauchten nicht mehr. Akecheta saß auf dem Rand seines Bettes, sein Gesicht hatte Farbe bekommen und das Atmen fiel ihm sichtbar leichter. Unsicher stand er auf.

»Vater, nein«, Dakota sprang hinzu, aber der alte Mann wehrte sie ab.

»Ich möchte aufrecht mit dir sprechen, weise Frau«. Er schaute kurz zu Dakota, die ihn sorgenvoll beobachtete.

»Fleur, ich lebe mit einer Schuld, die ich nicht mehr tilgen kann. Bei dem Treffen mit deinem Mann sagte ich etwas zu ihm, was ihn sichtbar getroffen hatte. Ich glich das aus mit einer anderen Bemerkung, aber das Sorgenvolle verschwand nicht aus seinen Augen.« Dakota hatte den Kopf gesenkt und Ann schwieg. Als Akecheta ihre Hand nahm, spürte sie, dass sie nicht mehr heiß und feucht war.

»Du musst mir helfen, Fleur, sprich mit Wakan Tanka und besänftige Moksgmol, denn sie sollen mich bald auf den Weg zu meinem Sohn und deinem Mann führen. Dann kann ich seinen Augen das Sorgenvolle nehmen«.

Ann trat dicht an Akecheta heran, nahm seine rechte Hand und führte sie auf ihre linke Brustseite, ihre Rechte legte sie auf seine linke Brust.

»Loup führt unsere Hände«.

»Wir können uns selbst helfen, wir brauchen keine weiße Schamanin. Was willst du hier«?

»Schweig, Mahtoree«! Die alte Frau, die Ann bei ihrer Ankunft willkommen hieß, starrte den Mann wütend an, »du bringst Schande über unser Volk«.

Mahtoree senkte den Kopf und spürte dabei eine Bewegung neben sich. Erschrocken starrte er in die gelben Augen von Atka, die Wölfin war lautlos zu ihm getreten und hatte, ohne zu Knurren, die Lefzen zurückgezogen, die leicht vibrierten. Der Indianer wich zurück und stieß auf Widerstand, Sitka knurrte. In seinen Augen zeigte sich Panik.

»Atka, Sitka«! Augenblicklich legten sich beide Wolfshunde an ihre Seite.

Ann war verstummt und versenkte ihren Blick in Mahtorees Augen, dabei hatte ihr Blick etwas ... ja, beinahe etwas Sezierendes. Dem Indianer war es nicht mehr nur unangenehm, von Ann angestarrt zu werden. Er glaubte beinahe körperlich zu fühlen, wie ihr Blick bis in die tiefsten Tiefen seiner Seele reichte und seine geheimsten Gedanken erriet; er sah Dinge, die nicht einmal er selbst über sich wusste und die ihn erschreckt hätten, hätte er sie gewusst. Anns nun milder Blick ruhte weiter auf Mahtoree und sie sprach ihn direkt an: »Ich bin keine weiße Schamanin, ich bin eine weiße Frau und Loups Squaw. Vor allem aber bin ich ein Mensch. Auch wenn deine Worte den Anschein erwecken sollten, du bist nicht voller Hass, du bist ein Siksika, vor allem aber bist du wie ich ein Mensch.«

Sie legte ihre Rechte aufs Herz.

Eine beklommene Stille breitete sich aus im Kreis der vielleicht 20 Menschen ringsum. Noch immer Mahtoree anschauend, sprach Ann weiter: »Du hast gefragt, was ich hier will. Okay – ich wollte euch kennenlernen. Auch weil mir mein Mann von der tiefen Betroffenheit von Akecheta und Dakota erzählte, den Mord an Jess Bato betreffend, der von Weißen getötet wurde. Loup fühlte sich damals stellvertretend schuldig«.

Hoch aufgerichtet schaute sie alle offen an.

»Aber ich hatte auch einen eigennützigen Grund; ich schreibe an einem neuen Buch, dessen Handlung sich in eurer Region abspielt. Deshalb wollte ich mehr erfahren über die Menschen, die hier leben oder deren Leben sich zwangsläufig oder zufällig hierher verlagert hat«.

Kurz innehaltend strich sie abwesend über Sitkas Kopf.

»Die zentrale Figur meines Buches ist ein alter pensionierter Professor, dem ich die Wesenszüge von Nao-ita, meinem Vater, gegeben habe«.

Sitka hob den Kopf und winselte.

»Bitte zeigt mir euer Land. Erzählt mir von eurem Volk, von eurem Leben hier, von dem, was euch froh stimmt, was euch erzürnt und wie ihr damit zurechtkommt. Öffnet euch, auch ich werde das tun. Wir alle sind Kinder dieser Erde«.

Akecheta wollte sich erheben, wurde aber unterbrochen vom erhobenen Arm Mahtorees, der bereits vorgetreten war und einen unsicheren Blick zu Sitka und Atka warf, sich dann Ann zuwandte.

»Verzeih meine Worte von vorhin«, er neigte den Kopf, »aber, ja, du bist doch eine Schamanin, und ja, du bist ein Kind dieser Erde, so wie die Siksika es sind«.

Aus seinem Gesicht wich die Härte, die seine ersten Worte begleitet hatte.

»Und, weiße Frau, Schamanin ist kein böses Wort, sondern eine respekt- und ehrenvolle Bezeichnung! Verzeih mir, sei willkommen«.

Einige Frauen brachten große Schalen, denen ein verführerischer Duft entstieg – Elchragout mit verschiedenen wilden Gemüsearten. Dazu ein Getränk, welches entfernt an Bier erinnerte, jedoch ohne Schaum. Kinder waren mit hinzugekommen und eine entspannte Atmosphäre machte sich breit.

Aquene setzte sich zu Ann und hob ihre Hand hoch zu Sitkas Kopf, die neben Ann lag und wischte sich nebenbei den Mund ab.

»Hat es dir auch geschmeckt?«

»Mmmh, und ob. Ich habe noch nie Elchfleisch gegessen und mein Kopf sagt mir, dass ich noch eine Portion vertragen könnte, aber mein Bauch protestiert. Der ist nämlich so voll wie ein aufgeblasener Luftballon«.

Aquene kicherte, »redet der denn mit dir«?

»Oh ja, dauernd gibt er mir Anweisungen. Halt die Klappe, sage ich dann manchmal und er schweigt beleidigt«.

Aquene sprang auf und klatschte lachend in die Hände, klopfte auf ihren Bauch und rief: Halt die Klappe, halt die Klappe, dabei drehte sie sich im Kreis. Vor Sitka, die aufgestanden war, blieb das Mädchen abrupt stehen und schaute dem Wolfshund in die Augen.

»Deine Sitka hat so schöne blaue Augen, als würde man in den Himmel schauen«.

Ann lächelte, gewahrte dann einen Blick. Dakota schaute mit einem seligen Ausdruck im Gesicht zu ihnen.

Akecheta war aufgestanden und hob eine Hand. »Nun lasst uns Antworten geben zu Fleurs Bitte«. Er ließ seinen Blick umherschweifen und schaute zunächst Mahtoree an. »Du hast gut gesprochen, Mahtoree. Fleur wird dir verzeihen können«.

Er wandte sich Ann zu. »Du weißt nicht viel von uns, aber deine Bitte klingt aufrichtig. Noch nie wollte jemand etwas über uns erfahren, wir wurden vergessen und Bitterkeit begleitete unser Leben. Jetzt verbindet uns nicht nur gemeinsame Trauer. Dass mein Sohn sich der Welt der Weißen öffnete und sich einen Platz eroberte mit seiner Ausbildung und dem Job als Ranger bei der RCMP, machte mich stolz, aber stieß auch auf Ablehnung bei anderen. Dann wurde er bei der Ausübung seiner Tätigkeit von einem Weißen ermordet«. Der alte Indianer verhielt kurz und schloss für einen Moment die Augen.

»Diese Anderen, von denen ich sprach, fühlten sich bestätigt. Fleur, weise Frau, zwei Offenbarungen möchte ich dir begreiflich machen.

Zum einen, sehr alte Befindlichkeiten trennten uns von den Ojibwa und Cree.

Und zum anderen, seit unendlich vielen Jahren gab es keinen Weisen mehr in unseren Reihen. Deshalb wohl auch sprachen wir kaum noch miteinander und die Verfremdung zwischen uns ließ die Gemeinschaft in alten Denkweisen verharren«.

Er blickte mit erhobenem Haupt gen Himmel, als erwarte er eine Antwort.

»Jess, mein Sohn, ist jetzt mit Loup, deinem Mann, zusammen. Das ist ein gutes Gefühl«. Sein Blick ruhte auf Ann und er entbehrte jegliche Trauer.

Die Siksika ringsum hatten sich nacheinander erhoben und ihre Hände vereinten sich beim gemeinsamen Singsang. Ihr Tempel war die Erde und die allumfassende Geisterwelt, aus der die Verstorbenen noch immer mit ihnen lebten. Ann trennte zwei Hände, ergriff sie und reihte sich ein.

Einen Tag lang erzählten die Menschen dieser kleinen Gemeinschaft der Siksika und breiteten vor Ann all das aus, was vor ihr noch nie jemand zur Kenntnis nehmen wollte; nur hin und wieder unterbrochen von Anns Fragen. Sie notierte viel, hakte nach, erklärte eigene Sichtweisen und gab Hinweise. Alte verkrustete Denkstrukturen wurden aufgebrochen und das Verständnis untereinander wuchs.

Irgendwann zogen sich die Siksika nacheinander in ein nachdenkliches Schweigen zurück. Akecheta erhob sich, »weise Frau, Fleur, du hast uns lange geduldig angehört wie noch nie jemand. Jetzt sprich du«.

Nunmehr erzählte Ann.

Im Nordwesten wurden die Berge der Dawson und Macmillan Range von der untergehenden Sonne angestrahlt und deren mildes orangerotes Licht begleitete Anns Worte.

Ein paar Männer schichteten Holz zu einer Pyramide auf und entzündeten ein Feuer.

Ann sprach über sich und Loup, über ihr früheres Leben und das nächste in Kanada, das ihre neue Heimat wurde; vom Glück, in diesem wunderbaren Land zu leben, mit ihren stolzen Ureinwohnern, die ihre Weltanschauung veränderten. Von Sorgen, Glück und schließlicher Trauer. Und von der Genugtuung, innige Freundschaften bei den Ojibwa, Cree und nun auch den Siksika gefunden zu haben.

»Das ist nicht selbstverständlich, denn, so sagte mir einmal Nao-ita, der Frieden ist die menschliche Seele, die sich ihrer Bindungen zur Erde, der Natur und den Menschen bewusst ist. Wenn kein Mensch mehr, ganz gleich welcher Hautfarbe, dieses Bewusstsein hätte, würde die Welt verschwinden. Werft alle Abneigungen über Bord und versucht die zweifellos vorhandenen guten Seiten der Neuzeit zu nutzen. So hasst ihr die Weißen vielleicht nicht mehr, hegt aber noch immer einen tiefen Groll auf sie, weil sie ungefragt nehmen, täuschen und unterdrücken. Aber eure Völker waren einst nicht viel besser; die vielen stolzen Stämme der First Nation bekriegten sich erbarmungslos gegenseitig. Warum? Es ging um Jagdgründe, Territorien, Wild und Stammeseigentum«.

Ann verhielt einen Moment, forschte in den Gesichtern der Zuhörer und fuhr dann fort. Die Sonne versank hinter der Kulisse der Dawson Range wie eine Kupfermünze und hinterließ graue Schatten an den Hängen der Berge.

»Das beste Mittel um sich selbst zu täuschen, ist sich für besser zu halten, als die anderen. Takoma von den Ojibwa, der innigste Freund meines Mannes, erzählte mir davon, dass zwischen seinem Stamm und den Siksika keine freundschaftlichen Beziehungen bestehen. Die Gründe dafür liegen im Dunkel der Geschichte. Warum? Warum nur? Beide Volksgruppen haben die gleiche Lebensphilosophie. Und überhaupt – Leben, als Substantiv oder Verb, ist ein universeller Begriff. Und der Tod? Ich habe ihm in die Augen geschaut; aber Loup war an meiner Seite! Er sagte einmal zu mir, dass er dem Tod seine Verachtung entgegengeschrien hätte. Und er mischte sein Blut mit dem eines Ojibwajungen«.

Ann verstummte. Sitka und Atka schmiegten sich an ihre Seite. In deren Augen schauend, ergänzte sie: »Manchmal wünsche ich mir, dass Menschen etwas mehr wie Wölfe sein könnten«.

Sitka hatte den Kopf auf ihre gekreuzten Beine gelegt und ihre Schnauze suchte ihre Hand. Das letzte Licht der untergegangenen Sonne zauberte rote Linien auf die Gesichter ringsum und eine mystische Stille hüllte die Gemeinschaft in ein Tuch aus Glauben und Zuversicht ein.

»Zwei weitere Wünsche möchte ich noch an euch richten. Zum einen, nennt mich nicht mehr weiße Schamanin, auch wenn es ein achtungsvoller Titel sein möge. Ich bin die weiße Squaw eines Halbindianers. Ich bin Fleur.

Zum anderen wünsche ich mir, dass ihr Wege in euern Herzen findet, auf denen ihr mit euren indianischen Brüdern und Schwestern von den Ojibwa und Cree in Verbindung treten könntet. Und ich werde das meinige bei den Ojibwa und Cree tun. Was eure Lebensumstände hier in eurer zwangsweisen neuen Heimat am und um Ross River betrifft, so werde ich mich bei der kanadischen Regierung und den regionalen Ämtern in Whitehorse darum bemühen, eure Lebenssituation zu verbessern. Das ist ein Versprechen«!

Es herrschte Stille; die Siksika, Frauen und Männer, hielten ihre Köpfe nicht mehr gesenkt wie zu Anfang. Ein alter Indianer erhob sich und ging zu einem kleinen Haus, einer Blockhütte aus fachgerecht gefugten Stämmen. Mit einer Trommel nahm er wieder Platz im Kreis; die eindringlichen Laute, die er ihr entlockte, begleiteten die einsetzenden monotonen Gesänge; der abgehackte, dumpfe Klang der Trommel in schnell schwankender Tonhöhe erzeugte eine mystische verbindende Atmosphäre.

»Yee haw, howgh, yee haw, hoho, yee haw, howgh«.

Inzwischen saß die gesamte Gemeinschaft rings um das Feuer und kleine Gruppen hatten sich gebildet mit wechselnden Teilnehmern. Der größte Teil der Siksika gruppierte sich um Ann, die unbewusst registrierte, dass dieser Mahtoree unmerklich näher gerückt war.

»Erzähle uns von euren Wolfshunden, sie haben offensichtlich mehr vom Wolf als vom Hund, dessen Anteil müsste vom Malamute stammen. Richtig«?

Ann nickte, »ja, du hast richtig vermutet«.

»Und wo sind die anderen«? wurde aus dem Kreis heraus gefragt.

Verhalten lächelnd antwortete Ann: »Ich weiß es nicht«.

»Wir haben gehört, dass sie die Geisterwölfe vom Okinaga genannt werden. Niemand hat sie je wieder gesehen. Sind sie nicht mehr bei dir«?

Ann antwortete nicht gleich, dann: »Loup und unser Rudel sind immer bei mir«.

»Es kursieren viele Geschichten über euch, im ganzen Land. Warum weißt du nicht, wo sie sind, verbindet euch nichts mehr«?

Ann blieb mit gesenktem Kopf still. Dann antwortete sie leise, dass es eine lange Geschichte sei.

Sitka und Atka, die an ihren beiden Seiten lagen, knurrten leise.

»Erzähle sie uns«, sprach Mahtoree, der mit gewissem Abstand neben Sitka saß.

Akecheta hob eine Hand, »Fleur, weise Frau, weißt du, unsere Völker erzählten sich seit Urzeiten Geschichten am Feuer –

vergangene, tatsächliche, erdachte, übertriebene, auch mit Fantasie behaftete. Das gehörte schon immer zu unserem Leben, sie verbanden uns miteinander und gute Geschichten wurden bewahrt und weitererzählt. Fleur, du hast schon einiges vor uns ausgebreitet. Aber erzähle uns die Geschichte von dir, Loup und euren Wölfen. Obwohl schon manches als Legende kursiert, würden wir es gern von dir hören, denn wir lieben erzählte Geschichten«.

Gemurmel ringsum, »erzähle, erzähle weise Frau, auch vom Moksgmol. Erzähle«.

Sitka hatte ihren Kopf auf Anns gekreuzte Beine gelegt und schielte mit ihren blauen Augen zu ihr hoch. Einen Arm um Atkas Hals gelegt, schaute sie in die Runde. Die tieforangene Abenddämmerung legte sich wie ein warmer Schal um die Menschen am Feuer.

»Loup und ich folgten einem Traum. Und wir erfüllten ihn uns. Den Rahmen bildete zunächst nur dieses Land. Dann waren es die Menschen, die daraus ein Gemälde machten; die Sonnenstrahlen darauf malten vier kleine Welpen, gezeugt von einem Wolf und einer Malamuthündin«. Sie verstummte kurz.

»Die Jahre meiner schweren Erkrankung begleitete mein Mann mit der innigsten Zuwendung, die man sich vorstellen kann«. Tränen liefen über ihre Wangen, sie merkte es nicht und sprach weiter. »Leben – man muss es achten, erhalten und wagen. Ja, wagen. Loup und ich wagten das große Abenteuer, wir selbst zu sein. Dabei machten es uns die Menschen der First Nation leicht, wieder ein Zuhause zu haben. Unser Glück aber komplettierten vier kleine Wolfshundewelpen. Als sie getötet werden sollten, widersetzten wir uns.

Leben – man muss es achten und erhalten. Dazu mussten wir uns nicht zwingen, obwohl wir keinerlei Erfahrung mit Wildtieren hatten. Was wir diesen kleinen neuen Leben einimpften und mitgaben, bekamen wir hundertfach zurück, was wir nicht im Entferntesten für möglich hielten. »Dieses Land hat nicht nur euch hervorgebracht, sondern auch solch unvergleichliche tierische Geschöpfe.«

Anns Blick wanderte zu Sitka und Atka, legte ihre Hände auf die Köpfe der beiden, die leise winselten.

»Der Wolf verkörpert die ungezähmte Natur der hiesigen Wildnis in ihrer edelsten und reinsten Form. Wer es vermag, empfindet ihr Heulen als eine melodische, schwermütige Klage. Schaut auf sie. Diese unsere Wolfshunde haben fast menschliche Augen. Nein, falsch, sie sind noch schöner und ausdrucksstärker. Unbewusst versetzten Loup und ich uns in die Lage, ihre Seele zu erspüren. Manchmal glaubten wir, erkennen zu können, dass sich in den Augen dieser Wölfe – sie sind mehr Wolf als Hund – eine außergewöhnliche Intelligenz und das sehnsüchtige Verlangen, die Kluft des Schweigens zwischen Mensch und Tier überwinden zu können, abbildete.«

Ann hüllte sich wieder in Schweigen, schaute versonnen in den abendlichen Himmel und sprach dann weiter.

»Diesen Geschöpfen ist nicht bewusst, was Liebe ist, aber sie tragen sie intuitiv in sich und erwidern sie aufs Innigste. Sie retteten meinem Mann einmal das Leben, stellten Mörder und fixierten sie, ohne zu töten. Ihre Liebe, Zuwendung und Schutz waren und sind wie eine uneinnehmbare Festung um uns. Meine beiden Fähen hier blieben bei mir. Aber zu eurer anfänglichen Frage: Ich weiß nicht, wo die anderen sind, ich weiß es nicht. Aber sie sind zur Stelle, wenn ich sie brauche. Sie sind immer bei mir, so wie Loup. Wenn ich allein, nur mit den beiden hier, im alten Blockhaus bin, dann tauchen sie auf, still und auf leisen Pfoten. Dann heulen wir gemeinsam unseren alten Gesang und Torok legt sich danach eine Nacht lang an Loups Grab.«

Ann verstummte erneut. Ihr Blick verlor sich in den dunklen Schemen der Nadelbäume vor dem mondhellen Sternenhimmel.

Niemandes Stimme war zu vernehmen.

Nach einer Weile erhob sich Mahtoree und wandte sich Ann zu. »Eure Geschichte werden wir bewahren und unseren Kindern erzählen. Und diese werden sie ihren Kindern erzählen. How.«

# Seelenverwandtschaften

»Weißt du, Marma-tea, ein Teil von Loup war niemals ganz der Kindheit entwachsen und ich liebte und hasste gleichzeitig seine daraus entstehende Naivität. Er hatte einfach in sich ein Stück Kindheit bewahrt. Und ich beneidete ihn darum.« »Genau das vermisse ich manchmal bei Tak, obwohl beide sehr ähnlich sind«, die Ojibwafrau hielt bei ihrem Tun inne. Ein bisschen Wehmut schwang in ihren Worten mit, »geradlinig, ohne Ecken und Kanten, keine unüberlegten Dummheiten, über die ich mich ein wenig aufregen könnte.«

Ann lachte leise, »du Glückliche du«.

Sie bereiteten Schlafstellen vor im Obergeschoss und anschließend noch unten beim Kamin; Tisch, Sitzbank und die breiten Lehnsessel waren schon zur Seite geräumt. Sachte malte die unentschlossene Morgensonne goldfarbene Kringel auf die Stämme der Wände. Obwohl noch sehr früh am Morgen, herrschte auch draußen schon emsige Betriebsamkeit. Rufe und Gelächter drangen zu ihnen ins Innere des Blockhauses. Marma-tea zog die dicken, mit trockenem Moos gefüllten Matratzen auf ihren Platz, Felle und Schlafsäcke, Decken und anderes ordnete sie griffbereit.

»Diese Trapper, das ist eine wilde, aber sympathische Bande.«

»Mmh, ja, prima Kerle.«

»Der eine schaut dich oft an und sucht deinen Blick.«

Mit lustig schelmischem Gesichtsausdruck vermied Marmatea den Augenkontakt zu Ann, die unterbrach ihre Tätigkeit.

»Hast du das noch nicht bemerkt?«

Langsam setzte sich Ann auf das eine Bett und schaute ihre Freundin belustigt an.

»Marma! Doch, natürlich. Das ist Mick, er ist ein lieber Kerl. Marma, und ich bin eine alte Frau, er könnte mein Sohn sein und so mag ich ihn auch. Er hat einmal zu Loup etwas sehr Schönes über mich gesagt: *Wir kennen unsere Gegner, deine Frau kannte ihren Gegner nicht und musste gegen einen unsichtbaren Feind kämpfen. Aber sie hat diesen Mistkerl erledigt.*«

Sie verstummte ein paar Augenblicke. Dann fuhr sie fort: »Loup füllt mich aus. Ich sehe sein Gesicht in den Augen von Torok, in den glitzernden Wellen des Okinaga, im weißen Pelz vom Mokgsmol, im Wind, der die Flammen des Lagerfeuers flackern lässt und im silbrigen Blinken der springenden Lachse.«

Marma-tea stand auf, drehte sich weg und wollte Felle von einem Stapel nehmen. Auch Ann war aufgestanden, ergriff einen Arm ihrer Freundin und drehte sie zu sich. Über deren Wangen liefen Tränen und beide verhielten in inniger Umarmung.

Zwei Zelte waren aufgestellt, die Stangen für ein Tipi lagen bereit, und Wakita, Keoma und die Trapper mühten sich ab beim Aufstellen. Die Plane wurde mit Stangen und einem Seil über das Gerippe gezogen. Vom Blockhaus rief Natae: »Frühstück.«

Die Männer schlenderten hoch zum Haus, es roch nach Toast, Kaffee und gebratenem Speck. Auch Ann und Marma-tea kamen herunter.

»Ich war eigentlich mächtig neugierig auf eure Wölfe«, kauend schaute Mad zu Ann, »die Geisterwölfe vom Okinaga. Werden sie noch kommen?«

»Sie sind schon da«, sagte Ann leise, »aber der Trubel hält sie wohl noch ab.«

»Was? Wo?« Mad war aufgesprungen, auch Mick hatte sich erhoben und beide spähten umher.

»In Whitehorse vertreibt man schon Souvenirs, Plüschwölfe im 7er Pack. Auch ihre Namen werden vermarktet. Fleur, du solltest das verbieten lassen. Es kotzt mich an«, Joe starrte wütend vor sich hin und lud sich noch eine Portion Speck mit Rührei auf seinen Teller.

Ann hörte auf zu kauen, stand auf, hob den Kopf und schloss die Augen. »Sie sind auf ihrem Felsenhügel«, sagte sie leise über die Gespräche hinweg. Langsam ging sie zum Hügel. Sie lagen versteckt oben. Als sie Ann sahen, kamen sie nacheinander herunter.

»Die Geisterwölfe! Ich kann sie sehen! Mein Gott, das glaubt uns kein Mensch«, Mad war fassungslos, wie Mick, der neben ihm stand.

»Und das wird auch so bleiben, verstanden!?« Joe blickte grimmig in die Runde. Wortlos nickten alle.

Ein paar Wochen zuvor. Mick, Mad und Joe saßen im »*Downtown;*« Mick hatte die beiden kontaktiert.

»Was gibt's Mick, schieß los«, Joe trank in einem Zug sein Bier aus und winkte Nancy.

Etwas nervös nippte Mick an seiner Flasche und meinte dann, dass er bald seinen 50. Geburtstag hätte.

»He, du Jungspund, sooo alt wirst du schon, aber an deinem Bart musst du noch arbeiten. Und nun willst du uns zu einem Umtrunk einladen, stimmt's? Einladung angenommen.«

Mick druckste herum und drehte seine Bierflasche. Fragend blickten ihn seine Kumpels an. »Ähm, ja. Was würdet ihr sagen, wenn ich Fleur fragen, also bitten würde, ob wir bei ... also am Okinaga feiern dürften?« Hastig ergänzte er noch, »sie hat uns ja schon einmal zu einem Besuch eingeladen.«

Fast gleichzeitig hoben Mad und Joe die Augenbrauen, schauten sich an und nahezu synchron pressten sie ihre Lippen aufeinander, was Mick nicht bemerkte, denn er drehte weiter seine Bierflasche.

»Wow, Mick. In letzter Zeit hast du ständig gute Ideen. Was ist passiert, hat dich ein Engel beglückt?« Mad grinste Joe an, der ergänzte schelmisch betonend, dass sich Fleur bestimmt riesig freuen würde, wenn er seinen 50.sten bei *IHR* feiern will.

Nun hob Mick den Kopf und die Bierflasche entglitt seinen Händen, er erwischte sie gerade noch am Hals, bevor sich ihr Inhalt über den Tisch ergoss. Strahlend schaute er sie an.

Augenblicklich war Mads und Joes Beherrschung am Ende, sie lachten prustend los – und Micks Gesichtsfarbe wechselte zu Rot.

»Okay Mick. Entschuldige bitte, du kennst uns doch! Aber mal im Ernst, wir alle mögen Fleur. Sie war und ist eine tolle Frau und ein wunderbarer Mensch. Aber ... «, Joe überlegte kurz, » ... niemand kennt ihr genaues Alter. Was auch scheißegal ist. Jedenfalls wird sie vermutlich deutlich älter sein als du; und, Mick, sie hat ihren Mann sehr geliebt! Was mich betrifft, so hoffe ich, dass sie mindestens 100 Jahre alt wird. Und ihre Klugheit und scharfe Zunge werden auch dann noch keinen Schaden genommen haben.«

»Du hast noch etwas vergessen, Joe. Sie ist noch immer eine schöne Frau«, Mick lächelte jetzt mit wieder normaler Gesichtsfarbe.

Mad: »Darauf trinken wir«! Sich umdrehend hob er einen Arm, »Nancy, drei große Whisky«!

Ann hatte freudig dem *Powwow* zugestimmt. Dass es am Ende ca. 30 Leute werden würden, machte sie glücklich. Fast wurde Micks Jubiläumsgeburtstag zur Nebensache.

Ann hatte über Arthur Edwards, den Inhaber des Book Store in Whitehorse, ein kleines Gedichtbüchlein von Rainer Maria

Rilke in englischer Übersetzung besorgt und hübsch verpackt an Mick als Geschenk übergeben.

»Danke, Fleur. So etwas hielt ich noch nie in der Hand. Das letzte Mal ... ach, lassen wir's. Hoffentlich verstehe ich alles, was da drinsteht. Vielen Dank«. Verhalten umarmte er sie. Später, abseits vom Treiben ringsum, saß Mick längere Zeit auf der Terrasse des Blockhauses mit dem Büchlein in der Hand.

Derweil plauschten Marma-tea und Ann am Feuer miteinander. Takoma kam dazu und zeigte zum Felsenhügel. Dort hockte Inaki inmitten des Rudels, nur Torok lag am Grab und beobachtete alle mit aufgestellten Ohren.

»Fleur, wir haben dir bisher noch etwas vorenthalten, weil erst gestern die Bestätigung eintraf, Inaki betreffend. Unser Sohn wird uns bald verlassen. Er geht ab September auf ein College in Vancouver und wird sich dort auf ein Ingenieurstudium vorbereiten.«

Als der Bescheid kam, sprang er jubelnd umher, um einen Augenblick später zu erstarren. Sich setzend schlug er beide Hände vors Gesicht und ihn schüttelte ein Weinkrampf. Marma-tea hatte Mühe weiterzusprechen, also fuhr Takoma fort: »Zunächst hielten wir es für einen Freudenausbruch.«

Marma hatte sich wieder gefasst: »Dann meinte er schluchzend, dass er das seinem Blutsbruder nicht mehr erzählen kann«.

Diese drei so innig verbundenen Menschen schwiegen lange. Vielleicht weil ihnen nicht nur bewusst war, dass das Leben nie stillsteht und immer einen Weg findet, sondern auch die Erinnerung und Wertschätzung der Gegangenen nie verloren geht.

»Loup hat Inaki maßgeblich beeinflusst, und der fühlte sich ihm vielleicht irgendwie verpflichtet. Jedenfalls ist er sehr stolz und wir sind es auch.«

Auf Anns Gesicht zeigte sich stille Freude: »Loup wird es erfühlen. Aber seinem Blutsbruder wird es sehr schwerfallen, hier wegzugehen, von zu Hause, vom Blockhaus und dem Rudel.« In ihr baute sich ein Druck auf, eine Art Gefühlsstau. Den wollte sie abbauen und ihr Blick wanderte zu Inaki, der noch immer beim Rudel saß und gerade mit Nanook spaßte, der ihm das Gesicht mit seiner Zunge wusch. Ihrem eigenen Blick folgend, trat sie zu ihm, der zu einem jungen Mann herangewachsen war.

»Inaki, ich wünsche dir alles Gute und viel Erfolg, ich bin sehr stolz auf dich und Loup wäre es erst recht.«

Wortlos schlang er seine Arme um Ann.

Bob kam gerannt, hinter ihm tauchte Keoma auf.

Eine Cessna glitt über den Himmel und ging tiefer.

Bob rief: »Tak, schau mal, die Kennzahlen 291, das ist Phil Ennox. Was will der Scheißkerl hier?«

Takoma war aufgesprungen: »Ja, das ist Ennox. Verdammt, der hat doch noch nie einen Job in den hiesigen Ogilvies angenommen.«

Keoma schaltete sich ein: »McCarthy, ein alter Trapper aus den westlichen Ogilvies, erzählte mir, dass er in einem Pub in Eagle Phil Ennox mit zwei Typen im Gespräch sah. Der eine war Baxter, der Bruder von dem einen Wilderer, der einsitzt. Die waren schon besoffen und sie quatschten und prahlten damit, dass sie diese Mistviecher abknallen würden.« Vielsagend schaute er alle an, »und nun taucht Ennox hier auf. Fleur, du wirst in nächster Zeit nicht mehr allein im Blockhaus bleiben. Verstanden?! Das meine ich todernst, Schwester.«

Ann nickte nur verstört.

Bob: »Ich schalte die RCMP ein und veranlasse regelmäßige Kontrollflüge«.

Noch lange diskutierten und beratschlagten die Männer, eine Strategie wurde entwickelt und Ann mit eingebunden.

Joe zischte grimmig: »Wir sind jedenfalls bereit, unsere Saisonvorbereitung ist abgeschlossen. Wechselnd wird mindestens einer hierbleiben. Mad, Mick?«

»Was dachtet ihr denn! Darauf könnt ihr einen lassen!«

Dennoch hatten sich auf Anns Gesicht Sorgenfalten gebildet.

Joe und Bob schnappten sich Angelzeug und trabten zum Steg. Mick, der wieder mit dem Büchlein auf der Terrasse saß, schaute auf: »Joe! Zieh dir lieber einen Strumpf über den Kopf, wenn die Fische dein Gesicht sehen, hauen sie ab«.

Das Gelächter ringsum begleitete die zwei Angler, die bereits mit dem Kanu ablegten. Andere stellten eine große Zielscheibe aus dickem hartem Styropor in ca. 20 m Entfernung auf. Bogenschießen war angesagt, das zogen alle der Ballerei mit Revolver oder Gewehr vor. Zumal der Reiz des Bogenschießens für die ungeübten weißen Männer groß war. Sie wollten sich unbedingt den Profis des indianischen Teams stellen. Es wurde geflachst, gelästert und geprahlt; die fröhliche Ausgelassenheit draußen lockte die Frauen aus dem Haus, wo sie bereits das abendliche Essen vorbereiteten. Übrigens, wie üblich bei einem Powwow bzw. Treffen, hatten alle etwas mitgebracht und zum gemeinschaftlichen Essen beigetragen. Die Frauen setzten sich rings um den Wettkampfplatz hin und übertrafen sich gegenseitig mit lästernden und lustigen Kommentaren.

Auch das Wetter trug das Übrige zur allgemeinen Fröhlichkeit bei, aber die Sonne ließ bereits die Gipfelgrate der Ogilvies erglühen. Obwohl das Bogenschießen noch im vollen Gange war, hatte sich Ann zu Mick auf die Terrasse gesetzt. Unwirsch hob der den Kopf, aber sogleich lächelte er sie an.

»Gefällts dir«? Er holte tief Luft, »ja ... aber manches muss ich zweimal lesen«.

Ann nickte: »Rilke ist mitunter schwer zu lesen. Anderes von ihm ist wiederum wunderschöne Poesie. Loup hat diesen Dichter, der früh verstorben ist, sehr gemocht«.

»Ich habe Loup leider nur kurz kennengelernt. Von jetzt auf gleich war er einer von uns. Das kommt nur sehr selten vor. Er hat dich sehr geliebt, ich weiß. Verzeih mir, wenn ich dich manchmal mit Blicken ... « »Mick! Lass sein, ist doch okay. Aber es schmeichelte mir schon. Wir mögen uns, das ist großartig und dabei belassen wir es, okay?!« Beide lachten irgendwie erleichtert.

Beim Bogenschießen wurde es laut und sie gingen hinzu. Wakita wurde zum Sieger erklärt, Little Bear war der Zweitplatzierte und Mad hielt die Fahne der weißen Yukon Men als Dritter hoch. Als etwas später dann noch Joe und Bob mit zwei Lachsen und drei Äschen vom Fischen kamen, war die Stimmung auf dem Höhepunkt.

Nur Ann bemächtigte sich eine stille Unruhe und sie ging zum Rudel am Felsenhügel, wo sie bis in den Abend hinein blieb.

Wenige Tage später hatte es Ann erneut ins Blockhaus gezogen, die Sorgen waren verblasst und ihre Sehnsucht nach den Wolfshunden hatte Ängste verdrängt. Unbewusst hatte sie sich angewöhnt, nicht in den Ehebetten des Obergeschosses zu schlafen; zu schmerzlich lauerte dort Loups Wegsein, sondern am Kamin auf fellbedeckten Matratzen im Schlafsack. Stets schmiegten sich dabei Sitka und Atka an ihre Seite. Nur selten dauerte es länger, bis auch das restliche Rudel zur Stelle war. Im Gegensatz zu früher durften sie ebenfalls ins Haus, wenn sie es wollten. Aber sie blieben lieber draußen und da sie Anns Unruhe fühlten, waren sie angespannt und beständig aufmerksam. Am späten Abend legte sich nur Akiak vor die Terrasse, dessen Körper bestätigte längst Loups frühere Vermutung. Keoma war wie selbstverständlich mitgekommen. Ein paar Meter vom Blockhaus entfernt, befreite er mit einem zweigriffigen Schälmesser dünne Stämme von ihrer Rinde. Sitka und Atka hatten sich zu ihm gesellt, sie mochten diesen schweigsamen Indianer, sie spürten das Blut der Wildnis in dessen Adern, wie bei sich selbst. Auch die anderen des Rudels waren ihm zugetan, ohne dass er sich um sie bemühen musste. Er weigerte sich vehement, in einem der Betten des Obergeschosses zu schlafen ... »Nein«, mehr sagte er nicht. Stattdessen richtete er sich in dem Tipi, das zusammen mit einem Zelt nach dem Powwow stehen gelassen wurde, sein Lager ein. An dessen Südwestseite schnitt er eine rechteckige Öffnung heraus und nähte mit Tiersehnen eine durchsichtige Plastikfolie davor. Ann ahnte weshalb – so konnte er den gesamten Bereich des Nordufers des Okinaga einschließlich des Südhimmels in Richtung Dawson einsehen.

Ann unterbrach ihr Schreiben am Terrassentisch, beobachtete ihren Bruder mit frohem Blick und wärmende, wohltuende Gedanken füllten sie aus:

*Nao-ita und ich haben uns gegenseitig aufgesaugt. Dieser stille Indianer dort ist sein Sohn und ich bin dessen Schwester. Nach dem Tod seines Vaters und Loups Sterben übernahm er unaufgefordert und unbewusst eine Beschützerrolle. Sei unbesorgt Loup – ich habe wieder Beschützer.*

Augenblicklich schwappte der Schmerz über den Wall, den sie aufgebaut hatte.

Langsam ging sie ins Haus, kochte Wasser auf und setzte einen Teesud aus wildem Salbei und getrockneten Heidelbeeren an. *Loup würde dazu noch einen Schuss Whisky wollen,* dachte sie wehmütig. Keoma trank keinen Alkohol. Mit zwei großen Tassen setzte sie sich zu ihm und reichte ihm eine. Auf dessen Gesicht erschien so etwas wie ein Lächeln, nach dem ersten Schluck vertiefte sich das.

»Dein Totempfahl in der Siedlung bedeutet mir sehr viel. Wenn ich bei euch bin, sitze ich noch immer lange davor und spüre dabei eine tiefe innere Wärme in mir. Das ist nicht nur ein körperliches Gefühl. Gibt es eine Wärme, die im Kopf entsteht und das Herz umhüllt? Dein Totempfahl bejaht meine Frage schon. Er repräsentiert euer Volk, seine Geschichte, seine alten und neuen Legenden, seine Geister; und er heiligt die Zugehörigkeit von Loup und mir zu euch. Mein Bruder, du bist ein begnadeter Künstler«.

Keoma hob die Schultern: »Was ist schon ein Künstler; du bist meine Schwester und eine weise Frau!«

»Ein Künstler ist ein Mensch, der imstande ist, seine Gefühle und Wahrnehmungen in eine bildgebende Form verwandeln zu können.«

Keoma reagierte nicht auf ihre Worte und strich stattdessen wortlos mit zwei Fingern über das glatte Fell zwischen Atkas Augen.

»Du magst die beiden.«

»Ich mag sie alle«, und mit gesenktem Kopf fügte er hinzu: »früher habe ich Wölfe in Fallen gefangen, was schwierig war und nur selten gelang, denn sie sind klug. Dafür schäme ich mich inzwischen. Ihr habt mich eines Besseren belehrt.«

»Ach Unsinn, Keoma. Du brauchst keine Belehrungen, wie auch die First Nation insgesamt. WIR lernten von euch. Auch im Alter muss man dennoch bereit sein, Neues aufzunehmen und Altes über Bord werfen. Dein Vater hat mir sehr viel gegeben und mir neue Horizonte eröffnet. Ich denke sehr oft an ihn«. Ann hüllte sich in Schweigen und schaute zu Torok, der noch immer neben dem Grab am Felsenhügel lag und zu ihnen schaute.

»Der Wolfskopf an deinem Totempfahl stellt Torok dar, richtig? Ich habe ihn damals gleich erkannt.«

Keoma nickte, schaute zu dem Wolfshund am Hügel und seine Augen hatten dabei noch immer etwas Ungläubiges. Angelockt durch die friedvollen, ruhigen Worte gesellte sich das Rudel zu ihnen, auch Torok hatte sich erhoben und kam.

»Wie konnte ich das früher nur tun. Nie habe ich mir darüber Gedanken gemacht. Sie sind kein Wild, dessen Fleisch wir zum Leben brauchen. Nur das Fell wurde genutzt und der Körper den Raben überlassen. Erst durch euch wurde mir das soziale Wesen dieser Wölfe bewusst. Du und Loup habt mir das begreiflich gemacht. Wenn ich jetzt diesen Wolf dort, Torok, betrachte, dann sehe ich, dass er trauert. Das hätte ich früher nicht für möglich gehalten. Er war Loups Wolf, sein Bruder.«

Atka hatte sich mit dem Rücken zu ihm zwischen seinen Beinen niedergelassen und ihm den Kopf seitlich nach hinten drehend angeschaut.

»Sie mag dich sehr, mein Bruder.«

Keoma legte beide Hände seitlich an Atkas Nacken und strich ihr über den Rücken. Die Fähe winselte leise, wandte sich vollends um und nahm mit schneller Bewegung eine Hand von ihm ins Maul. Er war weder erschrocken, noch zog er die Hand zurück.

»Damit hat sie es besiegelt; willkommen in unserer Wolfsfamilie. Du bist ein guter Mensch, Keoma.« Zum ersten Mal sah Ann diesen Indianer richtig lachen, zwar stumm, aber sein Gesicht zeigte einen irgendwie befreiten, anderen Menschen.

»Die First Nation der Kwakiutl im Nordwesten, an der Küste von BC, glauben, dass jeder, der im Leben ein guter Mensch war, als Orca wiedergeboren wird. Andere Stämme glauben das vom Wolf. Nach deinen Worten habe ich also gute Chancen.« Er lächelte verschmitzt. Ein völlig anderer Keoma saß neben ihr.

»Weißt du Fleur, die meisten Menschen brauchen die Einbildung, dass Leben umso schützenswerter ist, je mehr es menschlich erscheint. Deshalb wohl ist es leichter, ein Tier zu töten als einen Menschen. Viele Menschen sind mir in meinem Leben über den Weg gelaufen, die man nicht als Krone der Schöpfung bezeichnen kann ... denn es sind die Tiere dieser Wildnis.«

Beim Aufstehen legte Ann eine Hand auf Keomas Schulter und ging langsamen Schrittes zum Ufer. Der Okinaga lag wie ein in Wälder gebetteter zweiter Himmel, bedeckt mit abertausenden blinkenden Punkten. Jedes Mal aufs Neue fühlte sich Ann ergriffen von dem Frieden und der Stille. Ihr Bruder trat zu ihr. Sehnsucht schlich in ihr Herz. Sie empfing etwas und glaubte wahrzunehmen, wie sich das Wasser zu einer Gestalt formte ... zugleich griff schneidende Kälte nach ihr. Mehr mit dem Gefühl als mit den Augen suchte sie nach der Gestalt, die sich aber auflöste und verschwand.

»Er wird dich immer suchen und finden. Es ist der Kerngedanke fast aller indianischen Kulturen: Alles ist eins. Loup ist überall und was dir genommen wurde, wurde uns allen genommen. Ich glaube, dass die weißen Menschen selbst schuld sind, weil sie sich mit einem Gott eingelassen haben, der seine eigene Schöpfung weder bewertete noch bewahren kann.«

Keoma wandte sich ab, ging nach oben und ließ sich am Feuerplatz nieder, starrte vor sich hin, erhob sich aber gleich wieder und legte Holz zurecht. Als die Flammen den Sitzkreis in flackerndes oranges Licht tauchten, gesellte sich auch Ann hinzu.

»Darf ich dich etwas Persönliches fragen?«

Keoma nickte und strich mit der Hand über Atkas Kopf.

»Warst du immer allein, hattest du nie eine Frau an deiner Seite?«

Das Gesicht des Ojibwa versteinerte. Er antwortete nicht.

Eine Weile herrschte Schweigen zwischen den beiden. Beunruhigt bereute Ann schon ihre Frage und setzte an zu einer Entschuldigung, aber Keoma hob abwehrend eine Hand.

»Nicht, Fleur, bitte«, und verstummte erneut. Schließlich erzählte er.

»Sie hieß O'inea und war eine Siksika. Sie lebten in der Region der Ölsandabbaugebiete von Alberta. Viele Seen, Flüsse und Erden waren durch Quecksilber vergiftet. Menschen starben, weil sie noch immer Fische fingen und Wild jagten. Ich bat sie, zu uns zu kommen, und sie stimmte freudig zu. Ihr Vater und der jüngere Bruder wollten das verhindern. *Ein Ojibwa! Niemals!* Er hielt kurz inne und sprach dann weiter: »Eines Nachts wollte ich sie holen, aber es blieb nicht unbemerkt. Vater und Bruder stellten mich. Es kam zum Kampf. In Notwehr tötete ich den Bruder und entkam. O'inea blieb bei ihrem Stamm. Später erkrankte sie. Schließlich starb sie ... Ich habe nie erfahren, woran.«

Die letzten Worte flüsterte er und fiel zusammen wie ein fallengelassenes Tuch.

Ann verweigerte sich dem Drang, diesen Indianer in die Arme zu nehmen. Sie spürte, dass er das jetzt nicht wollte.

Die orangerote Dämmerung hüllte diese zwei Menschen behutsam ein. Sechs funkelnde Augenpaare gesellten sich lautlos hinzu – das Rudel trat in den Lichtkreis des Feuers. Keine Träne entwich Keomas Augen, aber seine Gesichtszüge wurden vom Schmerz verzerrt. Erneutes Schweigen breitete sich aus.

»Einmal, das war noch bevor ihr zu uns kamt, rauchte mein Vater das Zacakraut (Calea Zacatechichi, wächst nur in den südlichen Bundesstaaten der USA und in Mexiko), um in seine spirituelle Geisterwelt einzutauchen. Etwas später sprach er mit mir: *Zwei fremde aber gute Menschen werden bald in unser Leben treten und dir helfen.* Das hat sich bewahrheitet. Ich bekam eine

Schwester, einen guten Freund und bin nun Teil eures Rudels. Nao-ita und Wakan Tanka sei Dank. Mein Weg wurde ein anderer.«

Plötzlich durchdrang Heulen die zunehmende Dämmerung. Torok hatte sich unbemerkt entfernt und stand mit hocherhobenem Kopf allein auf dem Felsenhügel. Das Rudel folgte ihm.

»Ann stand langsam auf, wandte sich ihm zu und sagte leise: »Komm Keoma, komm mein Bruder, Torok ruft uns.«

Zusammen mit dem ganzen Rudel standen sie oben beieinander. Sitka suchte den Körperkontakt zu Ann, die stehend den Kopf der Fähe streichelte. Atka stupste Keomas Hand an. »Ein einziges Mal stand ich mit Loup und dem ganzen Rudel hier oben und wir heulten gemeinsam. Nur Sitka fehlte, sie lag schwerstverletzt in einer Tierklinik in Whitehorse und Amak war tot. Wir heulten unseren Schmerz heraus.« Sie ergriff Keomas Hand und sagte: »Lass es uns wieder tun.«

Torok hob den Kopf. Gemeinsam sangen sie das Urlied der Wildnis.

Im Gegensatz zum Menschen existiert die Natur seit Milliarden von Jahren unter ehernen Gesetzen. Sie braucht keine menschliche Einordnung, Beurteilung, Katalogisierung oder Geißelung. Sie ist einfach die Summe aller Werte und ihre eigene Chronik. Der Mensch erkennt vielleicht Entwicklungen, die die Natur aber längst vollzog. In diesem stillen, urwüchsigen Land hier gab es keine fixen Zeiten, aber man sieht und spürt den stetigen, sanft komponierten Wechsel der Jahreszeiten, die Reise der Zugvögel, den Winterschlaf der Bären. Kein Mensch kann wirklich erfassen, wie genau sie den Takt halten, doch alles geschieht genau zur rechten Zeit. Die fest gefügte Ordnung der Städte und Zivilisationen hört hier auf zu existieren. Schon zu Beginn ihres kanadischen Abenteuers fügten sich Ann und Marty unbewusst ein in den Rhythmus dieses Landes. Um in der

Wildnis zu bestehen, braucht man eine gewisse pantheistische Grundhaltung. Das eigneten sie sich von den First Nation an. Sie nahmen sich selbst nur bedingt wichtig, weil ihnen frühzeitig bewusst wurde, dass sie das nur im Zusammenspiel mit der Natur waren.

In allen indianischen Kulturen gibt es unterschiedliche Mythen und Geister: den Donnervogel, den Mokgsmol, den Raben u. a. Sie glauben an sie und leben in Ehrfurcht vor ihnen. Die Menschheit kann die Natur vielleicht fürchten, aber sie darf sie nicht missbrauchen – dann wehrt sie sich. Sie erzeugt keine bewussten Katastrophen, das tut nur der Mensch. Die heutigen indigenen Völker der Erde haben ihre alten Legenden, Geister, Mythen und Überlieferungen wiedergefunden.

Es wurde noch nicht völlig dunkel um diese Zeit, nur die Konturen erschienen weicher und die Farben sanfter.

Nach dem Abendessen setzten sie sich wieder ans Feuer, das Rudel erwartete sie und hob die Köpfe. Torok stand auf und kam mit langsamen, fast bedächtigen Schritten zu Keoma, an dessen Seite Atka in Hundeart saß. Er legte sich einen Meter vor ihn hin. Zum wiederholten Mal in den letzten Stunden lächelte der Indianer.

»Sie haben mir endgültig verziehen.«

»Ja, das haben sie, mein Bruder, das sollten wir begießen. Ach ..., naja, du trinkst ja nicht. Aber ich gönne mir jetzt einen Whisky.« Sie stand auf und schritt zum Haus.

»Fleur, warte ... ein kleines Glas ... aber mit Wasser«, setzte er verlegen hinzu.

»Okay, wird sofort serviert«, und sie ergänzte fröhlich: »Der Große Manitou wird das ebenfalls verzeihen können.«

Über den Kämmen der Ogilvieberge färbte sich der Himmel mit einem dunklen Purpurrot und auf dem Wasser des Okinaga lag schon Mondlicht. Die Nacht senkte sich jetzt schnell über den Ort hier, der Ann heilig war und gebar seltsame Schemen dort, wo der Waldsaum das Wasser des Sees berührte. Akiak fiepte leise, schmiegte sich an Anns linke Seite, rechts lag Sitka. Nur Nanook und Inuk lagen nebeneinander etwas abseits.

Keoma schaute zu Ann: »Dich sehe ich in jeden einzelnen des Rudels. Und Loup ... ihn erkenne ich in Toroks Augen. Bei Nanook und Inuk, weiß ich nicht recht, wie ich meinem Gefühl Ausdruck verleihen kann ... sie sind Loups Söhne, mit seinem Charakter – gnadenlos und konsequent, wenn es darauf ankommt, dann wieder weich wie ein Otterfell. Er fehlt mir, Fleur, er fehlt mir sehr. Und, ich empfand jedes Mal große Freude, wenn er etwas für dich bestellte.«

Sie stand auf, trat zu ihm und umarmte ihn. »Danke.«

»Als Loup dir das Halsband mit dem weißen Bären übergab, wusste er, dass jedes Geschenk seine Zeit hat.«

Ann zog das Halsband hervor, betrachtete es auf ihrer Hand und lächelte: »Du bist doch ein Künstler. Als wir durch British Columbia reisten, bestaunten wir viele Masken indianischer Künstler und im Stanley Park von Vancouver interessante Totempfähle. In den Gesichtern darauf waren die typischen Merkmale der indigenen Völker in symbolhafter Übertreibung herausgearbeitet – große Augen, übermäßig geschwungene Brauen, schnabelartige Hakennasen. Die Gesichter deines Totempfahls sind anders, sie verkörpern den ewigen Augenblick. Etwas friedlich Verlässliches findet sich in ihnen und macht dem Betrachter deutlich, dass sie niemals unglücklich werden können und nie altern. Du hast nicht nur mir, Loup und den Wölfen ein Denkmal gesetzt, sondern auch eueren Geistern.«

»Ihr seid ein Geschenk von ihnen an uns. Du wirst dich vielleicht fragen, warum sie dir Loup wieder genommen haben ... Fleur, sie wollten ihn bei sich haben; dir gaben sie noch eine

Aufgabe.« Ein längeres Schweigen spannte sich erneut zwischen sie, nur die Laute nachtaktiver Tiere waren zu vernehmen, sie gaben ihrem Gespräch über Geister einen mystischen Rahmen.

»Weißt du, was die Siksika zu mir sagten«, Ann brach das Schweigen, *du bist eine weiße Schamanin.* Ich weigerte mich, das zu akzeptieren, und sagte ihnen das auch.«

Mit einer heftigen Kopfbewegung wandte sich Keoma ihr zu, auf seinem Gesicht teilte eine steile Falte seine Stirn: »Du bist eine Schamanin!« Seine Stirn glättete sich wieder, stattdessen schlich sich ein Lächeln in sein Antlitz: » ... aber nicht weiß!«

»Aber Loup konnte ich nicht festhalten.«

»Nein, das konntest du nicht; niemand hätte das vermocht.«

Im Haus meldete sich das Sat.-tel., Ann ging hinein, nur Augenblicke später erschien sie wieder mit gerunzelter Stirn und irritiertem Blick.

»Takoma möchte dich sprechen«, sie reichte Keoma das Gerät.

# Hass

Ist Fleur bei dir?«

»Nein, sie ist beim Rudel; Tak, was gibt's?«

Takoma verstummte, man hörte ihn kurz mit einem anderen Mann sprechen. »Keoma, es tut sich etwas, irgendwas ist in Planung, du musst Vorbereitungen treffen.«

»Tak, verdammt nochmal, rede Klartext!«

»Okay. Bitte lass Fleur das folgende nicht wissen, sie darf sich nicht ängstigen ... «

Keoma unterbrach ihn: »Fleur fürchtet sich vor nichts, klar! Sie hat höchstens Angst um das um das Rudel.«

»Mmh, ja. Okay. Also folgendes: Major Cole schaltete die Alaska State Trooper ein hinsichtlich Informationen zu den Baxterbrüdern und Ennox, begleitend sollte Wayne verdeckt ermitteln. Die Baxters unterhalten eine Jagdhütte am Fortymile River, unweit der alaskanischen Grenze. Beide sind den Troopern bekannt – diverse Vergehen zu Wildereien und auch Körperverletzungsdelikten sind vermerkt. Sie stehen bei ihnen schon länger unter Beobachtung. Nach deren Ermittlungen fand gestern eine Zusammenkunft in der Jagdhütte statt. Und, Keoma, es waren nicht drei, sondern vier Männer: Baxter, Ennox, ein gewisser Durham – ein Kumpan des zweiten Wilderers, der auch einsitzt – und ein Unbekannter! Nach übereinstimmender Einschätzung der RCMP und den State Troopern würden sie wohl von der Jagdhütte aus, also von Westen und nicht von Dawson im Süden her auftauchen. Keoma, es wird Ernst. Und noch was: McCarthy wurde nochmals befragt und der ergänzte, dass diese

Bande äußerte, dass sie diese »indianeraffine Wolfsschlampe« zu ihrem Alten schicken werden. Keoma, hast du verstanden?«

Der schwieg, aber dessen Hand presste das Sat.-tel. so fest, dass die Knöchel weiß hervortraten.

»Keoma?«

Hasserfüllt knurrte der: »Natürlich habe ich längst Vorbereitungen getroffen, soll das Pack nur kommen. Fleur hat davon nichts bemerkt. Kommen die Trapper noch?«

»Ja, Mad und Mick noch heute, Joe morgen. Der ist noch bei der Beerdigung seines alten Vaters in Carmacks. Außerdem wird Little Bear mit dabei sein, Fleur bedeutet ihm sehr viel. Er ist geschickt und ein guter Schütze, er ist heiß! Keoma, hab ein Auge auf ihn, für Fleur würde er sich auch selbst in Gefahr bringen. Und weihe Fleur nur eingeschränkt ein. Alles klar?«

»Nein Tak, das wäre falsch. Überleg mal, du kennst sie doch, sie will und muss vorbereitet sein, dann kann sie vielleicht mit ihrer Art auch Situationen entschärfen. Ich binde sie in alles ein.«

Es blieb kurz still.

»Okay. Ja okay, wahrscheinlich hast du recht. Alles klar.«

»By Tak.«

Ann ahnte es, was sie und Loup oft gespürt hatten: Das erste wahre Winterlicht der beginnenden dunklen Zeit. Die Farbenschleier des Himmels spiegelten sich in den Wassern des Okinaga Lake und huschten lautlos über den Schnee, dessen dünne glitzernde Schicht die Umgebung bedeckte. *Wir freuten uns immer auf den Winter, sehnten ihn herbei. Die Schlittenfahrten mit dem Rudel. Wie verzweifelt du warst nach dem Unfall und dem Bandscheibenvorfall bei mir, bei dem du anderes befürchtet hattest. Deine immer wache Angst um mich zerstörte dein Herz. Ich blieb gesund, auch weil du immer versuchtest, Böses von mir fernzuhalten. Loup, mein Häuptling, viele Monate lebe ich schon mit dieser Schuld. Du wirst wieder glücklich sein, sagtest du noch. Damit hattest du recht, denn viele gute Menschen und Beschützer umgeben mich. Wahre Freunde. Sie sind wie du – aber DU fehlst mir; auch deine Dummheiten, Malheurs und Späße wie den mit dem Barkeeper in Whitehorse, dem du gruseliges über unsere Meute erzähltest. Mein Gott, wie oft musste ich dich verarzten, ich wurde zu einer ausgebildeten Krankenschwester. Wenn ich mich abends zum Schlafen ausstrecke, dann denke ich oft an diese Begebenheiten und sie wirken wie ein sanftes Schlaflied und ich schlummere entspannt ein.*

Wie hypnotisiert starrte Ann ins Feuer, das langsam herunterbrannte. Eine raue Zunge wischte über ihr Gesicht und sie wachte auf. Inuk war an ihrer Seite, die anderen lagen um sie herum. Torok fehlte. Sie schaute umher und sah Torok an der geöffneten Haustür stehen. Von drinnen hörte sie gedämpft Keoma sprechen. Sie lächelte, *lauscht Torok etwa?* Plötzlich realisierte sie wieder die Situation, *Takoma und Keoma verheimlichen mir etwas* ... Langsam stand sie auf. Drinnen war Keoma verstummt. Sie ging noch ein paar Schritte, das Sat.-tel. meldete sich erneut.

»Ja, Tak«?

Was Takoma sprach, konnte sie nicht verstehen. Torok stand noch immer bewegungslos an der Tür, dann schaute er sich kurz um, ging zu ihr und fasste ihre Hand. *Er weiß mehr als ich,* dachte sie kurz und knuddelte mit beiden Händen seinen Kopf, dann betrat sie das Haus.

Gedankenvoll lief Keoma vor dem Kamin hin und her. Als er Ann wahrnahm, blieb er abrupt stehen und starrte sie wie einen Geist an.

»Fleur ... «!

»Du wirst mir jetzt alles erzählen, und nichts verschweigen, verstanden? Verdammt nochmal, ihr behandelt mich wie eine unmündige alte Schachtel«!

»Fleur, Schwester ... «.

»Lass mich ausreden, ich bin noch nicht fertig. Hast du gedacht, dass ich all dein Tun der letzten Tage nicht bemerkt habe? Du solltest mich besser kennen. Die Verstecke an verschiedenen Stellen, wo du Bogen und Pfeile deponiert hast. Und das Sat.-tel. am leicht geöffneten Fenster der Rückfront«. Sie starrte ihn wütend an. »Es geht doch um mich und das Rudel, das sollte vor allem mich etwas angehen, richtig«? Wieder ruhig und gefasst schaute sie Keoma an.

Der ließ sich tief durchatmend auf der Kaminbank nieder, »komm, setz dich zu mir, wir reden über alles, das hatte ich sowieso vor. Takoma wollte das nicht, er ist sehr besorgt und will dich nicht ängstigen. Ich widersprach und machte ihm klar, dass du dich vor nichts fürchtest«.

»Okay, entschuldige meine Heftigkeit. Ein Whisky«?

»Nein«.

Sie holte sich ein Glas, blieb abrupt stehen und lauschte. Keoma war bereits aufgesprungen, griff nach dem Revolver, der unter der Bank mit Haftpaste befestigt war und ein Fernglas. In der offenen Tür stehend schaute er. Es war eine Beaver, die kurz mit den Tragflächen wackelte und zur Landung ansetzte. »Es ist Takoma«, rief er Ann zu und lief zum Steg.

Nanook und Inuk lagen mit erhobenem Kopf am nur noch glimmenden Feuer, Akiak vor der Tür und Sitka, Atka und Torok stürmten aus dem Haus. Vier Männer kamen Ann entgegen. Erst jetzt wurde ihr endgültig bewusst, was die Stunde geschlagen hatte. Tak, Mad, Mick und Little Bear waren bewaffnet, außer Little Bear trugen sie Gewehre über der Schulter und Revolver am Gürtel. Little Bear hatte einen mit vielen Pfeilen gefüllten Köcher umgehängt und einen großen Bogen in der Hand.

Still realisierte Ann das wohl Unvermeidliche: *Loup, mein Häuptling, das hätten wir uns wohl nie träumen lassen. Unsere friedvolle Idylle hier könnte der Schauplatz einer bösen Auseinandersetzung werden. Loup, ich begreife es noch immer nicht. Aber weißt du, ich habe keine Angst. Außerdem, naja, vielleicht kann ich auf diplomatischem Weg das Ärgste verhindern. Loup, verflucht nochmal, du fehlst mir unendlich.*

Mick umarmte sie »alles wird gut, Fleur«!

*Woher kennt er diese Worte?*

Auch Mad und Takoma nahmen sie in die Arme. Little Bear trat fast schüchtern an sie heran, etwas linkisch wusste er nicht so recht, wie er sie begrüßen sollte – mit Handschlag oder ... Ann umarmte ihn einfach wortlos. Keoma fachte das Feuer wieder an, Ann war ins Haus gegangen, füllte vier Whiskygläser, außer für Takoma und Keoma und begab sich wieder nach draußen zum Feuer, an dem sich bereits die Männer niedergelassen hatten. Dort gestaltete sich etwas Erstaunliches: Während Keoma seinen Plan erklärte, stand das Rudel etwas abseits beieinander, sie wirkten unschlüssig. Zuerst legte sich Sitka neben Ann, fast gleichzeitig Atka zu Keoma. Etwas beklommen saß Little Bear in der Runde, während weiter besprochen wurde, was Keoma anhand einer Lageskizze verständlich machte. Der junge Ojibwa war der Einzige, der den Wolfshunden noch nie so nahegekommen war. Zutiefst erschrocken starrte er in die rötlichgelben Augen von Akiak, der still seitlich hinter ihn getreten war und sich langsam halb kriechend an seiner Seite niederließ. Daraufhin beteiligte er sich nur noch unkonzentriert an der Besprechung, bei der gerade Mad das Wort führte. Der wollte sein Glas gerade neben sich stellen, spürte aber Fell unter seiner Hand und hätte beinahe den Whisky über Nanook ergossen, der ihn anschaute. Er wechselte das Glas zur anderen Hand und ... Inuks Zunge leckte es ab. »He, he, das ist mein Whisky«. Das Glas stellte er nun zwischen seine Beine und ein wenig unsicher streichelte er die Köpfe der beiden. Das allgemeine Gelächter entspannte die bislang ernste Besprechung. Nur noch Torok stand abseits, der tappte nun langsam zu Takoma.

Ann hatte die ganze Zeit ihr Rudel beobachtet. Sie fühlte tiefe Ruhe in sich.

*Wenn du das nur erleben könntest, mein Häuptling.*

»He, ihr Strategen, wisst ihr was das gerade war – das Rudel hat sich seine Partner ausgesucht!«

»Wir sind unschlagbar, morgen kommt auch Joe noch dazu. Und dieses Rudel, sie sind, ähm, wie heißt gleichmal diese Spezialtruppe in den USA«?

»Navy Seals!«

»Ja, genau, Navy Seals. Die Wölfe sind unsere Navy Seals«.

Keoma stand auf und ging zum Haus. Zurück kam er mit einem Glas Whisky, stellte sich in den Kreis und hob das Glas: »Lasst uns einen Moment Loup gedenken – er gehört hierher! Auf Loup«!

Die nachfolgende Stille wurde unterbrochen vom lauten Piepen des Sprechfunks in der Kabine der Beaver. Takoma rannte zum Steg. Mit ernstem Gesicht kam er zurück. »Sie kommen voraussichtlich übermorgen. Die State Trooper sind sich sicher, können im Augenblick aber nichts weiter tun als observieren. Sie und die RCMP sind in Bereitschaft«.

Anns nachdenkliches Verhalten hielt die Wolfshunde davon ab, auf die Jagd zu gehen, zu deutlich spürten sie ihre Unruhe. *Sie werden Hunger haben, ich muss sie erstmal versorgen,* sie stand auf. Mad und Takoma ebenfalls, »überlass das uns, Fleur«. »In der linken Truhe im Anbau, die rechte Seite ist gefüllt mit Trockenfutter, Fleisch und Fisch für die Wölfe«. Mit dem großen

Kessel machte sich Mad auf zum See, wie selbstverständlich begleiteten ihn Nanook und Inuk. Den gefüllten Kessel zog er mit einem befestigten Geschirr über den Boden nach oben, die beiden Wölfe packten die Riemen mit den Zähnen und halfen beim Ziehen. Der Trapper lachte, »das müsste meine Frau sehen«, rief er den anderen zu. Das Rudel fraß tatsächlich gierig.

Mad blieb am Feuer stehen, klatschte sich mit einer Hand an die Stirn und ging schnellen Schrittes zu dem großen Zelt, in dem die drei Trapper ihre Schlafstatt eingerichtet hatten. Als er zurückkam, versteckte er etwas hinter seinem Rücken und baute sich lächelnd vor Ann auf. »Fiona, meine Frau ... also ich sollte dich herzlich grüßen, und ... «, er zog etwas hervor, trat hinter Ann und legte ihr einen großen Umhang aus zusammengenähten Marderpelzen mit farbigen Stickereien um die Schultern. Er reichte Ann bis zur Taille: »Sie wollte dir etwas schenken«. Sie stand auf, zog sich den Umhang eng um die Schultern, neigte eine Wange an den weichen Pelz und rieb sie daran. »Oh Mad, er ist wundervoll. Vielen Dank. Vor allem aber danke ich deiner Frau. Sage ihr bitte, dass ich sie in Gedanken umarme. Das möchte ich einmal persönlich tun. Und die Stickereien, einfach wunderschön. Fiona, ... das ist ein schöner Name. Woher ... ?«

»Es ist ein irischer Name. Weißt du, ihre Großmutter war eine Chipewyan und der Großvater Ire. Seine Enkelin sollte unbedingt einen irischen Namen tragen.«

»Der Pelz, ist es ... ?«

»Vom Marder.«

»Auch Marma-tea schenkte mir einmal einen Biberpelzumhang. Warum tut ihr das? Ich kann mich mit etwas Ebenbürtigen nicht bedanken. Warum«?

»Weil du eine Schamanin bist, Fleur, unsere Schamanin, die weiße Schamanin des Yukon«, sagte Keoma in die Stille hinein.

»Du hast uns allen schon viel mehr gegeben«.

»How«, kam es halblaut von Little Bear.

»How«, stimmten Takoma, Mad und Mick ein.

Zaghaft filterten lockere Wolkengebilde das silbrige Licht des Mondes. Er wirkte viel größer als sonst, weil die wolkigen Schleier seine Aura verdoppelten. Sitka erhob sich und heulte. Ann strich ihr zärtlich über den Rücken.

»Lasst mich sprechen, hört mich an. Zu euren Vorbereitungen schwieg ich bisher, dass sie sinnvoll erscheinen, leuchtet mir ein. Ihr seid meine Familie und auf euern Schutz kann ich zählen«, nacheinander schaute sie alle an. »Nao-ita, mein und Keomas Vater, sagte einmal folgendes: *Schreite stolz, schreite voran und deinen Geist lass rennen mit dem stürmischen Wind, doch entblöße nie deine Seele dem Feind.* So sprach dieser alte weise Mann und lächelte mich zuversichtlich an. Noch nie in meinem Leben war ich genötigt, dieses Wort Feind auszusprechen. Lassen wir uns tragen von seinen Worten und der Mutter Erde, diesem Land hier. Wisst ihr, seit Loups Tod spüre ich eine gewisse Schuld in mir. Die Welt stand nicht still, als er starb. Er hätte sich selbst den Verbrechern entgegengestellt«. Sie schaute zu Keoma.

»Mein Bruder, wie hast du einmal Loup charakterisiert – gnadenlos und konsequent, wenn es darauf ankommt; dann wieder weich wie ein Otterfell. Für diesen Satz werde ich dir ewig dankbar sein«. Sitkas Kopf in beide Hände nehmend, küsste sie deren Schnauze. »Sie wollen mich und unsere Wölfe. Das hätte Loup nie zugelassen, so wie ihr. Aber ... , ich werde das tun was mein Mann getan hätte – ich stelle mich denen allein. Wartet«, kam sie einigen zuvor. »Zum einen, ihr werdet zunächst unsichtbar bleiben, so wie das Rudel, denen bringe ich das noch mit ein paar Worten und Gesten bei. Zum zweiten, Tak, die Beaver müssen wir vom Steg wegbringen und tarnen. Ich weiß auch schon wohin. Die Kerle kommen von Westen, wie wir wissen. Also verstecken wir das Flugzeug am Westufer des Sees; beim Anflug erscheint es im toten Sichtwinkel und es wird getarnt sein. Dort gibt es neben den zwei Zuflüssen einen minifjordartigen Seearm in den Wald. Zum dritten, Zelt und Tipi bauen wir am Vorabend ab. Die Schlafplätze im Haus sind schnell wieder hergerichtet und wir alle verbringen die Nacht dort. So erhalten wir uns den Überraschungseffekt. Ansonsten alles nach Keomas Plan«.

Eine Weile blieb es still in der Runde. Plötzlich fing Mad an zu lachen und klopfte sich auf die Schenkel, die anderen starrten ihn irritiert an. »Fleur, an dir ist ein Feldherr verloren gegangen, kanntest du den ... wie heißt gleichmal dieser, also der aus Europa oder Germany, dieser ... ?«

»Clausewitz«, antwortete Ann und lachte, »von der vormaligen deutsch/preußischen Militärakademie. Der verfasste auch Lehrbücher über Kriegsstrategien«.

Da sie die ungläubigen und überraschten Blicke der Runde wahrnahm, ergänzte sie verlegen lächelnd, dass das ein gedankliches Rudiment aus ihrer äonenfernen Schulzeit wäre.

»Fleur, aus dir hat der Mokgsmol gesprochen«, Keoma schmunzelte. »Unser Vater hätte nichts mehr hinzuzufügen. Tak, können wir die Beaver mit dem Motorboot hinüberschleppen«?

Takoma nickte, »das müsste gehen, klar, das kriegen wir hin«.

Motorgeräusche näherten sich aus zwei verschiedenen Richtungen, das eine weit entfernt und nur schwer zu orten. Das andere deutlich aus dem Norden. Schließlich starrte Takoma ungläubig auf seine Frau, die vom Quad sprang.

»Marma, verdammt nochmal, was willst du hier«?

»Hör auf hier herumzuschreien, das war meine Entscheidung, versteh das doch«! Ann umarmte sie glücklich. Takoma gab sich mürrisch geschlagen. Von Süden her tauchte Joe auf –

zerkratzt, blutige Striemen im Gesicht und auf einem schlammüberkrusteten Quad mit asthmatisch hustendem Motor.

»Habe ich viel verpasst«? Die Männer stießen die Fäuste aneinander.

»Wir haben nicht viel Zeit, in einer knappen Stunde ist es dunkel, dann hilft uns nur noch das Mondlicht«, Takoma drängte zur Eile. »Fleur fährt mit Mad und Mick im Boot voraus, sie kennt die Stelle des Wasserarms. Ich gleite mit der Beaver hinterher. Fleur, wie breit ist diese Bucht«?

»Ich schätze zirka 15m, vielleicht etwas mehr«.

»Okay, das reicht. Das Beste wird sein, wir treideln die Beaver von beiden Ufern aus, soweit wie möglich hinein. Mad, nehmt zwei lange Seile mit. Hoffentlich sind beide Ufer begehbar, ansonsten ziehen wir sie von hinten. Ach so und tarnen! Also noch eine Motorsäge nicht vergessen, wir brauchen eine Menge großer Zweige und zwei große Planen. Los«! Auch Joe stieg mit ins Boot, die Motorsäge in der Hand.

Die schmale Bucht erwies sich als ideales Versteck, aber die beidseitigen Ufer bestanden aus verfilztem Dickicht. Takoma befestigte die Seile am Ende der Schwimmer und warf die Enden den Trappern zu. Langsam bugsierten sie das Flugzeug rückwärts in die Bucht, die Planen wurden darüber gezogen und Joe warf die Kettensäge an. Derweil bauten Keoma und Little Bear Tipi und Zelt ab. Die Bordkante des mit fünf Personen besetzten Boots lag auf der Rückfahrt nur noch eine Handbreit über dem Wasser.

»He, nun sitzt gefällig ruhig, auf meiner Seite kriege ich schon einen nassen Arsch. Joe ist der Schwerste, wir sollten ihn über Bord werfen«. Spöttisch schaute der zu Mick: »Wie willst du das denn anstellen! Umgekehrt wird ein Schuh draus – dich heble ich mit einem Arm raus«.

»Jetzt bleibt endlich ruhig sitzen, verdammte Bande, ich will nicht noch schwimmen müssen«, rief Ann lachend und der Lichtstrahl ihrer Taschenlampe hüpfte hin und her. Am Steg blinkte ebenfalls ein Licht auf und das beleuchtete Blockhaus erhellte den Bereich des Stegs. Marma-tea hatte inzwischen Abendessen vorbereitet und zuvor das Rudel versorgt. »Tak, hattest du heute irgendwas gegen die Anwesenheit deiner Frau gesagt«, meinte Ann gespielt streng.

»Kann mich nicht erinnern«, hinter seinem grimmigen Gesicht versteckte sich ein Grinsen. Nach dem Essen erhellten die Flammen des Lagerfeuers die Gesichter dieser sieben Menschen, die eine verschworene Gemeinschaft bildeten. Die Anspannung war einer ruhigen Atmosphäre gewichen – alles Notwendige war getan. Die Wolfshunde hatten sich zu ihren Partnern gesellt; die beiden Fähen schmiegten sich zwischen Marma-tea und Ann aneinander. Die beteiligten sich nicht an den Gesprächen. Plötzlich spürte Ann eine Hand auf der ihren und hob den Kopf. »Loup ist hier«! Die Indianerin fixierte ihre Freundin mit sanftem Blick.

Es war ein anstrengender, schwerer Tag gewesen. Entgegen ihrer Befürchtung schlief Ann schnell ein. Aber irgendwann in der Nacht wurde sie wach, obwohl es bislang traumloser Schlaf gewesen war. Sie nahm das leise Schnarchen von 2, 3 Männern wahr, lauschte und eine innere Stimme schien sie aufzufordern, hinauszugehen. Sitka schaute auf. »Komm«, sagte sie leise. Vor der Tür schwarze Finsternis. Vorsichtig schloss sie die Tür. In Zeitlupe riss die Wolkendecke auf und nach ein paar Minuten schickte der Mond silbriges Licht. Akiak trat zu ihr, der wie stets in der letzten Zeit vor der Tür gelegen hatte. Obwohl sie fröstelte, bemächtigte sich ihr ein warmes Gefühl; kurz schaute sie hoch zum Mond und bemerkte gleichzeitig einen hellen Fleck, der sich zwischen Seeufer und dem Felsenhügel auftat. Ann starrte in das vom Mond geschaffene silbrige Grau. Etwas Schwarzes schob sich über den hellen Fleck. Neben ihr fingen Akiak und Sitka an zu winseln. Der Mokgsmol und Torok bewegten sich auf sie zu. *Der weiße Bär! Und Torok! Oh mein Gott – Loup, Naoita!* Fast gleichauf traten die beiden Tiere an sie heran, nur zirka 2m trennte sie. Ann fiel auf die Knie, überkreuzte ihre Arme vor der Brust und schloss die Augen. Als raues Atmen ihr Gesicht streifte, schaute sie auf. Die Schnauze des Bären näherte sich ihrem Gesicht und seine Nase bewegte sich schnüffelnd hin und her. Anns Ich entwich aus ihrem Körper und formte neben sie eine durchsichtige Gestalt – sie sah sich selbst, die hob eine Hand und legte sie langsam auf die Schnauze des Bären. Minuten später erwachte Ann durch Sitkas Heulen, Torok leckte ihr Gesicht. Zwei starke Arme halfen ihr hoch und sie schaute verständnislos in Joes sorgenvolles Gesicht. Sein Mund bewegte sich wie zum Sprechen, aber sie hörte die Worte nicht. Marmatea kam gerannt und schloss sie in die Arme.

»Der weiße Bär; und Torok ... , Marma, wo ist er, hast du ihn gesehen, der Mokgsmol«? Die schüttelte irritiert den Kopf. »Bei allen Geistern, Fleur wach auf. Fleur«!!

»Joe, hast du ihn gesehen«?

Stumm schüttelte auch der den Kopf. Marma-tea bugsierte Ann zu einem der Sitzplätze am Feuer. »Joe, hol ein Glas Whisky«. Die anderen Männer waren derweil auch aus dem Haus gekommen und standen stumm um sie herum. Ann nippte am Whisky, dann nahm sie einen richtigen Schluck und hustete. »Fleur, geht's dir gut, wieder alles okay? Du warst irgendwie weggetreten, hast geträumt«?

»Vielleicht, vielleicht auch nicht«.

Verstohlen roch sie an ihrer Hand – die Dunkelheit verschwand augenblicklich, der Himmel wurde hell, als wäre die Sonne erschienen und Glück in reinster Form flutete ihr Innerstes. *Ich habe ihn berührt und seinen Atem spüre ich noch immer. Loup, alles wird gut.*

Obwohl der baldige Winter versuchsweise schon einmal ein paar voreilige Schneeflocken geschickt hatte, befand sich der Indian Summer noch in vollem Gange und die Lachswanderung auf dem Höhepunkt. Unzählige Rot- und Silberlachse hatten die mühsame Wanderung den Micmac Creek aufwärts bewältigt und widmeten sich im Okinaga ihrer letzten Lebensaufgabe. Tiefhängende Wolkengebilde bedeckten den nördlichen Himmel, der fast schwarz erschien. Über dem Okinaga dagegen ahnte man den schwachen Schimmer der aufgehenden Sonne.

Im Blockhaus roch es nur nach Kaffee und Tee. Ann und Marma-tea hatten lediglich dünne Schinkenspeckscheiben geschnitten, zusammengerollt und jedem in die Hand gedrückt. Nur hastig einen Kaffee trinkend verließ Ann das Blockhaus. Takoma blickte ihr sorgenvoll hinterher und wandte sich fragend seiner Frau zu. »Fleur beschäftigte sich gestern intensiv mit dem Rudel und vergewissert sich jetzt nochmal, ob sie alles verinnerlicht haben. Sie hat spürbar Angst um sie, um sich selbst macht sie sich keine Gedanken«.

»Und gerade das macht mir Sorgen«!

»Ich verstehe dich schon, Tak. Aber sie hat noch einmal den Mokgsmol gesehen und ... jedenfalls nach ihren Worten, auch berührt. Außerdem, der weiße Bär sei zusammen mit Torok zu ihr gekommen und der stand noch bei ihr! Dann ist da noch was, Tak. Etwas später nahm sie mich beiseite, hielt mir ihre rechte Handfläche hin und forderte mich auf, daran zu riechen«. Takoma hob die Augenbrauen, »und«?

»Tak, ihre Hand roch nach Bär«!

Lächelnd umarmte er seine Frau.

Ennox überquerte mit seiner Cessna die Ogilvie Mountain wohl schon weiter nördlich und flog dann parallel zu den Bergen im Sinkflug zum Okinaga, drosselte weiter die Geschwindigkeit und setzte die Cessna auf. In enger Kurve glitt sie zum Steg. Ein einzelner Mann sprang aus der Kabine, schaute sich prüfend um, fixierte das Flugzeug und mit erhobenem Arm reckte er einen Daumen hoch. Nacheinander folgten drei weitere Männer, die sich ebenfalls umschauten und ihre Gewehre lässig unter die Achsel klemmten. Ennox postierte sich am Steg, die anderen schritten gemächlich in Richtung des Blockhauses.

Ann trat aus dem Treibhaus, wischte sich gelassen die Hände an ihrer Arbeitshose ab und ging den Männern entgegen. »Was verschafft mir denn die Ehre, unangemeldete Gäste begrüßen zu dürfen?« Sie lächelte den vordersten der Männer an.

Der wirkte für einen Moment überrascht und irritiert, dann jedoch zerstörte ein böses Grinsen sein Gesicht. Er pflanzte sich breitbeinig vor Ann auf und musterte sie unverschämt von oben bis unten. »Eigentlich hatte ich mir die Wolfsschlampe hässlicher vorgestellt«, grinsend schaute er sich zu seinen Kumpanen um, die lachend zustimmten. »Spare dir das Geschwätz. Rufe sofort deine Köter herbei, aber plötzlich ... «.

Ann unterbrach ihn mit vor Spott triefenden Worten: »Vermutlich hatten Sie noch nie eine Frau an Ihrer Seite, denn die hätte Ihnen bessere Umgangsformen beigebracht, Mister«! Dessen Leute hinter ihm lästerten hämisch lachend: »Dann bring ihr jetzt deine Umgangsformen bei, Owen«. Mit einer herrischen Armbewegung gebot er ihnen Ruhe.

»Das reicht«. Er ging einen Schritt auf Ann zu und riss sie herum, sodass sie mit dem Rücken zu ihm taumelte. Mit dem linken Arm umschloss er ihren Hals und mit der Rechten hob er seinen Revolver.

Für den Bruchteil einer Sekunde nahm Ann ein sirrendes Geräusch wahr. Die harte Klammer des Mannes löste sich und er schrie auf – in seinem rechten Arm steckte ein Pfeil, der wohl Sehnen und Nerven durchtrennte, denn seiner Hand entglitt der Revolver. Die anderen Männer warfen sich zu Boden und ballerten ziellos umher.

All die Verhaltensregeln und ethischen Normen, die Ann und Loup den Wolfshunden anerzogen hatten, waren tief in deren intuitiven Bewusstsein verankert. Sie hatten auch gelernt, was Schusswaffen sind und was sie bewirken können.

Der Mann griff mit der Linken zu der Waffe am Boden, drehte sich kurz zu seinen Männern um und brüllte, dass sie in den angrenzenden Wald und auf das Gebüsch neben dem Haus feuern sollten und fingerte noch am Revolver herum. Diese wenigen Sekunden genügten ... Für die Wölfe war alles anders, für sie galten jetzt keine Regeln mehr – Ann wurde bedroht! Der Angriff des Rudels kam blitzschnell und lautlos. Sitka voran, diese Fähe war nur noch ein einziges Kraftbündel aus Hass und Mordlust. Mit einem gewaltigen Sprung packte sie die Hand mit dem Revolver und riss sie dem Mann ab, der kreischend zu Boden fiel. Dann verbiss sie sich im Hals des Mannes, bis er tot war. Die anderen Männer erfasste Panik, sie feuerten umher, konnten dennoch den erbarmungslosen Angriff des Rudels nicht parieren und zum genauen Zielen blieb keine Zeit. Eine Kugel zerfetzte Inuks Ohr und eine weitere zog eine blutige Spur über Atkas Rücken. Akiak tötete einen weiteren Mann, der knieend auf ihn angelegt hatte, dessen Schuss noch seine Schulter getroffen hatte. Torok lag verletzt auf der Seite und versuchte winselnd aufzustehen; neben ihm Nanook, auch verletzt, aber halb über dem Mann liegend, den er schwer verletzt hatte.

Ann stand wie betäubt inmitten des Geschehens. Dann schrie sie die Namen der Wolfshunde. In ihrer Verzweiflung bemerkte sie Ennox, der noch immer am Steg stand, erst jetzt. Der hatte sein Gewehr auf sie angelegt. Sie warf sich zu Boden, und die Kugel pfiff über sie hinweg. Noch im Liegen sah sie Little Bear, der an der dem Ufer zugewandten Seite des Felsenhügels versteckt gelegen hatte. Mit schnellen gebückten Sprüngen erreichte er Ennox, der erneut auf Ann zielte. Mit einem seitlich geführten Salto erreichte er den Schützen und schlug ihm aus der Körperdrehung heraus mit einem Fuß das Gewehr aus der Hand, warf sich auf ihn und zückte ein Messer.

Der Schrei von Ann ließ ihn erstarren: »Nein, Little Bear, nein«!

Auch Ennox hielt ein Messer in der Hand, aber der junge Indianer war schneller und stieß zu. Der Stoß war nicht tödlich, aber Ennox erschlaffte. Ann wollte aufstehen, sackte aber wieder zusammen und wurde von einem Weinkrampf geschüttelt. Marma-tea stürzte zu ihr, die teilnahmslos auf dem Boden hockte. Die Gefährten bewachten die zwei verletzten Verbrecher und sicherten deren Waffen. Das knatternde Schlappen der Rotorblätter eines Helikopters überlagerte inzwischen das Geschehen. Er setzte neben der Feuerstelle auf, geduckt sprangen fünf Männer heraus – Major Cole, Wayne Bennett, der Pilot Bob, die Ärzte Dr. Conway und Dr. Johnson.

»Baxter und Durham sind tot, Ennox und der andere sind verletzt«, Takoma führte Dr. Conway zu den Männern. Der schaute sich kurz deren Verletzungen an und knurrte verhalten, dass eine Notversorgung erst einmal ausreicht. Der Tierarzt kniete sich zu Torok und Nanook, untersuchte kurz ihre Schusswunden, und nach einer Weile atmete er erleichtert auf. »Nanook, he, kennst du mich noch? Verflucht nochmal, schon wieder du! Und der Schwarze, du bist Torok! Ihr beiden habt Glück gehabt, ich krieg euch wieder hin. Versprochen«! Beiden Wolfshunden spritzte er ein blutstillendes Mittel. Torok versuchte aufzustehen: »nein, verdammt nochmal, bleib liegen«! Aber der stand bereits, hob den Kopf und stieß ein dumpfes, langgezogenes Heulen aus. Das Siegesheulen eines Kriegers!

Die Menschen ringsum erstarrten ehrfürchtig.

Nur Little Bear stand noch unbeachtet unten am Steg. Mit eingelegtem Pfeil und gespannte Bogen fixierte er Ennox.

Dr. Conway hatte den einen Verletzten versorgt und trat heran: »Nimm den Bogen runter, sei vernünftig.«

Der Indianer starrte mit unnachgiebigem Blick den Doc an: »Er hat es verdient zu sterben. Er wollte Fleur töten, nur knapp hat er sie verfehlt; unsere weise Frau, unsere Schamanin! Er hat den Tod verdient«.

Mit sanfter Geste legte Dr. Conway eine Hand auf die Faust von Little Bear. »Du hast recht. Aber ... der Mann ist unbewaffnet und verwundet. Es wäre Mord. Ich verstehe dich gut ... tue es trotzdem nicht«.

Einen letzten hasserfüllten Blick auf den Mann werfend, trat Little Bear zurück und senkte den Bogen.

Marma-tea saß neben Ann, die mit wachsbleichem Gesicht vor sich hinstarrte, plötzlich neigte sie den Kopf zur Seite und übergab sich. Marma rannte zum Blockhaus, griff sich zwei Tücher, tauchte sie ins Wasserfass und eilte wieder zu Ann, die noch immer an Erbrochenem würgte, wischte ihr Gesicht ab und legte ihr das andere Tuch über die Stirn. Das Würgen hatte Ann's Augen gerötet, aber langsam erholte sie sich.

»Marma!«

Die weinte still, »es ist vorbei, Fleur. Keiner von uns ist verletzt, aber ... außer Sitka sind die Wölfe verletzt worden, nicht schwer. Es ist vorbei«.

»Sitka? Wo ist Sitka?«

Marma-tea löste sich von ihr, schaute hinter sie und lächelte. Dort kroch die Wölfin leise winselnd an Anns Seite und legte den Kopf auf ihre Beine. Beide Frauen strichen zärtlich über ihren Kopf, deren blaue Augen dunkelrot gerahmt waren.

»Ich habe sie noch nie so erlebt, sie war ein rasendes Ungeheuer«.

»Nein Fleur, nein, so darfst du das nicht sagen. Überleg mal, du wurdest brutal umklammert und mit einer Waffe bedroht. Sitka wusste, was eine Waffe ist. In ihr wurde in diesem Moment alles hinweggefegt, was ihr in sie eingepflanzt hattet. Im menschlichen Sinne wurde für sie eine rote Linie überschritten, ihr wurde instinktiv bewusst, dass du in Lebensgefahr warst. Außerdem war die Erinnerung wach, als sie damals angeschossen und Amak getötet wurde. Sie hat dir das Leben gerettet«.

»Und Little Bear! Wo ist er überhaupt«?

Ihre Freundin zeigte zum Ufer. Dort stand der junge Indianer mit Akiak an seiner Seite und schaute zu ihnen. Etwas unsicher stand Ann auf und zusammen mit Sitka ging sie zu ihm.

Ein weiterer Helikopter tauchte auf; Beamte der RCMP und Staatsanwaltschaft aus Whitehorse stiegen aus. Es folgten Befragungen, Aussagen wurden aufgenommen, Protokolle geschrieben, Fotos erstellt, forensische Untersuchungen durchgeführt und Proben gesammelt, schließlich die zwei Leichen freigegeben und in versiegelten Plastikhüllen in den Heli verbracht. Auf Krankenbahren mit installierter Notversorgung wurden auch die zwei schwerverletzten Männer in den zweiten Heli transportiert. Bevor sich die beiden Helikopter wieder startklar meldeten, nahm Major Cole und der Vertreter der Staatsanwaltschaft Ann noch einmal beiseite.

»Trust mein Name, William Trust. Miss Trebe, möglicherweise ergeben sich noch weitere Fragen zum Geschehen. Das werden Sie verstehen. Aber die bisher ermittelte Faktenlage weist unter anderen durch die einheitlichen Zeugenaussagen eine klare Beweisführung aus. Sollten sich keine weiteren Fragen ergeben, wird dennoch ihre Anwesenheit bei der Gerichtsverhandlung als notwendig erachtet. Die Vorladung wird Ihnen dann zu gegebener Zeit rechtzeitig zugestellt. By, Miss Trebe«!

»Tut mir leid, Miss Trebe«. Cole räusperte sich kurz. »Sie haben in Ihrem Leben schon viel durchlitten, zusammen mit Ihrem Mann, dann dessen Tod, nun auch allein. Aber Sie haben auch wunderbare Freunde um sich herum, die ein Kraftquell sind. Das alles macht selbst einen alten Mountie wie mich sprachlos. Wissen Sie, ich kann mich noch gut an unsere Besuche bei Ihnen beiden erinnern – Ihre Augen sprühten vor Glück. Ich möchte Sie meiner höchsten Achtung versichern. Dieses Land steht hinter Menschen wie Ihnen, darauf können sie sich verlassen«. Sichtlich bewegt bedankte sich Ann und schlug in die dargebotene Hand ein.

Als das letzte Dröhnen der gestarteten Hubschrauber abgeebbt war, legte sich eine abnorme Stille über den Okinaga Lake und seine Umgebung. Mit dem Boot brachten Keoma und Joe Takoma hinüber zum Flugzeug. Gemeinsam beseitigten sie die Tarnung. Keoma wollte bereits den Bootsmotor anwerfen, aber Takoma hinderte ihn daran: »Wartet noch einen Moment«. Er stand auf einem Schwimmer der Beaver und sprang ins Boot. »Keoma, weißt du, ob Fleur noch im Blockhaus bleiben will«?

»Ja, sie bleibt noch und ich auch«.

Takoma nickte: »Das ist gut«.

»Auch Mick und Little Bear signalisierten mir ihr Bleiben«.

»Sie ist heute zusammengebrochen! Sie darf nicht allein bleiben, eigentlich wäre es mir lieber, sie käme mit in die Siedlung. Aber okay, belassen wir es dabei«. Takoma fixierte die Beaver und sie schlenderten hoch zu den anderen. Außer Ann saßen alle am Feuer, die kuschelte am Felsenhügel mit den Wölfen und ab und zu wehten ihre leisen Worte herüber. Marma-tea erhob sich und machte Anstalten zu ihr zu gehen, aber gleichzeitig fassten Takoma und Keoma nach ihr.

»Lass sie, sie will mit den Wölfen allein sein«, sagte Keoma. Sie nickte, setzte sich wieder und schmiegte sich an ihren Mann. Einem grauen Nebel gleich hing erneutes Schweigen über den Menschen am Feuer, es einte sie aber der erleichternde Gedanke, dass keiner von ihnen verletzt wurde und die Wolfshunde nach der Versorgung durch Dr. Johnson glimpflich davongekommen waren.

»Die Navy Seals, diese Teufel, mein Gott, wie ein Tornado fegten sie über dieses Pack hinweg. Die hatten nie eine Chance«. Mick verstummte.

»Wir konnten nichts tun und hätten sie treffen können«, ergänzte Joe, »sie tragen ihren Titel zu Recht – Geisterwölfe. In meinem Trapperleben traf ich des Öfteren auf Wölfe, nie hatte ich Angst vor ihnen. Aber dieses Rudel ... unter anderen Umständen hätte ich wohl die Hosen voll«. Er blinzelte zu Mad, der nickte. Den beiden war anzusehen, dass sie etwas umtrieb. »Sitka und Atka sind Fähen. Vermutlich werden sie irgendwann Nachwuchs bekommen«, Joe holte tief Luft, schaute alle der Reihe nach an und fuhr fort: »Wir werden Fleur fragen, ob sie uns Welpen überlassen könnte, »was meint ihr, würde sie Ja sagen«?

»Fragt sie einfach«, antwortete Marma-tea.

»Aber nicht jetzt«, kam es von Keoma.

»Ja, schon klar, sie muss erstmal ihre innere Ruhe wiederfinden«, beruhigte Mad. »Sitka und Little Bear haben ihr das Leben gerettet. Wo ist er überhaupt«?

Marma-tea zeigte zum Ufer. Dort saß der junge Indianer mit Akiak an seiner Seite. Und gerade eben war Ann am Felsenhügel aufgestanden und ging zu ihm.

Wolken vom Aussehen zerrissener Zuckerwatte trieben über den Yoke Pass, grauweiße Gespinste, hinter denen es nur noch Schwärze gab. Schwere Gewitter, riesigen scheuen Wesen gleich, hingen sie wie verankert über den Gipfelregionen der Ogilvie Mountains im Südwesten.

William Ogilvie, ein kanadischer Landvermesser, diesen Bergen gab man einst seinen Namen. Weiter im Norden über dem North Fork Pass zerschliss das Wolkeninferno dagegen in schwefelgelbe Gespenster, die vom Mount Tombston aufgespießt wurden.

Little Bear wusste nicht, was Dopamin ist, aber es flutete ihn und er wurde belohnt mit Stolz. Stolz darauf, Ann beschützt zu haben. »Akiak hat meine Hand ins Maul genommen«, sagte er ehrfürchtig zu ihr.

»Danke, ich danke dir, Little Bear. Du hättest selbst getötet werden können«.

Verächtlich schüttelte der den Kopf: »Der Mann hatte keine Chance. Ich hätte ihn töten können, er hätte es verdient, aber ... «, er schaute Ann zweifelnd an: » ... du hast es nicht gewollt«.

»Töten ist nie eine Option, strafen schon. Little Bear, unsere Welt ist noch immer kein friedlicher Ort. Voller Dämonen, wenn gleich, jeder ist sein eigener Dämon. Aber ... diese Dämonen gibt es nur in der christlichen, biblischen Religion und sie verkörpern immer das Böse. Hingegen kennt eure indianische Mythologie keine bösen Geister, nur strafende. Eure Geisterwelt ist offen, nicht zwingend und in der Natur geboren und verankert«. Mit seinen wie dunkler Bernstein strahlenden Augen sah er sie an. *Er hat wunderschöne Augen,* dachte sie.

»Loup sagte einmal zu mir: E*ntweder man liebt und lebt die Bibel oder den gesunden Menschenverstand.* Religion funktioniert einfach nicht im Licht, sie gedieh schon immer im Finstern. Es sollte eine Art Pfandleihe geben, in der man nach Hinterlegung des Verstandes alles Leid in Demut und Frohsinn umgemünzt bekommt«.

Der junge Indianer lachte: »Ich behalte meinen Verstand lieber«.

»Glaub mir, töten ist keine Option, denn jeder getötete Mensch hatte einmal eine Persönlichkeit und ein Leben, das die Erde ihm schenkte. Wie er das nutzte, lag an ihm selbst. Ihr tötet einen Elch nicht, ohne euch bei ihm zu bedanken. Darin liegt Wertschätzung und die Bitte um Vergebung. Loup hat diese eure Lebensphilosophie in mir geweckt und beide lebten wir danach. Little Bear, töten ohne Not ist niemals eine Option, Leben bewahren schon. Du hast zusammen mit Sitka mein Leben gerettet, das werde ich nie vergessen. Du bist für mich wie ein ... «. Sie stockte.

»Sohn«?

»Ich hatte nie einen ... «

»Doch, jetzt schon«.

»Komm, ich möchte dir etwas zeigen«.

Sitka war auf leisen Pfoten zu ihnen gekommen. Zusammen mit den zwei Wolfshunden gingen, sie den Pfad hinauf in Richtung der Berge. An einem Baum blieb Ann stehen, »geh her, schau«.

Akiak und Sitka ließen ein leises Knurren hören. Little Bear starrte den Baum an, zupfte die Pelzhaare ab und ... schaute ungläubig zu ihr. Zögerlich presste er das Büschel an sein Herz.

»Du hast die Verbindung vollzogen. Mein Sohn, sie wird dein Leben lang Bestand haben«. Dessen Lächeln verjüngte sein Gesicht.

»Little Bear, diese Wolfshunde ... ich werde dir jetzt etwas erzählen, lass uns einen Moment setzen. Einmal, zwei Monate vor seinem Tod, es war schon später Abend, ging Loup noch einmal nach draußen zum Rudel. Kurz danach folgte ich ihm und hörte, wie er mit den Wölfen sprach. Seinen letzten Satz konnte ich noch verstehen. *Er sagte: Wenn ich sterben sollte, dann beschützt Fleur, mit euerm Leben.* Diesen Wunsch erfüllten ihn die Wölfe und du. »Jetzt geh wieder zu den anderen, denn du bist ein Teil von ihnen.«

»Und du«?

»Ich möchte noch eine Weile mit dem Rudel allein sein«.

Nachdenklich lenkte Little Bear seine Schritte zum Feuer, um das die anderen im leisen Gespräch saßen. Akiak folgte ihm diesmal nicht.

Dem Felsenhügel zugewandt schritt Ann voraus, die Wölfe folgten ihr und entgegen ihres sonstigen Verhaltens legten sie sich nieder. Sie hockte sich dazu und ließ den Gedanken und Erinnerungen freien Lauf, die wie ein Seebeben in Abständen Wellen aussendeten. Zwar flacher werdend mit der Zeit, aber sie kommen, kommen immer wieder. Fast täglich konnte sie sich an die Zeit vor Loups Tod erinnern, und natürlich an die Zeit danach, nicht aber an den Tag selbst. Doch Vorher und Nachher gingen nahtlos ineinander über, nur dass plötzlich alles anders war. Die nachherige Variante erzeugte Schmerz, bliebe da nicht die irritierende und verhöhnende Empfindung, die Katastrophe habe gar nicht stattgefunden. Vorher gab es einen Zustand der Gemeinsamkeit, dessen signifikantestes Merkmal die Liebe war. Manchmal, so wie jetzt, kam es ihr so vor, als stünde sie im Auge eines gutmeinenden Hurrikans, da jeder um sie herum bemüht war, sie zu schützen, Böses von ihr fernzuhalten. Tiefe Scham kam in ihr auf, weil sie diesen noch immer nach warmem Herbst duftenden Tag gewahr sein konnte. Wie bei einer teilweisen Sonnenfinsternis sah sie auf einmal die Farben an Intensität verlieren, während sonnenhelles Licht in eine vergangene Zeit schien. *Nichts vergeht,* dachte sie, *die Gegenwart ist nur ein anderer Blickwinkel.*

Sie sollte über Wichtigeres nachdenken – Wichtigeres? – doch wie vorbeidonnernde Züge ratterten die Gedanken durch ihren Kopf und ihr Herz schlug viel zu schnell. Aber ..., wenn Vergänglichkeit die Natur aller Dinge ist, gilt das dann auch für Gedanken? Dies würde eine Verbindung zur Religion nahelegen. Loup stempelte Religion immer als kollektiven Defekt ab. Sein Unglaube hat sie manchmal bekümmert, wenngleich nicht in einem Maße, dass es ihre Spiritualität trübte.

Sitka und Atka weckten sie mit fordernden Stupsern. Von hinten wischte eine Zunge über ihre Wange. Inuk erwartend, schaute sie aber überrascht in Toroks blaue Augen. *Er spürt, dass ich an Loup dachte.* Der legte sich quer an ihren Rücken.

Mitunter, wenn sie allein, nur mit den zwei Fähen in den borealen Wäldern der Berghänge unterwegs war, könnte sie schwören, im Seufzen des Windes und vielstimmigen Flüstern der Blätter, in all den verschwörerischen kleinen Lauten, die zusammen Stille ergeben, Echos aus einer früheren Zeit zu vernehmen. Aber dann stammten sie zumeist von den leisen Pfoten des Restrudels, das sie suchte. Und dennoch, mit den Wölfen kam Loup ...

Takoma hatte sich die ganze Zeit über nicht mehr an den Gesprächen beteiligt. Er wirkte gealtert, sein Gesicht schmaler geworden, die Anspannung abgefallen. Schon immer war er der Chief – geradlinig, sachlich und überlegt, entscheidungswillig, konzentriert und konsequent. Als gäbe es nichts anderes auf der Welt, füllten ihn seine Familie und sein Volk aus. Dann traten Ann und Marty in sein Leben. Das veränderte alles, Fleur und Loup. Loups Tod zerstörte dann etwas in ihm, das er nie kennengelernt hatte und das Begreifen setzte erst viel später ein. Nur mit seiner Selbstdisziplin bewältigte er den Verlust dieses ersten wahren Freundes. Dessen Frau wollte er wenigstens schützen, für sie kämpfen. Das Rudel tat es. Und Little Bear. Gut, er hatte vorbereitet, organisiert, recherchiert und notwendige Verbindungen geknüpft ... aber nicht gekämpft.

*Verzeih, mein Freund.*

Die Leere in seinen Augen trug einen Namen – Loup. Er stand auf und lenkte seine Schritte zum Felsenhügel. Außer Marma-tea war niemandem seine Teilnahmslosigkeit aufgefallen. Sie ging ihm nach.

Takoma kniete an Loups Grab und legte beide Hände darauf. Torok verließ den Hügel und kam zu ihm. Erst jetzt wurde auch Ann aufmerksam und stieg herunter. Marma-tea hielt sie am Arm fest und zog sie zurück. »Nein Fleur, lass ihn. Zum ersten Mal in seinem Leben möchte er schwach sein dürfen«.

# Zeitenwende 2.0

Zwei Tage lang verhandelte Ann in Whitehorse mit drei Vertretern des Department of Indian Affairs Canada unter Leitung von Patricia Hajdn. Ann wurde begleitet von zwei Frauen der Siksika – Gouyen und Tallulah – und den Männern Akecheta und Mahtoree.

Takoma, der sie nach Whitehorse bringen würde, bat sie eindringlich darum, Marma-tea sowie Sarday und Aiyana von den Cree mitzubringen. Der nahm das verwundert zur Kenntnis, wollte aber wissen, warum. Sie erklärte es ihm kurz. Mit gerunzelter Stirn nickte er. Den Siksika ließ sie im Vorfeld wissen, dass die Flugkosten das Department übernehmen würde und legte ihnen ans Herz, zunächst nur ihre Lebenssituation zu schildern, verbunden mit der Feststellung, dass sie bisher keinerlei Unterstützung durch den Staat Kanada bekamen. Einschränkend sollten sie nicht unerwähnt lassen, dass sie die Entschädigungen und Zuwendungen in der Vergangenheit stets ablehnten. Das würde ihren eigentlichen Vorwurf entschärfen und eine vertrauensvollere Verhandlungsbasis schaffen.

»Dann lasst nur mich sprechen«.

Nach langen und sachlich geführten Gesprächen, aber auch Auseinandersetzungen zu Details, erzielte Ann schließlich ein Ergebnis, das auch die Siksika akzeptierten. Allerdings mit der Einschränkung, dass Nachzahlungen nicht möglich seien, das wurde seitens des Departments abgelehnt. Jedoch mit Datum der Unterzeichnung der Vereinbarungen und Verträge würden die Zahlungen sofort erfolgen.

Ann hatte ihr Versprechen eingelöst; ihr vorauseilender Ruf war auch bis Ottawa durchgedrungen. Aber dabei beließ sie es nicht.

Am Flughafen von Whitehorse bestiegen die staatlichen Vertreter des Departments eine Maschine der Air Canada zum Rückflug nach Ottawa. Auf einem Nebenflugfeld stand ein Flugzeug der Air North für die Siksika bereit, abseits davon wartete Takoma mit seiner Beaver; Marma-tea, Aiyana und Sarday waren bei ihm.

Die Siksika gruppierten sich schweigend um Ann und in ihrem Verhalten war erkennbar, dass sie nach Worten suchten, die ihren Empfindungen entsprochen hätten. Ihren Dank an Ann konnten sie einfach nicht in Worte fassen.

»Bevor wir uns trennen, habe ich noch ein Anliegen, das mir sehr am Herzen liegt. Loup sagte mir einmal, dass man die drei Volksgruppen wieder zusammenbringen müsste. Er meinte euch, die Ojibwa und Cree. Für mich ist das wie ein Vermächtnis. Lasst uns den ersten Schritt tun. Bitte kommt«.

Die beiden Menschengruppen standen sich gegenüber; nichts Trennendes, sondern Hoffnung bildete sich in ihren Gesichtern ab. Takoma und Akecheta traten zueinander. Ruhe ausstrahlend legten sie in langsamer, bedeutungsvoller Geste eine Hand aufs Herz.

»Ich bin Takoma«.

»Ich weiß, ich bin Akecheta«.

Neben ihnen standen sich Sarday und Mahtoree gegenüber.

»Ich grüße dich, Mahtoree«.

»Sei gegrüßt, Sarday. Ich freue mich«.

Die vier Frauen hatten einen engen Kreis um Ann gebildet. Mit erhobenen Armen fassten ihre Hände einander und führten sie über Ann zusammen, wie eine schützende Haube.

»Chief, ich möchte sprechen«, Mahtoree schaute Akecheta an und wandte sich dann Ann zu. »Ausgerechnet eine weiße Scha ... «, er stockte kurz und lächelte, » ... Frau beschämte mich. Niemals hätte ich das je einem Menschen zugestanden. Du aber sagtest: *Ich bin keine weiße Schamanin, ich bin eine weiße Frau und Loups Squaw. Vor allem aber bin ich ein Mensch, wie du!*« Beim Aussprechen dieser Worte schaute er Ann noch immer an: »Mit diesen wenigen Worten hast du mich verändert, hast jetzt unserem Volk geholfen und uns nun mit den Ojibwa und Cree zusammengebracht«. In seinem Blick bildete sich die verzweifelte Suche nach den richtigen Worten ab: »Ich werde dein Schutzgeist sein. Ob du dem zustimmst oder nicht, ich werde es sein«! Er legte hinzu: »Diese Worte lege ich in Wakan Tankas Hände«.

Im kurzen Zusammensein dieser Menschen erfasste Ann eine tiefe innere Ruhe, die sich zu grenzenloser Weite ausdehnte und in diesem Vakuum schwoll etwas an, machtvoll und glühend, die Empfindung reinen Glücks und Loups Gesicht. Erstmals in den letzten Wochen stellte sie überrascht fest, dass keine Sorgen oder Zukunftsängste mehr an ihr zerrten, kein Schrei fühlte sich genötigt, in ihr hochzusteigen, sondern Dankbarkeit.

*Das Leben schlägt manchmal seltsame Wege ein,* dachte sie, *aber man kann sie beeinflussen. Und Gott? Gottes Wille?* Aber nicht Gott hat die Menschen erschaffen, sie haben ihn mit seiner Ewigkeit erschaffen.

Hoch über ihnen driftete das Blau des Himmels ins Graue ab. Die zwei Piloten der Air North starrten inzwischen nervös zu der Menschengruppe – das Zeitfenster fürs Fliegen verkleinerte sich zusehends. Auch Takoma wirkte ungeduldig. Schwärme von Kanadagänsen zogen über den Himmel, ihre Nachtquartiere an den Seen im Osten ansteuernd. Das Schnattern und Kreischen zog mit dem Ostwind davon.

Nach kurzem Blickkontakt mit Takoma, der unmerklich nickte, wandte sich Ann an die Siksika: »Als Zeichen guten Willens würde ich eine Zusammenkunft der drei Völker vorschlagen. Für mich und Loup würde damit ein Wunsch in Erfüllung gehen. Ein Powwow, dessen Vorbereitung und Organisation allen obliegen sollte; mit Austausch und Gesprächen, Spielen, Wettbewerben und Tänzen. Es wäre in meinen Augen ein eindringliches Signal dafür, einer gemeinsamen, besseren Zukunft entgegenzusehen. Ich würde alles dafür geben; außerdem ... «, befreit lächelnd schaute sie in die Runde, » ... den Chroniken der Siksika, Ojibwa und Cree könnte ein neues Kapitel hinzugefügt werden. Alle wissen wir, dass das Gute nie von Dauer war und ist – gemeinsam würden wir der Welt das Gegenteil beweisen«.

Akecheta hatte sich zu seinen Leuten umgedreht und forschte in deren Gesichtern. Daraufhin trat er mit würdevoller Miene zu Takoma. Entgegen der sonstigen Geste, Hand aufs Herz, fasste er ihn an der Schulter, schaute ihn lange an, neigte seinen Kopf und sprach:

»So soll es sein, schlagen wir dieses neue Kapitel auf und füllen es mit Gemeinsamkeit, Vertrauen und Stolz. Ich habe für mein Volk gesprochen. How«.

Die wartenden Piloten atmeten erleichtert auf.

# Die Evidenz des weißen Bären

Wohin ein Weg führt, von dort führt er auch zurück. Die Zeit dagegen ist eine Einbahnstraße, ein Zurück gibt es nicht, nur in Science-Fiction-Filmen. Der Himmel am Abend von Wolken marmoriert, die eine hochofenrote Sonne einhüllen. Bergnebel, der lautlos heranfließt und die Uferwälder des Lake einspinnt, bis man alles Mögliche darin zu erkennen glaubt.

Keoma, Mick und Little Bear saßen zusammen mit Ann auf der Terrasse. »Wenn ich jetzt darüber nachdenke, was sich in den letzten Jahren in der Yukon Region abgespielt, verändert hat, komme ich unweigerlich ins Grübeln. Es betrifft auch mich. Mmh ..., ich hatte Freunde – Ethan, Mad und Joe. Aber sonst ... ich lebte allein, liebte meinen Job, traf mich ab und zu mit den Dreien auf ein Bier. Kontakte mit anderen Menschen gab es nicht, vermied das auch vorsätzlich. So wie Ethan. Mir wurde nicht bewusst, dass etwas fehlte. Einmal, in jungen Jahren, lebte ich kurzzeitig in einer Beziehung. Was uns dann trennte, war meine Hingabe zur Wildnis, dieses uneingeschränkte einfache Leben. Das wollte sie nicht dauerhaft mittragen. Ich zog mich in mein Leben zurück, beging dabei aber einen Fehler«. Mick verstummte kurz, die anderen unterbrachen ihn nicht. »Ich fing Pelztiere in Fallen. Tiere waren Mittel zum Zweck, um meinen Lebensunterhalt zu gewährleisten und Nahrung zu sichern. In den letzten Jahren lernte ich so viel dazu wie niemals zuvor. Zufällig lernte ich Loup kennen, dann dich, Fleur, die Ojibwa und Cree und schließlich diese Wolfshunde ... Aber zu dem Fehler – das Snowmobil behalte ich zwar, aber ich werde mir Schlittenhunde anschaffen, wie mein Vater sie hatte und Mad und Joe sie haben. Deren Bitte an dich, Fleur, werde ich mich anschließen und dich ebenfalls um ein oder zwei Welpen bitten. Naja, etwas spekulativ ist das jetzt schon. Aber Sitka und Atka sind zwei äußerst attraktive *Damen*«, er lächelte kurz in die Runde, »eine Handvoll Rüden werden um sie kämpfen. Aber im Ernst, es sind einfach großartige Tiere, nein, Gefährten mit besonderen Genen. Solche Gefährten haben mir gefehlt.«

Der aufgeklarte Himmel verzögerte die beginnende Dämmerung. Eine Bahn Mondlicht legte sich wie leibgewordener Verzicht auf Ann's Gesicht. *Weiterer Nachwuchs? Verzicht? Meine Sitka, wird sie mir nochmals Welpen schenken? Und Atka, meine junge Schönheit? Aber es stimmt, bald beginnt wieder ihre Paarungszeit – in den letzten Tagen und Wochen verdrängte ich alles Zukünftige.*

»Moment Mick! Mad und Joe sind diesbezüglich nicht an mich herangetreten«.

»Oh, davon ging ich aber aus ... «.

»Daran sind wohl Takoma und ich schuld. Wir machten den beiden begreiflich, dass sie dich erstmal in Ruhe lassen sollten«, sagte Keoma.

Ann holte tief Luft, blies die Backen auf und meinte grimmig lächelnd, dass die dauernde Rücksichtnahme sie langsam nerve.

»Jetzt mal im Ernst. Ich ..., he Mick, schau nicht so schuldbewusst, du kannst doch nichts dafür, ... stand die letzten Tage irgendwie neben mir und mein Blick in die nächste Zeit war wie vernebelt. Erst jetzt nistete sich der Gedanke ein, dass die Paarungszeit der Wölfe beginnt. Du hast das vorhin schön gesagt und ... «, plötzlich lachte sie auf, » ... schau mal hinter dich.« Sitka und Atka hatten sich dort lautlos niedergelassen.

»Viele Jahre lebten wir mit diesen Wolfshunden zusammen, gegenseitig verinnerlichten wir unsere »Persönlichkeit«. Mit der Zeit konnten sie in uns »lesen«. Versteht ihr? Sie verstanden unsere Gesten und Worte und umgekehrt, konnten unterscheiden zwischen Frust und Glück. Mick, die beiden haben dich »belauscht« und dein Kompliment von vorhin begriffen«.

Nicht Fassungslosigkeit zeichnete sich in Micks Gesicht ab, sondern Verstehen. »Verdammt nochmal, ich bin es doch der ein Leben lang in der Wildnis lebte. Dennoch scheine ich nichts begriffen zu haben«.

»Mick, du bist nicht allein mit dieser Erkenntnis. Erst vor Kurzem habe *Ich* es verstanden«! Keoma schmunzelte vor sich hin. »Und Mick, ich bin ein Ojibwa und hier geboren und aufgewachsen. Verstehst du«? Beide rammten ihre Fäuste aneinander.

»Wollt ihr etwas trinken, vom Powwow sind noch allerhand Reste übrig«, Ann war aufgestanden.

»Wir holen alles, was noch da ist. Wir haben schon wieder etwas zu feiern. Warte, Fleur, ich helfe beim Tragen«.

Mit einem alten Trappersong auf den Lippen schleppte er einen großen Korb voller Getränke zur Feuerstelle, wo Keoma derweil ein Feuer entzündete und das Rudel bereits *Platz genommen* hatte. Sie prosteten sich zu: »Auf Loup, auf das Rudel«.

»Und Amak«, fügte Ann leise hinzu, wohl mehr zu sich selbst. »Nochmal zurück zum möglichen Nachwuchs. Auch wenn es mich schmerzen wird, aber die Welpen kämen in gute Hände. Also ja, Mick, sag das auch Mad und Joe. Weil wir aber gerade beim Feiern sind, will ich euch noch eine kleine Geschichte erzählen, die sich um Sitkas Welpen rankt. Als ich damals feststellte, dass Sitka öfters allein verschwindet, fragte ich Loup, ob er das auch schon bemerkt hatte. Und der, typisch Mann, meinte: *Nö, tut sie das?*« Ann lachte bei der Erinnerung und die Männer grinsten. »Jedenfalls schenkte uns Sitka drei süße Welpen. Nach zirka einer Woche schaute sich Loup die Kleinen genauer an. Zuerst Akiak, der war als einziger schwarz. Dessen Augen wirkten irgendwie gruselig – rötlich und gelb gesprenkelt. In einem Buch schaute er nach, fand, was er suchte und zeigte mir ein Foto. Dort war ein schwarzer Timberwolf zu sehen mit rötlichgelben Augen. Daraufhin wurden wir beide nachdenklich. Könnt ihr euch denken, weshalb?«

Alle drei nickten. »Sitkas Lover war ein Timberwolf. Die sind recht selten und gelten als die größten Wölfe«, antwortete Mick.

Akiak registrierte die plötzlichen Blicke und drückte sich an Little Bear, dessen Augen zu glänzen begannen und trotz seiner zurückhaltenden Art ergänzte er leise, dass Akiak etwas Besonderes sei, so wie das Rudel insgesamt.

Obwohl es gestern noch ein langer, entspannter Abend wurde, wachte Ann nach gutem traumlosem Schlaf früh auf. Blinzelnd schweifte ihr Blick durch das kleine rechteckige Fenster gegenüber, ein Streifen sanften Lichts fiel auf ihr Bett. *Loup wäre jetzt schon draußen beim Rudel,* dachte sie kurz, *er liebte diese frühe Stunde, denn seine dämonischen Träume lösten sich in der Morgendämmerung auf. Ich verstehe ihn längst, nicht nur wegen der Träume. Auch ich ziehe die Morgendämmerung der Abenddämmerung vor, zumal sie einen neuen Tag verheißt. Die Abenddämmerung ist ein spektakuläres Gemälde in grellen Farben, einem Feuerwerk gleichend. Dagegen ist die Morgendämmerung ein dezentes Schauspiel, das von Sanftheit und Nuancen lebt, von Nebel, Stille, zaghaften Licht, von einer Nacht, die langsam entschwindet und die Schatten des Waldes mit sich nimmt.*

Ann schlug die Bettdecke zurück, und zugleich umfing sie ein Frösteln. Der schöne Spätsommer, der die wilde, waldreiche Natur der Yukon Region in lodernden Farben präsentiert hatte, neigte sich in schnellem Tempo dem Ende zu. Von unten drangen Geräusche herauf. *Meine Schutzgilde zählt wohl auch zu den Frühaufstehern, wie du, mein Häuptling.* Sie zog sich an und ging hinunter. »Guten Morgen, ihr Männer, gut geschlafen«?

»Wenn man mal von Micks Schnarchen absieht – ja. Die nächsten Tage brauchen wir erstmal kein Feuerholz sägen. Hat er alles in dieser Nacht erledigt«, grinste Keoma, der bereits Kaffee und Tee vorbereitete. »Das müsste ich wissen ... «.

Das Gelächter umfing den kalten Morgen wie ein wärmender Schal. Nach Waschen und hübsch machen ignorierte Ann erstmal den Frühstückstisch, ging nach draußen und begrüßte das Rudel, die übermütig um sie herumsprangen. Nur Torok stand abseits, wandte sich ab und trottete zum Felsenhügel.

»Torok«!

Der blieb stehen und schaute zurück. Gemeinsam gingen sie zum Hügel.

Noch während des Frühstücks erklang das Rufzeichen des Sat.-telefons. Ann nahm ab. Marma-teas Stimme ertönte. »Hi Fleur, guten Morgen, gut geschlafen oder sägten die Männer wieder Brennholz? Hör mal, in der Siedlung gibt es ein paar Diskussionen, die Vereinbarungen mit den Siksika betreffend. Tak erklärte schon einiges, aber er ist nun mal nicht der beste Rhetoriker. Er meinte, dass du das besser rüberbringen kannst, vor allem deine Vorstellungen zum geplanten Powwow. Es eilt zwar nicht, aber es wäre vielleicht angemessen, dass du in absehbarer Zeit mit allen im Großen Haus darüber sprichst, denn ich habe den Eindruck, dass sich vielleicht der eine oder andere übergangen fühlt«.

»Du hast recht, ich dachte auch schon daran. Sind aber alle grundsätzlich einverstanden, wie ist die Stimmung«?

»Oh gut, alle freuen sich. Aber sag mal, geht's dir wieder richtig gut? Hast du deine innere Ruhe wieder gefunden«?

»Doch, schon, Marma. Sei unbesorgt, ein paar Nachwehen am Abend, das ist alles. Die Männergesellschaft tat mir diesbezüglich gut und wenn das Rudel um mich herumtobt, tanzt meine Seele«.

Marma-tea lachte, »Okay, by Fleur, also bis bald«.

Etwas nachdenklich kehrte Ann an den Frühstückstisch zurück. Sie erklärte kurz das von Marma-tea Gesagte.

»Ich kann mich zwar nicht in diese Problematik hineinversetzen, empfinde es aber als gute Sache, wenn sich diese drei Volksgruppen wieder zusammensetzen«, Mick schaute verständnislos.

»Übergangen! Oh Wakan Tanka, alle sollten doch froh sein, dass du das initiiert hast. Ohne dich wäre das nie zustande gekommen«, mürrisch schaute Little Bear zu Ann. Die blickte auffordernd Keoma an, der sich schweigsam in sich zurückgezogen hatte.

»Ihr beide habt Recht«, Keoma nickte Mick und Little Bear zu. »Aber so einfach ist es eben nicht. Ich müsste es sein, der Bedenken zu diesen Vereinbarungen hat. Fleur, du erinnerst dich an meine Geschichte, die ich dir ... «.

» ... ja, Bruder, die könnte ich nie vergessen, es müssten eher die Siksika diese Bedenken haben«.

»Aber gerade sie haben sie nicht! Obwohl es damals Notwehr war, bin ich dennoch nicht gänzlich schuldlos. Die Siksika bringen eine würdevolle Vergebung zum Ausdruck und ordnen die alten Befindlichkeiten einer guten Sache unter. Noch nie hat jemand vor dir dieses Vorhaben der Vereinigung von drei Indianerstämmen in Angriff genommen und umgesetzt. Du bist unsere WEISE Schamanin, ich bin dein Bruder, werde mit dir zurückfliegen und in der Versammlung sprechen. How«.

Keoma wirkte erschöpft und war blass im Gesicht.

Verständnislos schauten Mick und Little Bear zwischen Ann und Keoma hin und her. Kurz skizzierte Ann den beiden die Geschichte ihres Bruders. Daraufhin reckten sie ihm ihre Fäuste entgegen und Keoma stieß seine dagegen.

Vor der Tür ertönte vielstimmiges Heulen, langgezogen, 2, 3 Mal.*

»Sie haben mitgehört«, lächelte Little Bear.

Mick stand auf und ging zur Tür, blieb nochmal stehen und wandte sich um, »vor nicht allzu langer Zeit hatte ich drei Freunde«, um Fassung ringend sprach er weiter, »inzwischen sind es vielleicht 30 oder mehr, was weiß ich. Fleur und Loup brachten eine Zeitenwende in den Yukon«! Dann ging er hinaus.

Gegen Mittag verabschiedete sich Mick. Bob holte ihn mit dem kleinen Heli R22 ab. Er schlang seine Arme um Ann und hauchte ihr einen Kuss auf die Wange, den Männern drückte er kräftig die Hand. Bob winkte noch; das Schlappen der Rotorblätter wurde vom Hochdrehen des Motors überdeckt und mit gesenkter Nase hob der Heli ab und stieg in den Himmel. Wie ein Axthieb hatte der Lärm die sonstige Stille am Okinaga zerteilt, nun schluckte sie wieder alle Geräusche.

Beim Mittagessen erzählte Ann von den vielen Zufällen, die sie und Loup in den vielen Jahren hier in Kanada erlebten. Angefangen bei der Rast mit dem Wohnmobil auf der Waldlichtung.

Vormals hatte Takoma mit zwei Männern in der Nähe gefischt – Natae und Inaki – ein Grizzly tauchte auf und Loup stellte sich vor die Kinder – die Freundschaft mit den Ojibwa und Cree – Nao-ita – der weiße Bär – Loups Treffen mit den Siksika usw. usf. »Meine Genesung, Loups Sepsis; mein Gott, ich kann nicht alles aufzählen. Jedenfalls bin ich überzeugt davon, dass es eine unsichtbare Kraft gibt, die sich über Entfernungen, Jahre und den Tod hinwegsetzt, Menschen zusammenführt und sie schützt. Glaubt mir, Nao-itas Geist schwebt noch immer um uns und der weiße Bär ist sein irdischer Vertreter, der mich immer begleitet. Aber Loup ... «. Abrupt erhob sie sich und räumte fahrig den Tisch ab.

»Lass es, ich mach das schon«, sagte Keoma.

Ann wandte sich ab und ging schnellen Schrittes hinaus. Das Rudel war verschwunden, außer Torok, der lag lang ausgestreckt mit dem Kopf auf seinen Vorderläufen am Felsenhügel. Sie setzte sich zu ihm und der große Wolfshund schmiegte sich an sie. Sein verändertes Verhalten fiel ihr schon seit längerem auf. Oft sonderte er sich vom Rudel ab, was er früher nie tat. Parallelen zu Takoma bauten sich auf – beide waren Loups beste Freunde. Liebevoll glitt ihre Hand über Toroks schwarzes Fell, das bereits dichter geworden war, so wie bei allen anderen Wolfshunden. Sie spürte die festen Muskelstränge auf dessen Rücken und im Nacken, mit gespreizten Fingern fuhr sie daran entlang und massierte sie. Sein Winseln ähnelte einem Gurren. Ann lachte leise. »Weißt du, mein Großer, was Wayne einmal sagte: für dich würde er glatt ein paar Tausend Dollar hinblättern. Ich bin so stolz auf dich und die anderen. Ihr seid das Glück meiner alten Tage. Vor sehr langer Zeit, bevor wir in dein Land kamen, führten Loup und ich auch ein glückliches Leben – das ein total anderes war. Arbeit, Alltag, komfortable Wohnung, Auto, Reisen, Besuche, Freunde, Tochter und Enkel. Man kann es als ein typisch bürgerliches Leben bezeichnen«. Kurz auflachend knuddelte sie den Kopf des Wolfshunds und schaute entspannt zum See hinunter, über dem der eine Weißkopfseeadler Kreise zog. *Hoffentlich sind es keine ernsthaften Meinungsverschiedenheiten in der Siedlung, die Vereinbarungen mit den Siksika betreffend,* dachte sie. Anns sanftes Lächeln wich einen sorgenvollen. Selbstkritisch gestand sie sich ein, über die Köpfe der Ojibwa und Cree hinweg entschieden zu haben. Auch Takoma wirkte überrumpelt, stimmte zwar still zu, aber im Nachhinein wurde ihr bewusst, dass sie auch diesen Chief übergangen hatte. *Nun gut, die Gelegenheit war günstig gewesen und die damalige Idee von Loup lenkte mein Tun. Aber wie so oft war ich vorgeprescht und vergaß dabei, andere mitzunehmen. Auch Loup hatte ich des Öfteren schwindlig gemacht mit dem Tempo und der Spontanität meiner Pläne und Vorhaben. Verdammt nochmal Loup, du fehlst mir unendlich, hättest mich gebremst und auf Vernachlässigtes hingewiesen. Vor allem muss ich mich bei Takoma entschuldigen.* Zerknirscht schaute sie wieder hinunter zum Okinaga, dessen Wasser kritisch zu ihr hoch blinkten. Vor ihrem inneren Auge erschien noch einmal Takoma, wie er völlig in sich gekehrt an Loups Grab kniete, und Torok war vom Hügel zu ihm gekommen. So gedankenversunken hatte sie nicht bemerkt, dass sich Torok davongemacht hatte. Sie stand auf und sah ihn gerade noch auf dem Bergpfad verschwinden. Langsam folgte sie ihm.

Nachdenklich schaute ihr Keoma hinterher, schnappte sich Angelzeug und ging zum Steg; Atka folgte ihm.

Still in sich gekehrt rief Little Bear Akiak zu sich und sie machten sich auf zu einem Rundgang entlang des Ostufers des Lake. Nach einer Weile erreichten sie die Blumenwiese, wo sich bis vor kurzem noch ein üppiger Blütenteppich ausbreitete. Jetzt waren schon alle Blumen und Kräuter verwelkt und braun, aber als weicher Teppich präsentierte sich die Wiese noch immer. Unweit des Ufers ließ er sich nieder, Akiak legte den Kopf auf seine Beine. Little Bear wusste von der Lodge am Okinaga Lake, hatte sich aber nie für den Ort hier interessiert. *Warst ein Dummkopf,* dachte er, *es ist wunderschön hier.* Sich umschauend stellte er erstaunt fest, dass die große Wiese von einer Vielzahl Weißeschen gerahmt wurde. Weißeschen ... ! Ein Gedanke breitete sich in seinem Bewusstsein aus, kroch ins Hirn, verdichtete sich, noch verschwommen und diffus. *Wakan Tanka, großer Geist, hast du mich hierhergeführt? Oder Fleur? Sie erzählte einmal von dieser Wiese, auf der Loup Blumen für ihren Geburtstag pflückte! Weißeschen! Für Monate, gar Jahre hätte ich das Grundmaterial für Schneeschuhe vor meinen Füßen, könnte zuschneiden, biegen, behandeln, vorbereiten. Den Vertrieb und ergänzende Vorarbeiten könnte mein Gehilfe in Dawson erledigen. Oh Wakan Tanka!*

»Ich muss unbedingt mit Fleur sprechen«, sagte er laut und Akiak neben ihm hob den Kopf.

Ein seltsam beklommenes Gefühl bemächtigte sich Ann. Der Kratzbaum kam ins Blickfeld. *Wie von einer imaginären Kraft geführt, setzte Ann Schritt für Schritt und lauschte*. Torok lag mit dem Rücken zu ihr seitlich neben dem weißen Bären. In ihr wiederholte sich das Trauma vom Vortag des Angriffs der Bande nicht. Aber sie kniete sich wieder hin, nur zirka einen Meter vor den beiden Tieren und begann leise mit ihnen zu sprechen. Später zermarterte sie sich den Kopf darüber, welche Worte sie sagte – sie wusste es nicht mehr. Der Mokgsmol hob eine Tatze, wischte sich damit über die Nase und fixierte sie mit seinen kleinen Augen, dabei stieß er ein raues Brummen aus. Anns leise Worte schienen ihn einzulullen, denn er schloss die Augen und legte den Kopf auf seine Vordertatzen. *Mein Gott, ich sitze vor einem Bären und rede mit ihm!* Sie war versucht, sich irgendwohin zu zwicken, was sie nicht tat, denn der Augenblick fühlte sich zu schön an. *Wach bitte nicht auf!*

Aus Richtung des Blockhauses erscholl ein Ruf: »Fleur, Fleur!

Zaghaft streckte sie eine Hand aus und legte sie zwischen die Augen des Moksgmol. »Bleib immer bei mir, so wie Loup. Ich danke dir für alles.« Langsam erhob sie sich: »Torok, komm«. Der Bär trottete davon.

»Fleur, wo hast du gesteckt, ich habe mir schon Sorgen gemacht«, Keoma schaute sie erleichtert an. »Ah, Torok war mit«.

»Alles okay Keoma, bin nur ein Stück auf dem Bergpfad unterwegs gewesen. Oje, es wird langsam dunkel. Ich werde uns gleich ein paar Happen zurechtmachen«.

»Nicht nötig, drei schöne Äschen, ausgenommen, filetiert und gewürzt, liegen bereits auf dem Grill«.

Aus Richtung der Blumenwiese tauchte Little Bear auf. »Mmh, was duftet hier so! Hattest du Glück, Keoma?«

Genüsslich verspeisten sie den Fisch und sprachen vom bevorstehenden Winter. Im Westen ging der Mond über den Nadelbäumen auf, die sich schwarz gegen den noch immer tiefblauen Himmel abhoben, an dem sich bereits schwaches Sternenblinken zeigte. In der Ferne kläffte ein Kojote, dann kehrte Stille ein, nur das von Keoma entzündete Feuer knisterte zu ihren Füßen. Das Rudel ruhte zusammengerollt zwischen ihnen. Irgendwo knackte ein Ast, von Wild gebrochen. Sie lauschten der Nacht und empfanden gemeinsam dasselbe.

»Bald wird es schneien«, sagte Ann versonnen. »Wir haben den Winter immer mehr geliebt als den kurzen intensiven Sommer«.

»Fleur, ich möchte dich unbedingt um etwas bitten«. Mit vor Eifer glänzenden Augen erzählte Little Bear von den Weißeschen rund um die Wiese. »Wenn ich hierbleiben dürfte, könnte ich mir jede Menge Grundmaterial für die Schneeschuhe vorbereiten, zuschneiden und biegen, Wasser vom Lake und Kessel zum Erhitzen, alles vorhanden. Eine Vorrichtung für das Biegen kann ich mir selbst bauen. Und ... «, Little Bear schaute hoffnungsvoll zu Ann, »es wäre der schönste Arbeitsplatz auf der ganzen Welt«.

»Und dein Werkstattladen in Dawson City?«

»Das würde Jim, mein Gehilfe, alles erledigen – Bestellungen, Vertrieb, Verkauf«.

Little Bears spürbare Begeisterung erfasste auch Ann und sie lächelte. »He, mein Junge, natürlich kannst du hierbleiben und arbeiten, und das Rudel wird ständig in der Nähe sein. Aber denke dran, der Winter steht vor der Tür, denn ... «

»Weiß ich doch«, unterbrach sie der junge Indianer. »Fleur, mach dir keine Sorgen, ich komme zurecht – he weiße Schamanin, ich bin ein Cree! Allerdings brauche ich noch ein paar Sachen, Lebensmittel und einige Werkzeuge und Utensilien aus Dawson. Hoffentlich kann ich Takoma engagieren, mir das alles zu bringen. Aber, naja, die Flugkosten muss ich ihm erstmal schuldig bleiben. Ach was, ich krieg das schon hin«.

Ann lächelte verschmitzt. Vor kurzem brachte sie mehrere Überweisungen an die Familie Adahy auf den Weg, einschließlich eigene, vergangene und zukünftige Flugkosten. Darüber hinaus ließ sie ein Konto für Inaki einrichten und versah es mit einer bestimmten Summe. Der junge Student hatte kein eigenes Einkommen und studierte weitab seiner Eltern. Und für Little Bear, ihren Lebensretter, orderte sie einen zeitlich begrenzten Dauerauftrag, der monatliche Zahlungen beinhaltete, die seine beruflichen Unkosten und Heimflüge in die Siedlung abdeckten.

Die Royal Bank in Whitehorse gab sich mehr als zuvorkommend: Keinerlei finanzspezifischen Dokumente bzw. Formulare musste sie ausfüllen und einreichen. Eine Miss Murray äußerte lediglich, dass eine E-Mail mit den gewünschten Transaktionen genügt.

Derweil schilderte Little Bear mit einnehmendem Eifer, wohin er schon seine Schneeschuhe versandt hatte – nach Revelstoke in BC, Yellowknife in den Nordwest Territories, Eagle und Carmacks im Yukon und sogar nach Seattle in den USA. »Natürlich dauern dann die Zahlungen eine ganze Weile«. Sein betrübtes Seufzen klang dennoch stolz.

Keoma stand auf und schaffte Holz zur Feuerstelle: »Du gehst deinen Weg, Little«.

»Den Fleur mir geebnet hat«.

Lächelnd folgte Ann dem Gespräch, schrak aber hoch, weil die Rufzeichen des Sat.-tel. zu hören waren. *So spät am Abend,* dachte sie noch, nahm ab und hörte zuerst nur ein Knistern. »Fleur«?

Augenblicklich ordnete sie das Knistern ein – vom Sprechfunk eines Flugzeugs.

»Tak, bist du das«?

»Ja doch, bei allen Geistern«. Ann hob die Augenbrauen.

»Du bist, also, was soll ich sagen. Ach verdammt nochmal, Fleur. Weißt du, was Loup mir einmal erzählte – *manchmal macht mich meine Frau schwindlig mit ihren Ideen und Vorhaben,* und nun machst du das schon wieder mit mir. Und auch mit Marma-tea. Was ... «

»Tak! Wovon sprichst du überhaupt? Außerdem ... es ist doch Sprechfunk, fliegst du etwa noch, es ist doch schon dunkel«? Es blieb kurz still.

Dann, entgegen seinen ersten barschen Worten, klang seine Stimme nun sanft. »Ich bin in Whitehorse, verbringe jobbedingt zwei Nächte in einer Cabin und sitze jetzt in der Beaver am

Sprechfunk. Fleur, ich war in der Bank ... «! Ann stieß einen erleichterten Seufzer aus. »Warum hast du, du musst das doch nicht ... «.

»Tak, hör mich an ... «

»Fleur ... «

»Jetzt hör mir endlich mal zu! Also ..., weit weg im alten Leben in Deutschland, lebt meine Familie, die ich über alles liebe. Im neuen Leben seid ihr meine Familie, die ich über alles liebe«. Ann versuchte einen Moment lang, die Emotionen zu unterdrücken, und fuhr wieder sachlich fort: »weißt du, Tak, eigentlich ist mein Tun egoistisch geprägt – ich erfülle mir selbst einen Herzenswunsch. Du hast immense Betriebskosten; Inaki kein Einkommen, aber Kosten für Unterkunft, Studienmaterial und Lebenshaltung, und Natae soll auch ausgestattet sein für eine höhere Schule. Das alles sind Kosten, die euch stark belasten. Außerdem ließ ich zusammen mit der Schulbehörde in Whitehorse einen Fond zur Unterstützung der Kinder in der Administration einrichten. Tak, ich will einfach nur helfen, und insbesondere bei euch Schuld abtragen. In diesem Zusammenhang noch etwas Bedeutendes, Tak, Nao-ita machte mich vertraut mit dem Eintritt in eure Geisterwelt. Sinona erklärte mir die Zeremonie mit dem Kraut Calea Zacatechichi. Ich atmete den Rauch dieses Krauts ein ... und begegnete Loup«!

Takoma blieb stumm.

»Tak, Loup bestärkte mich in meinem Tun«.

Keoma und Little Bear waren draußen aufmerksam geworden und betraten zögerlich das Haus. Dass das gesamte Rudel folgte, war nicht verwunderlich. Deren Sinne analysierten die Situation.

»Du bist ... «

»Ich bin Fleur, weiter nichts und Loup war mein Mann«, unterbrach ihn Ann.

»Nein, nein! Du HEISST Fleur, aber du BIST eine weiße Schamanin«, rief Little Bear.

»Danke Fleur, danke«, Takoma wollte das Gespräch beenden, besann sich aber. »Marma-tea wollte noch mit dir sprechen, aber ... sie weint neben mir. Sie will persönlich mit dir reden. By Fleur«.

Ann versenkte das Sat.-tel. in der Halterung. Sogleich piepte es erneut. Akai, Little Bears Vater, war dran.

»Hi Fleur. Ich bekam ein Schreiben von der Bank ... «. Sein Sohn hörte fassungslos die weiteren Worte seines Vaters, starrte Ann an und legte stumm eine Hand aufs Herz.

»Komm, Little, sie ist Fleur, sie will nur Fleur sein«, sagte Keoma und zog den jungen Indianer wieder mit nach draußen.

Am nächsten Tag brachte Takoma Little Bears halbe Werkstatt; der wollte seinem Chief seine letzte Barschaft übergeben, aber der lehnte ab und meinte, dass er von Whitehorse komme und sowieso etwas in Dawson zu erledigen habe, die Zwischenlandung war deshalb notwendig (was nicht stimmte ... ); und nun bringe er Fleur und Keoma in die Siedlung. »He, Little, es ist alles okay«.

Der wollte Anns Hand, die er ans Herz drückte, nicht mehr loslassen.

»Die alte Meute, außer Sitka und Atka, werden ständig in der Nähe sein. Na und Akiak wird dir bestimmt auf Schritt und Tritt folgen. All the best, alles Gute, Little Bear«. Danach kuschelte sie noch lange mit den Wölfen.

Takoma stieg bereits ins Cockpit, Ann folgte und Keoma wollte Sitka und Atka beim Einstieg helfen, was unnötig war, denn beide sprangen vom Steg aus mit einem gewaltigen Satz durch die geöffnete hintere Kabinentür. Lange schaute Little Bear dem Flugzeug hinterher und die Wolfshunde scharrten sich um ihn. Torok heulte kurz auf, ließ ein Wolfsbellen folgen und setzte sich mit wiegendem Trab in Bewegung. Alle folgten ihm, außer Akiak. Irgendwie verstört, setzte sich der Indianer auf eine Seite des Stegs. Die plötzliche totale Stille und die Wahrnehmung des abrupten Alleinseins erschreckten ihn, obwohl es ihm nicht fremd war. Sich einen Ruck gebend schaffte er seine Gerätschaften in den Anbau, den Loup noch ein paar Monate vor seinem Tod um einen weiteren Raum erweitert hatte. Der wurde nun seine Werkstatt. Ann schlug ihm das vor und erzählte von Loup. *Nicht ich rettete ihr Leben, sondern sie meins,* dachte er bei sich und schaute sich um. *Der Raum ist ideal, groß genug, solide gebaut, nahezu leer und von Anns Mann gebaut; hab ihn nie richtig kennengelernt, kannte ihn nur vom Sehen.* Er starrte zur Tür hinaus, sah den Okinaga blinken und plötzlich überkam ihn Scham. *Fleur hat diesen Mann geliebt, also muss er ein guter Mensch gewesen sein. Was mache ich hier?* Spontan sprang er auf, packte eine Kiste mit Gerätschaften und schaffte sie wieder nach draußen. Beim Absetzen rutschte sie ihm aus den Händen und knallte mit einer Kante auf seinen Fuß. Der Schmerz brachte ihn wieder zur Besinnung. Neben ihm knurrte Akiak, schlug seine Zähne in den Holzgriff der Kiste und zerrte sie wieder in Richtung der Anbautür. Verdattert starrte Little Bear den Wolfshund an, schließlich schüttelte ihn ein erlösendes Lachen.

»Ich bin ein Idiot«, sagte er laut, und mit vereinten Kräften schafften sie die Kiste zurück. »Komm, mein Freund, jetzt gibt es erstmal etwas zu futtern«.

Aus einem Extrafach der Kühltruhe nahm er angetaute Forellen und warf sie Akiak zu und für sich öffnete er eine Packung Räucherfisch, die Takoma mitgebracht hatte. Hungrig mampften beide um die Wette, dabei überlegte er sein weiteres Vorgehen. Die ersten zwei Weißeschen mussten noch vor dem großen Schnee gefällt und zum Haus transportiert werden, des Weiteren die Werkstatt einrichten, die Biegevorrichtung für die Schneeschuhrahmen bauen, die Riemen zuschneiden und Harz sammeln. »Mmh, noch allerhand zu tun«, murmelte er vor sich hin, aber Eifer und Vorfreude waren erwacht und sein Gesicht schmückte ein Lächeln. *Aber heute nichts mehr, es ist mein erster Tag.* »Los Akiak, wir erkunden die Umgebung, ich kenne mich noch nicht gut aus, sei mein Führer«, setzte er lachend hinzu. Der schien zu verstehen, sprintete aber zum Haus und kratzte mit einer Pfote an der Tür. »He, willst du mir etwas zeigen«? Als wollte der es bestätigen, stieß er ein kurzes Wolfsbellen aus. Als Little Bear die Tür öffnete, lief Akiak schnurstracks zu einem schmalen Schrank. Es war der Waffenschrank, in dem zwei Gewehre und ein Revolver aufbewahrt wurden, Ann hatte ihm den Schlüssel übergeben und er schloss auf. »Mmh, nein«. Stattdessen schnappte er sich Bogen und Köcher und folgte dem Wolfshund.

Dunkle Tannenwälder säumten den Bergpfad zu beiden Seiten. Kürzlich hatte der Wind den weißen Raureif von den Bäumen gefegt, jetzt schienen sie sich fröstelnd aneinanderzuschmiegen. Schwarz und drohend standen sie da im schwindenden Licht des Tages, denn die dunkle Jahreszeit hatte eingesetzt und die hellen Stunden waren merklich geschrumpft. Tiefe Stille lag über dem Land, in dem sich nichts regte, das öde und leblos schien und bereits so kalt war, dass das bedrückende Streben der Tiere spürbar wurde, sich noch einmal den Bauch vollzuschlagen. Am Kratzbaum verhielten sie. Ehrfürchtig zupfte Little Bear erneut weitere weiße Pelzhaare vom Baum; Akiak winselte neben ihm. Langsam gingen sie den Pfad weiter bergan. Die Stille war allgegenwärtig. Menschen, denen die Wildnis fremd war und bedrohlich erschien, würde sie spürbar auf dem Gemüt lasten; sie war ein herrisches, die unerbittliche Weisheit der Ewigkeit aufzeigendes Universum, das den Menschen ihre Unzulänglichkeit und Kleinheit bewusst machte. Dennoch formte sie diejenigen, die in ihr lebten. Dagegen lassen sich die Bewohner der zivilisierten Regionen der Welt und Städte tragen von ihren falschen Gelüsten, Überspanntheit und eitler Selbsterhöhung, bis sie sich irgendwann in ihrer Begrenztheit sahen.

Solcherlei Gedanken kamen in Little Bear nicht auf, als sie weiter dem Pfad folgten, der schließlich an einem felsigen Vorsprung endete. Ein grandioser Ausblick bot sich ihm Richtung der Rakla Range und dem Steward Plateau im Südosten. Tief unten blinkte der Okinaga Lake. Ein plötzliches Heulen riss ihn aus seiner Betrachtung, erschrocken drehte er sich um und sah Torok, Nanook und Inuk aus einem Dickicht von Krüppelkiefern hervorbrechen. *Deshalb blieb auch Akiak ruhig, er roch sie längst,* dachte er. Die drei Wölfe lagerten sich um ihn herum und bissen sich spielerisch mit Akiak. Nacheinander streichelte er die drei, ohne sonderliche Sympathiebekundung ließen sie es zu. Der Indianer registrierte das schon, *immerhin legten sie sich zu mir,* dachte er kurz, *also sind wir Freunde. Aber Akiak ist mein Gefährte, mein Bruder – ich hatte nie einen, so wie Fleur nie einen Sohn hatte. Die Meute wird immer in der Nähe sein,* »sagte sie.«

*Fleur, du hattest Recht, was hast du nur aus mir gemacht!* Die Wölfe schauten zu ihm, denn er redete laut. *Innerhalb weniger Monate hat sich mein Leben total verändert. Die Wolfshunde kannte ich gar nicht, jetzt sind sie meine Freunde und Akiak mein bester. Eine gewerbliche Existenz baute ich mir durch Fleurs Hilfe auf. Ich werde ihr ewig dankbar sein, und Wakan Tanka.*

»He, ihr verdammten Wölfe, Fleur ist eure Mutter, für mich ist sie eine Göttin. Nein, nein, oh nein, keine Göttin, denn sie ist aus Fleisch und Blut«.

Glücklich und entspannt schaute er hinunter zum Okinaga, dabei stolperten vielerlei Gedanken durch seinen Kopf und wollten herausgelassen werden.

»Wisst ihr, im Gegensatz zu den meisten weißen Menschen, deren Götter unsichtbar bleiben, weil sie der Phantasie entspringen, weil sie unwirklich sind, nebelhafte Gebilde der Sehnsucht, erdachte Träger gewünschter Güte und Macht – erkennt ihr eure >Götter<, nämlich solche Menschen wie Fleur, als greifbare Wesen aus Fleisch und Blut. Darin sehe ich mich mit euch verbunden«.

Weder erschrak er noch zeigte sich Little Bear verwundert, dass die Wölfe aufgestanden waren und heulten. Tief unter ihnen schuf die Dämmerung bereits schwarze Schatten.

»Oh, verdammt, es ist schon fast dunkel. Los, auf geht's. Ihr müsst mich wieder führen«, rief er dennoch lachend. Den Wölfen folgend stolperte er hinter ihnen her.

# Die Farben des Nordens

Vor etwa 70 Millionen Jahren wurden die Gebirge im Nordwesten Kanadas und Alaskas emporgehoben, als die Pazifische Platte unter die Nordamerikanische geschoben wurde. Der gewaltige Druck im Erdinnern wölbte die Erdoberfläche unterschiedlich hoch hinauf und faltete die Gesteinsmassen.

Die Ogilvie Mountain nennt man auch das Patagonien des Nordens. Nur ihr südlicher Teil ist reich bewaldet, weiter nördlich schließt sich bereits die Tundra an. Nach der überschwänglichen Farbenexplosion, hatte der Herbst längst den Staffelstab an seinen strengen Gevatter Winter übergeben. Bald würde der Wind umschlagen, der Regen versiegen und Frost die Herrschaft übernehmen, vielleicht sogar schon ein vorzeitiger Schneesturm die Landschaft unter einer weißen und eisigen Decke ersticken.

Obwohl es im Anbau, in dem sich inzwischen Little Bears Werkstatt befand, recht kalt war, widmete er sich eifrig dem Spalten und Spleißen der zugeschnittenen Baumstücke. Der Saft hatte sich aus den Stämmen der Weißeschen zurückgezogen, so ließ sich das Holz gut weiterbearbeiten. Am offenen Feuer locker gestapelt, erwärmte er die Baumstücke, das Holz bekam Risse und mit kleinen Keilen öffnete er die entstandenen Spalten. Ein größerer Vorrat Rohlinge füllte bereits ein eigens dafür gebautes Gestell. Dabei half ihm Akiak, der die lose auf den Boden geworfenen Rohlinge mit dem Maul in das Gestell bugsierte. Little Bear lobte ihn fortwährend und schmunzelte dabei. Leise stimmte er einen alten Indianergesang an, den seine Mom oft gesungen hatte, dabei erfasste ihn Traurigkeit, denn sie litt seit langem an einer unheilbaren Krankheit, die ihr Gedächtnis und Wahrnehmungsvermögen nach und nach zerstörte. Ann hatte ihm erklärt, dass es Demenz sei. Noch nie hatte er diese Bezeichnung gehört und zeigte als Junge nur Unverständnis dafür, dass sie ihn manchmal nicht mehr erkannte. Sie wurde ihm fremd. Erst Ann half ihm beim Verstehen dieser Krankheit, und sie war auch die Einzige, die sich fürsorglich um sie kümmerte und nur mit ihr sprach seine Mom noch. *Fleur ist wirklich ein besonderer Mensch,* dachte er, *ich liebe sie.*

Akiak stupste ihn an und schaute mit seinen ausdrucksstarken Augen zu ihm auf.

»He, mein großer Wolf. Ja, hast recht, ich mach Schluss für heute. Komm«.

Er drehte noch die Petroleumlampe, die mit fadem Licht seine Arbeit erhellt hatte, runter und sofort wurde es stockdunkel. Draußen flimmerten Sterne am Firmament, im Nordosten dominiert vom Orion, einer Hyperbel ähnlich mit drei Sternen als Gürtel und den Mond als Nachbarn, der über den Bäumen hing, weiß und milchig wie eine Nachtsonne. Klirrende Kälte sprang ihn an, alle Geräusche verändernd. Nur Akiaks leises Hecheln blieb. Schnell entzündete er im Kamin des Blockhauses ein Feuer. Ein kurzer Heuler ließ ihn zur Tür schauen, eng beieinander stand das ganze Rudel dort. »Ah, ja doch, auch draußen soll ich Feuer machen. Okay«.

Mit dürren Reisig und kleinen Scheiten machte er Feuer, schichtete fachgerecht Äste aufeinander und ordnete große Scheite zu einer Pyramide. Alsbald schlugen die Flammen hoch, die Wolfshunde gruppierten sich drumherum und ihr genüssliches Winseln erschien Little Bear wie ein Gesang, dessen Rhythmus sein Herz höherschlagen ließ. Er wurde eins mit dem Wolfsrudel und atmete tief die klare Luft ein, beseelt von Glück und innerer Zufriedenheit. Im Norden malte das Polarlicht bunte Gewänder auf den Himmel.

*Was wohl Fleur gerade macht,* fragte er sich, *hoffentlich verlief die Aussprache in gutem Sinn. Verdammt nochmal.*

Die von Ann anberaumte Aussprache stand an. Ausnahmslos alle Ojibwa und Cree hatten sich im großen Haus eingefunden, auch alle Kinder. Gemurmel und leise Gespräche füllten das Rund. Ann schritt in den Kreis, legte ihre Rechte aufs Herz und neigte für einen Moment den Kopf.

»Ich bin sehr stolz, Teil dieser Gemeinschaft zu sein. Es ist ein wunderbares, warmes Gefühl in mir, das von Wertschätzung, Zusammenhalt und gegenseitigem Respekt getragen wird. Ich schäme mich und möchte mich bei euch allen entschuldigen«.

Sie verstummte kurz, auch im Großen Haus herrschte absolute Stille.

»Loup und ich wurden von euch aufgenommen, mit offenen Armen und voller Vertrauen habt ihr uns in die große Familie der Ojibwa und Cree eingebettet. Ein einzigartiges Gemeinwesen habt ihr geschaffen, mit einem Weisen einst – Nao-ita, und einem Chief – Takoma, an der Spitze. Alles ist wohlgeordnet, organisiert und geregelt, Gewerke funktionieren, Jagd und Fischen abgestimmt, eine Schule für die Kinder und gemeinschaftliche Erziehung sind selbstverständlich. Beim Besuch des Stammes der Siksika musste ich erschüttert anderes feststellen. Spontan nahm in mir ein Gedanke Form an – diesen Menschen muss geholfen werden. In vielen Gesprächen versuchte ich, deren selbstzerstörerischen Stolz zu mildern und den Groll, vielleicht auch stillen Hass, auf die weißen Menschen und die Neuzeit abzubauen. Ich bemühte mich, ihnen klarzumachen, dass sie mit der Ablehnung jedweder Hilfe und der Abschottung zur Außenwelt ihren Stamm weder erhalten noch weiterbeleben und Lebensglück erstickt wird«.

Noch einmal verhielt sie und faltete ihre Hände.

»Aber zurück zu meinen eigentlichen Anliegen, dem Verhältnis zwischen den Ojibwa, Cree und Siksika. Nur bruchstückhaft kenne ich durch die Erzählungen von Nao-ita die diesbezügliche Historie. Nachdem ich die Verhandlungen mit dem Department organisiert und zu einem guten Ende für den Stamm der Siksika geführt hatte, erinnerte ich mich in meiner Euphorie an Loups Worte: man müsste diese drei Völker wieder zusammenbringen. Was ich spontan und augenblicklich versuchte, auf den Weg zu bringen«.

Ringsum hätte man eine Stecknadel fallen hören.

»Ich vergaß, euch alle und euren Chief, Takoma, mitzunehmen bei meinem Vorhaben. Es war unabgestimmt und eigensinnig, aber das Gute dieses Vorhabens füllte mich einfach aus. Verzeiht mir. Takoma, verzeih mir«. Ann legte noch einmal eine Hand aufs Herz, neigte den Kopf und verließ den Kreis. Nur wenige Augenblicke blieb es noch still, dann brach ein Stimmengewirr aus wie auf einem Jahrmarkt, mit Rufen und Gesprächsfetzen, die das einander Verstehen unmöglich machte.

Takomas erhobener Arm und Redeversuch ging in der Geräuschkulisse unter. Unaufgefordert hatte sich der Cree Akai erhoben und schritt in den Kreis. Mit lauter Stimme rief er: »Ruhe!« Nacheinander versiegte der Tumult und der Cree wandte sich Ann zu.

»Fleur, schon oft hast du Worte an uns gerichtet. Nun hast du eine Rede gehalten, so eindrucksvoll wie seit Nao-itas Lebzeiten nicht mehr. Aber, ich nehme deine Entschuldigung nicht an«! Bedeutungsvoll schwieg er für ein paar Augenblicke und ignorierte die erschrockenen Gesichter ringsum. »Weil deine Entschuldigung gegenstandslos ist. Völlig gegenstandslos! Nao-ita war unser aller Vater und du bist seine Tochter. Als er ins Reich unserer Ahnen aufbrach, wurdest du unsere Mutter und als weise Schamanin führst du uns in eine neue Zeit. Ich werde dich immer verehren. How«!

Einer unaufhaltsamen Welle ähnelnd wogten die How, How Rufe durch das Rund des Großen Hauses.

Ann saß zusammengesunken, die gefalteten Hände ans Kinn gedrückt, auf ihrem Platz. Tränen rannen über ihre Wangen, aber mit glücklich glänzenden Augen schaute sie umher. Keoma trat in den Kreis und mit fester Stimme erinnerte er alle an seine Geschichte.

Es sind die schönsten Augenblicke in der dunklen Zeit, wenn sich gegen Morgen die kurze Bahn der Wintersonne zeigte, die lange Schatten warf und der Schnee im goldenen Licht glitzerte. Die Wolfshunde atmeten Dampfwolken aus, die in der eisigen Luft erstarrten und ihr Fell mit Raureif überzogen. Irgendwo, hoch über den Bergen, ergoss sich eine Woge aus violetter Helligkeit über die schneebedeckten Hänge und Gipfel. Schatten folgten ihr, dann wieder diffuses Licht, diesmal von einem anderen, nicht wirklich zu beschreibenden Farbton. Über den Horizont hinaus schaffte es die Sonne nicht, aber ihr Bemühen schuf ein Naturschauspiel von ästhetischer Schönheit. Wie benommen saß Little Bear am Feuerkreis, wo nur noch verkohlte Holzstücke lagen. Dieser junge Indianer vom Stamm der Cree empfand sich noch nie als religiöser Mensch, den Gottesglauben seiner Eltern teilte er nicht, stattdessen wurde die Geisterwelt der Ojibwa und Cree seine spirituelle Heimat. In Anbetracht des himmlischen Farbspektakels, stellten sich bei ihm Einsichten ein, die ihm früher nie gekommen wären. *Fleur veränderte alles in mir. Ihr Charisma, Handeln und ihre Güte bewirkten das*, dachte er versonnen. *Sie machte mir bewusst, wie klein und unbedeutend der einzelne Mensch ist. Nie dachte ich über solche Dinge nach. Töten ist nie eine Option, aber Leben bewahren*, sagte sie mir.

»Ich wünscht, sie wäre jetzt bei mir«, sagte er laut zu sich selbst.

Derweil hatte sich der Himmel verändert und verbreitete Düsternis, die dennoch eine diffuse Helligkeit erzeugte. Ringsum erkannte man kaum noch etwas. Wind kam auf, schnell stärker werdend, und Schneefall setzte ein. Das ganze Rudel war aufgestanden und mit erhobenem Kopf reckten sie die Nase in den Wind; ihr leises Winseln riss Little Bear aus seinen Betrachtungen. Der Wind wurde zum Sturm, Kontraste verschwanden.

»Oh verdammt, das wird ein Whiteout. Torok, Akiak, los, alle ins Haus.«

Von der Tür sah man nichts, sie konnte er nur ahnen; mit aller Kraft hielt er sie nur so weit auf, dass das Rudel hineinstürmen konnte. Wie von einer wilden Bestie angegriffen, trafen ihn die Schläge des inzwischen tobenden Blizzards, dessen Vorbote der Whiteout gewesen war. Für den jungen Indianer waren diese Naturgewalten nicht unbekannt, aber die Plötzlichkeit und Stärke empfand er beklommen als außergewöhnlich. Trotzdem wagte er sich noch einmal nach draußen und versuchte, die dafür vorgesehenen Platten in die Klemmvorrichtungen der Fenster anzubringen, was schier unmöglich schien. Aber er schaffte es. Der letzte Kraftakt war das Öffnen und Schließen der Tür. Drinnen setzte er sich noch immer schwer atmend auf die Kaminbank. *Verdammt, ich muss die Wölfe noch versorgen,* Little Bear grübelte, ging zum Küchenteil und griff sich die größten Töpfe, die er fand. Zum Glück gab es im hintersten Winkel des langen Hausteils einen Zugang zum Anbau, der in der Regel immer verschlossen blieb. Aus den Tiefkühltruhen holte er portioniertes Fleisch, das er in die zwei Töpfe quetschte, Wasser auffüllte und erwärmte. Als er die Näpfe an die Wolfshunde verteilte, tappte Torok zu ihm. Mit hoch erhobenem Kopf stieß er ein kurzes Wolfsbellen aus, dann schnappte er sich Little Bears Hand. Einem glühenden Impuls gleich, durchströmten den jungen Indianer Wellen reinen Glücks.

»Fleur, hast du Sitka und Atka gesehen? Weißt du, wo sie sind? Ich habe sie schon den ganzen Tag nicht mehr gesehen. Auch gestern nicht. Sind sie auf der Jagd? Aber so lange!« Mit gerunzelter Stirn und sorgenvollem Blick schaute sie zu Ann. Natae war bereits dabei, das Teenageralter hinter sich zu lassen. Ihr ernster Gesichtsausdruck ließ sie noch erwachsener aussehen.

»Nein, keine Ahnung. Komm, wir gehen zusammen noch ein Stück, vielleicht entdecken wir sie doch noch.«

»Bleibt nicht so lang«, rief ihnen Marma-tea hinterher, »ich bereite schon mal das Essen vor.«

»Ja, okay, eine Stunde?«

»Aber nicht länger«, und sie verschwand in der Küche, wurde aber bei ihrem Tun vom nervigen Piepen des Sat.-Tel. gestört. Sie nahm ab.

Takoma befand sich mit seiner Beaver im Anflug auf ein Nebenflugfeld des Whitehorser Flughafens. Ein Funkspruch vom

Tower: »He Takoma, hier ist Jeff, sitzt du noch oder landest du schon?«

»Spaßvogel, was gibt's, bin gleich unten.«

»Ein Mister Bannon, Mitarbeiter des Gouverneurs, lässt mich ausrichten, dass du das Flugfeld nicht verlassen sollst, weil du wegen einer wichtigen Angelegenheit abgeholt wirst. Hoho Tak, hast du was ausgefressen?«

»Trinkst du immer noch? Solltest wirklich damit aufhören. Hat der auch gesagt, worum es geht?«

»Negativ, aber der Typ gab sich sehr wichtig – Mitarbeiter des Gouverneurs, pffh, aufgeblasener Scheißkerl, der putzt dem Oberyukoner höchstens die Stiefel.«

»Halt die Klappe, Jeff, bin gleich unten.«

Schon als Takoma die Maschine verließ, sah er den schwarzen SUV mit verdunkelten Scheiben, den Behörden in der Regel benutzen, auf sich zukommen. Die Arme verschränkt lehnte er sich an die geöffnete Kabinentür. *Bei allen Geistern, das ist ja wie im Film, fehlt nur noch, dass gleich Bruce Willis aussteigt.* Drei Männer stiegen aus – schwarzer Anzug, Krawatte, Sonnenbrille. *Mmh, Bruce ist nicht dabei*, dachte er. Gleichzeitig endete sein humoriger Gedankenausflug, *verdammt, hoffentlich ist in der Siedlung nichts passiert.* Ein hochgewachsener Mann unbestimmten Alters mit schütterem Haar, trat auf ihn zu und streckte ihm seine Hand entgegen.

»Bannon, Jacob Bannon, Vizegouverneur des Dominions Canada. Sie sind Takoma Adahy, Chief der Volksgruppe der Ojibwa und Cree im Yukon, richtig?«

»Yes, Sir.«

»Freut mich, Sie kennenzulernen. Bitte entschuldigen Sie diesen Überfall, aber es handelt sich um eine staatliche, sehr wichtige Angelegenheit, zu deren Vorbereitung und Gestaltung ich Sie und weitere Personen Ihrer Gemeinschaft einbinden möchte.«

Mit hochgezogenen Augenbrauen blieb Takoma stumm. Eine winzige Spur sorgenvoller Skepsis zeigte sich in dessen Gesicht.

»Mr. Adahy, seien Sie unbesorgt, es handelt sich um eine sehr schöne Sache, die ich Ihnen nachher gemeinsam mit Bürgermeister Don Coleman erläutern werde. Im Vorfeld ermittelten wir Ihren heutigen nachfolgenden Flugauftrag, haben ihn selbst übernommen und sämtliche finanziellen Kosten für weitere ausfallende Flüge begleichen wir umgehend.«

Auf der Fahrt in die Stadt zermarterte sich Takoma den Kopf, kam aber zu keinem Ergebnis. Donald Coleman kam Takoma in seinem Dienstzimmer mit ausgestreckter Hand entgegen. »Chief Takoma Adahy! Tak, wie lange ist das her – fünf, sechs Jahre? Ich kann mich noch gut an unser letztes Gespräch erinnern, zusammen mit Miss Trebe ging es um die Erweiterung eures Schulgebäudes. Mein Gott, wie die Zeit vergeht, die an dir scheinbar spurlos vorübergegangen ist. Mr. Bannon, solch Ruhepol wie die Susitna-Siedlung mit ihrem menschlich moralischen Anspruch müsste es mehr im Yukon geben.«

Der Vizegouverneur nickte lächelnd. »Kommen wir zur Sache. Mr. Adahy, sagt Ihnen der Begriff »Members of the Order of Canada«, etwas?«

Verständnislos antwortete der, dass es seines Wissens eine außerordentlich hohe Auszeichnung Kanadas sei.

Bannon nickte. Aus einem antiken Schränkchen brachte Coleman eine Flasche Canadian Whisky, drei Gläser und schenkte ein. Bannon weiter: »Aufgrund von Vorschlägen aus der Bevölkerung und den Recherchen und Empfehlungen eines hochrangigen Gremiums beim Generalgouverneur, werden kanadische Bürger für diese Auszeichnung ernannt, die außergewöhnliche Beiträge für das Land Kanada auf lokaler oder regionaler Ebene leisteten.«

Es blieb kurz still.

Takoma war in seinem Leben nie ein übertrieben emotionaler Charakter, das versteckte er in einem festen Gebäude seines Ichs. Nach Loups Tod hatten die Mauern dieses Gefängnisses Risse bekommen und das sorgsam Verpackte brach sich Bahn. Langsam stand er auf und schaute wissend Coleman und Bannon nacheinander an.

»Miss Ann Trebe, unsere Fleur, unsere weise Schamanin! Richtig?«

Auch Coleman und Bannon standen auf, nahmen ihr Glas und hielten es Takoma entgegen, der ebenfalls sein Glas ergriff. »Auf Miss Ann Trebe!«

Takoma nippte an seinem Glas und rang um Fassung.

»Mr. Adahy, bevor wir uns erste Gedanken über den Ablauf der Ehrung machen, noch Folgendes: Zum ersten, dem offiziellen Protokoll gemäß, finden diese Ehrungen grundsätzlich in der Rideau Hall in Ottawa statt. Mr. Coleman bat mich im Vorfeld darum, beim Generalgouverneur vorstellig zu werden, um in Änderung des Protokolls die Ehrung in der Hauptstadt des Yukon, Whitehorse, durchführen zu lassen. Er begründete das umfassend damit, dass Miss Ann Trebe innigst mit den weißen und indigenen Bewohnern des Yukon verbunden sei. Gleichzeitig wäre es auch eine Wertschätzung aller im Yukon lebenden Menschen, denn ihre Auszeichnung würde auf alle ausstrahlen. Zum zweiten, diese Auszeichnungen werden immer halbjährlich am 1. Januar und 1. Juli verliehen. Zum dritten, wir wissen, dass Miss Trebe an einem 11. Juni geboren wurde. Zum vierten, der Verlag Danny Books Ltd. teilte uns exklusiv mit, dass Miss Trebes zweites Buch den Druck verlassen hat und in Kürze ausgeliefert wird.«

Jacob Bannon verstummte für einen Moment.

»Mr. Adahy, zusammengefasst: Die Ehrung wird entgegen dem Protokoll am 11. Juni, dem Geburtstag von Miss Trebe, stattfinden und die Veröffentlichung ihres Buches erfolgt am selbigen Tag. Meiner Intervention beim Generalgouverneur wurde in allen genannten Punkten stattgegeben und er beauftragte mich mit der Durchführung des Zeremoniells.«

Minutenlang herrschte Stille im Raum. Takoma starrte den Vizegouverneur fassungslos an. Dann brach das Gerüst seiner Selbstdisziplin endgültig zusammen und er schlug die Hände vors Gesicht und seine Schultern bebten. Dieser disziplinierte Indianer entdeckte zum zweiten Mal in seinem Leben sein wahres Ich.

Um Schwäche zu zeigen, bedarf es immer großer Stärke.

»Mr. Adahy, eine letzte Bitte an Sie. Bewahren Sie bis zum 11. Juni absolute Diskretion, ausgenommen bei den Personen, die wir einbinden wollen in den Ablauf der Ehrung.«

»Hallo, hier ist Donald Coleman, Bürgermeister von Whitehorse, mit wem spreche ich?« »Marma-tea Adahy.«

»Ah, Miss Adahy, könnte ich bitte Ihren Mann sprechen.«

»Tut mir leid, Mr. Coleman, Takoma ist mit einem Auftrag nach Whitehorse unterwegs. Sie erreichen ihn über Sprechfunk oder er ist bereits in der Stadt angekommen und bleibt dann zum Auftanken noch eine Weile.«

»Ah ja, das trifft sich gut und ich könnte ihn gleich hier kontaktieren. Vielen Dank, Miss Adahy.«

»Mr. Coleman, könnte ich vielleicht den Grund Ihres Anrufs erfahren? Schließlich meldet sich der Bürgermeister von Whitehorse nicht alle Tage bei uns. Da muss es schon etwas Besonderes sein.«

Ein paar Augenblicke blieb es still. Dann ertönte dessen Stimme erneut.

»In der Tat, Miss Adahy. Es liegt ein ganz besonderer Grund vor. Also, mmh, ich versuche es in eine Kurzform zu bringen, außerdem passt Ihre Nachfrage berechtigterweise ins Konzept, denn Sie, Ihr Mann und weitere Personen Ihrer Gemeinschaft werden in Kürze Teil eines Teams werden, die Bereitschaft aller vorausgesetzt, welches eine hohe Ehrung einer Person vorbereiten soll.«

Beinahe entglitt Marma-tea das kleine Sat.-Tel., ihre feuchte Hand erwischte es gerade noch. »Diesbezüglich bitte ich Sie vorerst um absolute Diskretion, denn Sie werden jetzt durch mich davon in Kenntnis gesetzt, dass die in Ihrer Gemeinschaft lebende Miss Ann Trebe von einem Gremium unter Vorsitz des Generalgouverneurs von Kanada dazu ausgewählt wurde, die Auszeichnung »Members of the Order of Canada« entgegenzunehmen.«

Marma-tea erstarrte, krampfte sich mit einer Hand an der Kante des kleinen Schranks fest, auf dem die Box des Sat.-Tel. stand. Tränen schossen über ihre Wangen und krampfhaftes Schluchzen schüttelte sie. Obwohl sie das Gerät gesenkt hatte, wurde ihr emotionaler Ausbruch auch am anderen Ende der Verbindung registriert.

»Miss Adahy, mit Verlaub, Ihre Reaktion bestätigt mir über alle Maße und zutiefst die richtige Wahl des Generalgouverneurs in Ottawa.«

»Oh Gott und bei allen Geistern, ich wüsste keinen anderen Menschen, der diese Auszeichnung mehr verdient hätte. Ich bin überglücklich. Natürlich versichere ich Ihnen meine Bereitschaft und ich habe die Gewissheit, dass auch alle weiteren Personen zustimmen werden. Haben Sie bereits eine konkrete Vorstellung vom Ablauf der Zeremonie?«

»Freut mich zu hören. Ja, habe ich, außerdem ist sowieso der offizielle Teil der Ehrung gemäß Protokoll vorgeschrieben.

Wissen Sie, normalerweise findet eine solche Auszeichnung im Regierungssitz von Ottawa ... «

»Nein, nein, bitte nicht! Kann es nicht in Whitehorse und damit in der Hauptstadt des Yukon Territory stattfinden.«

»Miss Adahy, Sie haben mich nicht ausreden lassen! Denn genau dazu konnte ich Jacob Bannon, den Vizegouverneur, umstimmen und er schloss sich wohlwollend meinen Argumenten an. Wie auch Ihnen lag mir am Herzen, die Bewohner unserer Region teilhaben zu lassen an der Ehrung einer Frau, die mit den Herzen der Menschen hier fest verwachsen ist.«

»Sie sprechen mir aus der Seele, vielen Dank, Mr. Coleman. Ich habe nur ein Problem – wie soll ich nur vor Ann meine Freude verbergen?!«

»Miss Adahy! Ich beneide Sie um dieses Problem, wären nur alle Probleme unser aller Leben von dieser Art.«

Einschneidende Ereignisse im Leben tragen das Merkmal von Veränderung in sich, treten nicht allzu häufig auf und deshalb auch nicht im engen Zeitrahmen. Aber manchmal ignoriert das Schicksal solche Regeln.

Fahrig wanderte Marma-tea in der Küche hin und her, schaltete den Herd gedankenlos aus, setzte sich und stützte den Kopf auf ihre gefalteten Hände. *Diese Auszeichnung, oh Wakan Tanka, »Members of the Order of Canada«, sie wird Mitglied dieses erlauchten Kreises; am Tag ihres Geburtstages; ihr zweites Buch erscheint gleichzeitig! Hoffentlich kommt Tak bald zurück, die immensen Vorbereitungen, die anderen Personen auswählen ... oder gleich alle einbinden, und das alles vor ihr geheim halten!* Marma-tea zitterten die Hände. *Großer Geist, gib mir Kraft.*«

Ann und Natae entdeckten im Schnee Wolfsspuren, die Fährte verlief in südöstliche Richtung und ließ erkennen, dass sie von zwei Tieren stammten. Sie verlor sich in der Ferne.

»Sie sind es«, sagte Ann, »wir werden ihnen aber nicht weiter folgen. Es macht keinen Sinn.«

»Fleur, hör mal!« Natae lauschte.

Beide hörten das Heulen von Wölfen.

Ann zog Natae mit sich. »Komm, zurück jetzt, schnell!« Sie blieb dann aber noch einmal stehen und lauschte angestrengt.

»Ja, das sind die beiden, vielleicht sind sie auf Brautschau.« Die Suche der beiden hatte nun doch fast eineinhalb Stunden gedauert, was Marma-teas Essensvorbereitung zugutekam, denn in ihrem Kopf herrschte Chaos.

»Entschuldige, Marma, hat doch länger gedauert.«

Trotz ihrer Zerstreutheit zauberte Marma-tea ein Menü zusammen, das den beiden Ankömmlingen die Augen übergingen. Sie strahlte jetzt.

»Heeh, Marma, ist heute ein Feiertag?«

Im letzten Moment konnte sie den Ausruf »JA!« verhindern. Schnell drehte sie sich weg und servierte noch Obstschalen, die als Extra ein Sahnehäubchen mit Schokosplittern krönten. »Nat, wir sollten öfters mal wegbleiben. Hau rein, ehe uns das jemand wegschnappt.«

Takoma war gelandet, sie hörten das schon beim Essen. Still stocherte Marma-tea auf ihrem Teller herum, während Nat und Ann genussvoll mampften.

»Marma, alles okay? Du ... «, kauend schaute Ann ihre Freundin an.

»Ja, ähm, jaja, freue mich nur auf Tak, er hatte einen ungewöhnlich langen Tag.«

Takoma kam herein, stieß einen Pfiff aus und fragte, ob es etwas zu feiern gibt, schickte dabei seiner Frau einen kurzen strengen Blick zu und meinte, dass hoffentlich für ihn auch etwas übrig bleibe. Natae erzählte von Sitka und Atka. Überschwänglich gab sie ihrer Freude zum voraussichtlichen Nachwuchs freien Lauf. Taks und Marmas Lächeln wirkte ... naja, abwesend höflich.

»Also, ich verziehe mich jetzt, Sinona wartet, vermutlich hat sie eine weitere Leckerei für mich«, Ann stand auf, »Marma, das Essen war vorzüglich, die nächsten Tage werde ich fasten müssen. Ach so«, sie setzte sich wieder. »Tak, Marma, in den letzten Tagen habe ich mit vielen gesprochen, einiges zurechtgebogen, anderes nur beruhigt. Besondere Sorge bereitet mir Akais Frau Anuha. Wie ihr wisst, erkennt sie ihren Mann nicht mehr, schaut mich stets ungläubig an, wenn ich von ihrem Sohn erzähle und spricht inzwischen nur noch mit mir. Tak, Marma, ihr kennt mich wie sonst niemand; gestern ... entschuldige Tak, wieder eine spontane Idee von mir, sprach ich mit Dr. Conway. Wir vereinbarten einen zukünftigen monatlichen Arzttag in der Siedlung, bei dem er Gesundheitschecks durchführen und akute Beschwerden behandeln wird. Auch über Anuha erzählte ich ihm, er wird einen Test mit ihr durchführen und danach eine Medikation festlegen. Dr. Conway war sofort einverstanden.« »Tak, Marma ... ?« Wortlos nickten beide.

»Oh Gott, verdammt nochmal, mein Kurzzeitgedächtnis braucht unbedingt ein Update. Also, ich habe Sehnsucht nach dem ganzen Rudel. Für ein paar Tage möchte ich gerne ins Blockhaus ziehen. Zu meinen Wölfen; Torok, Nanook, Inuk und Akiak. Und außerdem bin ich neugierig, wie Little Bear zurechtkommt. Okay«?

Schon eine ganze Weile nach Anna gehen, saßen Takoma und Marma-tea noch immer stumm am Tisch.

Schließlich brach Marma-tea das Schweigen, »sie ist nicht von dieser Welt.«

Ihr Mann nickte, »aber im Augenblick ist ihr Weggehen ein Segen, denn es verschafft uns die Gelegenheit, in aller Ruhe Vorbereitungen zu treffen und noch zu beschließendes zu organisieren. Zuerst in einer Großversammlung alle in Kenntnis setzen. Ich bin überzeugt davon, dass die Ideen nur so purzeln werden. Außerdem haben wir viel Zeit, 11. Juni, das kriegen wir hin. Was meinst du, binden wir die Siksika mit ein«?

»Unbedingt; auch die Trapper.«

»Und die Mounties, Bob und Wayne, Major Cole, die Docs Conway und Johnson und ... Marma, wir brauchen ein Stadion für all die Menschen. Wen wir auf keinen Fall vergessen dürfen, ist unser Sohn, er würde uns den Kopf abreißen, wenn wir ihn nicht informieren würden.«

»Oh Tak, natürlich! Allerdings, im Juni sind noch keine Semesterferien. Mmh.«

»Mach dir deshalb keine Gedanken. Wenn er der Collegeleitung diesen außergewöhnlichen Grund nennt, werden die keine Sekunde zögern, ihm ein paar freie Tage zu gewähren. Zumal er, wie wir wissen, inzwischen zu den Besten des Jahrgangs gehört. Sollte es dennoch diesbezüglich Probleme geben, schalte ich Don Coleman oder diesen Vizegouverneur ein, der würde es dann regeln. Gut, okay soweit. Marma, Inaki wird saustolz sein. Und erst Natae«! »Wie wir! Auf die baldige Großversammlung freue ich mich wie verrückt, es wird einen irren Tumult geben.«

»Aber mir graut davor, dort zu sprechen und Fleurs Auszeichnung zu verkünden.«

Verständnislos starrte Marma-tea ihren Mann an, »Tak, warum denn?«

»Weil ich nicht weiß, ob ich meine Fassung bewahren kann.«

»Wenn das nur Loup mit ... «

»Hör auf, schweig ... «!

Am zeitigen Morgen machte Takoma die Beaver startklar. Ann war noch bei Sinona im Haus, ordnete ihr diesmal umfangreiches Gepäck und Keoma half ihr dabei und wechselte mit Sinona einen verschwörerischen Blick. Neben Tak und Marma waren die beiden die bisher einzigsten Eingeweihten. Mit beherrschtem Gesichtsausdruck lud sich Keoma das Gepäck auf, Sinona nahm Ann in die Arme, »du fehlst mir jetzt schon, du Oberwölfin du, pass auf dich au.«

»Du bist und bleibst mein guter Geist, Sinona.«

Hastig drehte diese sich um und schloss die Tür hinter sich. Erst dann ließ sie ihren Tränen freien Lauf, die über ihr glückliches Gesicht rannen. Aufgeregt winselnd hatten Sitka und Atka das bisherige Tun ringsum beobachtet; Ann hockte sich schließlich zwischen beide, legte die Arme um ihre Hälse und sagte leise: »He, ihr zwei, wir fliegen gleich zu den anderen, zu Torok, Nanook, Inuk und Akiak. Versteht ihr ..., für ein paar Tage werden wir wieder alle beisammen sein.« Als wäre ein Startschuss für ein Rennen gefallen, rissen sich die zwei Fähen von Ann los und sprangen wie junge Geißlein umher, rammten Keoma über den Haufen und stürmten zum Flugzeug. Takoma sprang im letzten Moment zur Seite und landete im Schnee.

»Bei allen Geistern, sie haben dich verstanden, Fleur.«

»Natürlich, das weißt du doch.« Schmunzelnd sammelte Keoma das Gepäck wieder ein, während sich Takoma den Schnee von den Klamotten klopfte und in die Kabine kletterte. Geübt sprangen die Fähen durch die hintere offene Kabinentür, und Ann schloss sie von außen, winkte Keoma nochmal zu und stieg selbst ein.

Im Sommer bzw. in der schneefreien Zeit waren Start und Landung stets eine holprige Phase. Jetzt, als würde die Beaver bereits schweben, glitt sie ohne jegliche Erschütterung über den Schnee, hob ab und stürmte dem blauen Himmel entgegen.

»Bei diesem Wetter brauchen wir höchstens eine halbe Stunde«, sagte Takoma und reckte amüsiert einen Daumen nach hinten, denn Sitka und Atka winselten unentwegt.

»Sie freuen sich wie verrückt, genau wie ich. Ach Tak, ich bin so glücklich, wieder mal mit dem ganzen Rudel zusammen sein zu können. In der Siedlung ist alles in Ordnung und wir haben viel auf den Weg gebracht. Es gibt keinen Ärger, weder ungelöste Probleme noch Differenzen innerhalb unserer Gemeinschaft. Seit einer kleinen Ewigkeit bin ich so entspannt wie lange nicht. Und jetzt wird noch das ganze Rudel bei mir sein.« Sie ließ einen glücklichen Seufzer folgen.

»Wahrscheinlich wird das Rudel gar nicht am Blockhaus sein.«

»Ach Tak, wetten, dass sie schon irgendwo warten und in spätestens einer halben Stunde angestürmt kommen?«

Von jetzt auf gleich löste sich in Takoma der mentale Knoten, der in den letzten Tagen sein Gemüt eingeschnürt hatte. Befreit lachte er, »nein, Fleur, gegen dich wette ich nicht, du hast eh immer das richtige Gefühl. Aber Loup wird nicht ... «, erschrocken verschluckte er den Rest des Satzes und ergänzte hastig, ... angestürmt kommen, denn er ist längst bei dir.«

In der Regel erfasste Ann mit ihrem Gespür stets die Nuancen im Gesprochenen der Menschen. Jetzt, in ihrer augenblicklichen Glückseligkeit, entging ihr der Schlenker in Takomas Worten. »Ja«, entgegnete sie sanft, »so ist es.«

Der Okinaga Lake kam ins Blickfeld. Konzentriert zog Takoma mit gedrosseltem Motor eine weite Schleife und schnell sinkend checkte er mit geübtem Blick die weiße Oberfläche des Lake. Das Außenthermometer zeigte −12 °C, den zugefrorenen See bedeckte eine unberührte Schneedecke. Entgegen Loups früheren Lästereien setzte er sanft auf und glitt mit Restschwung bis zum Steg. Hinter ihnen tobten Sitka und Atka, kratzten mit den Vorderpfoten an der Innenverkleidung der Kabinentür. Schnell sprang Takoma aus dem Flieger, fixierte sie und riss die hintere Kabinentür auf. Sogleich sprangen die Fähen hinaus und stürmten zum Blockhaus.

»Fleur, es müssten ca. -10°C bis -12°C sein. Mach du gleich Feuer im Kamin und ich bringe das Gepäck hoch. Los. Ach Unsinn, Little Bear ist doch hier, das Haus wird warm sein.« Die Tür des Anbaus wurde aufgerissen, Akiak und Little Bear kamen gerannt. Die drei Wolfshunde tobten wie kleine Kinder umher, Little Bear umarmte Ann und begrüßte Takoma. Der schleppte das Gepäck zum Haus und ertrug dabei geduldig den Redeschwall des jungen Cree, der seinem Chief stolz vom Vorankommen seiner Arbeiten erzählte.

»Komm mit, ich zeige dir meine Werkstatt.«

Obwohl nicht sonderlich interessiert, war Takoma dann doch überrascht von der Menge und Qualität der fertigen Rahmen, die bereits Bohrungen aufwiesen, in denen die Riemen befestigt wurden. Little Bear fertigte die Holzrahmen aus einem Stück; die immense Biegung um 180°, führte die beiden Enden wieder zusammen und wurden fest verbunden. Der Durchmesser des vorderen Bogens betrug ca. 30 cm; die Biegung der im heißen Dampf geschmeidig gewordenen Rundhölzer war meisterliche Handwerkskunst. Takoma war ehrlich angetan. Derweil trat Ann zu ihnen und bekam noch die letzten Erklärungen von Little Bear mit. »Tak, weißt du, eigentlich kannst du unendlich stolz sein auf alle deine Leute, deren Chief du bist. Unter deiner und Nao-itas Führung entstanden ein Gemeinwesen, um das dich andere Siedlungen und Ortschaften beneiden müssten – Künstler, besondere Handwerker, Trapper, Ranger, Fischer, die diese Fischräder am Ogilvie bauten, das Kunsthandwerk der Frauen mit den bestickten und kreativ gestalteten Pelzen, du bist Pilot und Greenbird leitet eine Wildlife Rangerstelle. Oh Tak, ihr alle lebt vom Ergebnis der Arbeit eurer Köpfe und Hände. Ich bin stolz und dankbar, ein Teil von euch zu sein, mit Loup wäre es allumfassend.«

Takoma wollte etwas sagen, aber Ann hob die Hand mit ausgestrecktem Finger und lauschte. Dann weiteten sich ihre Mundwinkel zu einem breiten Schmunzeln, »Tak, eine Wette hättest du jetzt verloren«, kurz schaute sie auf ihre Armbanduhr, »sie kommen, es sind seit unserer Ankunft gerade mal 22 Minuten vergangen«! Dann rannte sie aus dem Anbau. Little Bear fasste seinen Chief an der Schulter, »haben wir diese Frau verdient?«

Der schaute zur Tür hinaus, versonnen sprach er: »Ich würde es anders formulieren – wir haben sie und Loup gesucht ... «.

»Und sie haben uns gefunden«, ergänzte Little Bear.

Draußen war der Teufel los, wie entfesselte Clowns tobte das Rudel um Ann herum. Auf den Hinterläufen stehend hatte Inuk die Pfoten auf ihre Schultern gelegt und seine Zunge wischte über ihr Gesicht, Nanook sprang sie von hinten an, sodass sie nach vorn in den Schnee fiel. Sofort waren die Wolfshunde über ihr. Sie schrie, lachte, schimpfte. Die beiden Indianer standen etwas abseits und schauten zu.

»Was hat diese Frau nur?«

»Weißt du, was Marma-tea vor Kurzem zu mir sagte«, antwortete Takoma, »sie ist nicht von dieser Welt.«

Little Bear starrte seinen Chief an und nickte langsam.

»Hör mal, Little«, Takoma zog ihn ein Stück beiseite, »ich glaube zu wissen, dass Fleur mit dem Rudel ein paar Tage allein sein möchte. Es gibt keine Bedrohung mehr, die Mistkerle sitzen hinter Schloss und Riegel, weitere Kumpane dieser Typen sind nicht bekannt, was die Alaska State Trooper und die RCMP bestätigten. Fleur weiß das auch, nicht nur deshalb ist sie entspannt, glücklich und freut sich jetzt unbändig auf das ungestörte Zusammensein mit den Wölfen. Komm mit mir zurück in die Siedlung, dein Gewerk hier läuft dir nicht davon. Einverstanden?«

»Mmh, ja, ist schon okay, Chief.«

»Außerdem ist da noch etwas«, kurz drehte er sich zu Ann um, die gerade nach vorn gebeugt Schnee durch ihre Beine nach hinten auf die Wölfe schaufelte; und zog Little Bear noch ein Stück weiter weg. »Es wird in ein paar Monaten ein ganz besonderes Ereignis stattfinden – eine große staatliche Ehrung einer Person unserer Gemeinschaft. Zusammen mit Offiziellen der kanadischen Regierung und regionalen Vertretern wird unter Beteiligung aller Ojibwa, Cree und Siksika diese Zeremonie vorbereitet«. Mit ernstem Gesicht hatte Takoma diese Worte an Little Bear gerichtet, nun packte er ihn lächelnd an der Schulter. »Kannst du dir denken ... «, Little Bear hob Einhalt gebietend eine Hand, ballte sie zur Faust und schlug damit heftig dreimal an sein Herz, rannte zum Anbau und kam mit seinem Bogen und einem Pfeil zurück. Einer uralten Regel der Cree folgend, spannte er den Bogen weit und der Pfeil verließ zischend die Sehne. Es war das Zeichen der Cree nach einem Sieg. »Es ist Fleur, unsere Schamanin«!

»He, nicht so laut, verdammt. Ja, es ist Fleur«! Der beherrschte Ojibwa und der junge Cree umarmten sich. »Little, ein letzter strenger Hinweis – Diskretion und absolute Verschwiegenheit Fleur gegenüber, okay?« Mit einem Augenwink gab der Takoma ein Zeichen, denn hinter dem tauchte Ann auf. Mit gespielt strengen Blick trat sie zu den beiden und brummte mit tiefer Stimme: »Störe ich ein Männergespräch«, dabei runzelte sie angestrengt die Stirn. Entspannt lachten alle drei.

»Hör zu, Fleur, ich fliege mit dem Chief zurück in die Siedlung. Meine Arbeit hier lasse ich eine Weile ruhen, denn vieles konnte ich fertigstellen bzw. vorbereiten. Es zieht mich zurück zu Mom und Dad.« Kurz schickte er Takoma einen Blick. »Weißt du, seit unserem langen Gespräch damals über Moms Krankheit, dachte ich viel nach und spürte dabei auch eine gewisse Schuld in mir. Ich möchte wieder ihre Nähe suchen und auch mit ihr sprechen.«

»Geh behutsam vor, mein Junge, sei geduldig und lass keine Enttäuschung entstehen. Ich finde es sehr gut, was du vorhast, und denke daran – die Beziehung zur Mutter ist die wichtigste im Leben.«

Little Bear seufzte, »ich werde an deine Worte denken, Fleur, versprochen. Kann ich im Anbau alles stehen und liegen lassen«?

»Ja, sicher, natürlich. Nun verschwindet schon, ihr zwei. Grüßt alle von mir.«

»Und du, was hast du vor, mit dem Rudel herumtoben, faulenzen oder dir vielleicht schon wieder Gedanken über ein neues Buch machen«?

»Wisst ihr was, als erstes spanne ich morgen die Wölfe vor den Schlitten und wir werden unseren alten Trail zum Micmac Creek neu erobern. Und Loup wird im Schlitten sitzen und mich dauernd korrigieren.«

Wie sollte man anderen Menschen die Erregung erklären, die einen überkam, wenn man ein Gespann durch die einsamen weißen Landschaften des Nordens lenkte? Wie erklären, was man empfand, wenn einem die kalte, nach Schnee und Wolf riechende Luft übers Gesicht strich? Man kann dies alles nicht wirklich in Worte fassen; das Geräusch der von den Kufen zerteilten Schneedecke und die Wolke aus Raureif, die das Rudel einhüllte, das Klopfen des Herzens, das im Gleichklang mit den trommelnden Pfoten der Wölfe zu schlagen scheint. Ann dachte nicht über solche Dinge nach, sie erlebte sie einfach. Erwartungsgemäß machte ihr das Anschirren Mühe, das erledigte immer Loup. Aber sie bekam es hin, obwohl sie dabei von den Wolfshunden ungeduldig angeschaut wurde.

»Jaja, ja doch, nun guckt nicht so, bei euerem Chef ging das schneller.«

Seit längerem hatte es nicht mehr geschneit. Obwohl nicht gespurt, bedeckte den Trail deshalb eine feste Schneedecke. Dass die Wolfshunde freudig, ausgelassen und übereifrig in den Geschirren hin und her hüpften, hatte Ann befürchtet, denn die letzte Schlittenfahrt war ewig her. Konzentriert dachte sie an all die notwendigen Handgriffe und Befehle, die Loup ihr beigebracht hatte. *Du musst langsam beginnen*, dachte sie, »Torok, go, go – slow, slowly.« Torok zog heftig an, fiel aber sogleich in einen mäßigen Rhythmus entsprechend Anns Befehl. Die nachfolgenden Wolfshunde knurrten – sie wollten laufen, laufen, laufen. Zunächst drangen sie in den lichten Wald ein, der sich entlang des Seewestufers entlang zog, dessen Bäume mit ihren schneebedeckten Ästen wie versteinert wirkten. Kein Lüftchen regte sich. Alles um sie herum war starr. Der Schlitten war der einzige lebende und bewegliche Punkt in dieser weißen, erhabenen Landschaft, in die sie mit einer Mischung aus Ehrfurcht und Verzückung zurückkehrte. In ihrer glücklichen, euphorischen Stimmung rief sie den Wölfen zu: »Loup ist bei uns, Loup begleitet uns. Lauft, meine Wölfe, lauft«!

Zwischen dem Rudel und Ann entstand ein spirituelles Band, es gab nur noch Mensch und Wolf – die Wolfshunde hatten keine eigenen Namen mehr, sie waren »Tornarssuks« (Die Kraft Gebenden), Torok voran, sog er mit zitternden Nasenlöchern die Gerüche des kalten Nordens ein und suchte mit wachsamen Augen die Umgebung ab. Ann hatte das Gefühl, als würden die Ogilvieberge sie wieder willkommen heißen; die vom Wind modellierte Schneedecke lachte sie an und für Ann wechselte sie die Farben – von grellweiß in fluoreszierendes hellblau. Sie tauschte die getönte Schneebrille gegen die ungetönte, denn sie wollte die ungetrübten Farben des Nordens wahrnehmen.

Dabei zwinkerte ihr die Sonne zu, die seit Stunden nur zur Hälfte am Horizont klebte. Vor ihnen lag inzwischen das schmale Tal, welches sie wiedererkannte und wo sie mit Loup die Erhebung ansteuerten, hinter der sie die große Schneewehe rammten.

»Slow, slow, Torok; whoa«! Vor dem Hügel kamen sie zum Stehen, Ann stieg von den Kufen und schaute sich um. Die Schneewehe gab es diesmal nicht. Ohne die Wolfshunde auszuschirren, hockte sie sich zu ihnen, streichelte und lobte alle. *Tja, Loup, den Schneeberg konntest du wirklich nicht ahnen. Jetzt gibt es ihn nicht.* Sie blieb neben Sitka hocken. Ann hatte sich für eine neue Laufordnung entschieden: Vorn Torok, dahinter Akiak und anschließend je zwei Paare, Nanook/Inuk und Sitka/Atka; in der Musher-Fachsprache: Leadwolve – Swingwolves – Teamwolves. Das funktionierte hervorragend. *He Loup, zufrieden?*

Es war weder dunkel noch hell, ein diffuses Zwielicht verwischte alle Konturen, auch Schatten verschwanden. Nur Torok blieb stehen, die anderen hinter ihm saßen im Schnee und nur das kalte Polarlicht strahlte auf sie herab. Sterne am dämmrigen Himmel tanzten den Frosttanz, das Land lag erstarrt und gefroren unter dem Leichentuch des Schnees, aber Torok zerteilte mit seinem einsetzenden Heulen die Stille und in Ann breitete sich die Empfindung aus, dass sein Heulen und halbes Schluchzen ein Betteln nach seinem Menschenfreund sei, ein Ausdruck seiner Daseinsqual. Ann stand auf und ging nach vorn zu ihrem Leitwolf, kniete sich hin, schlang ihre Arme um seinen Hals und drückte ihr Gesicht ins dichte Fell seines Halses. Dabei hörte sie aus den Tiefen seines Körpers vibrierende Töne, die wie gewinseltes Stöhnen klangen. Soweit es die Geschirre zuließen, rückten die anderen Wolfshunde heran. Eine geisterhafte Ruhe lag über dem Weiß ringsum, nichts rührte sich, denn außer ihnen gab es nichts, was sich bewegen könnte. Nur der weiße Atemhauch der Wölfe schwebte um sie herum und hüllte sie ein. Wie losgelöst von ihrem Willen, füllten sich Anns Augen mit Tränen.

Die Große Versammlung.

Anders als sonst brannte im Kreis des Großen Hauses bereits ein hohes Feuer in einer Schale. Vereinzelt, zu zweit oder im Familienverbund erschienen nach und nach die Menschen der Ojibwa und Cree, gedämpfte Gespräche in fragender und spekulierender Art begleiteten sie. Derweil saßen im Haus der Familie Adahy Sinona, Keoma, Sarday, Marma-tea und Takoma beieinander. Sie besprachen den Ablauf der bevorstehenden Zusammenkunft.

»Es werden viele Worte sein, die ich an alle richte, werde aber vor allem die Bekanntgabe der Ehrung von Fleur in den Mittelpunkt stellen. Okay?« Wortlos nickten alle. Als sie das Haus verließen, begegneten sie weiteren Menschen, die zum Großen Haus strömten; in allen Gesichtern zeichnete sich eine gespannte Erwartungshaltung ab. Takoma setzte sich nicht mit zu Tochter und Frau in die Sitzreihen, sondern betrat gleich den Kreis, legte die Rechte aufs Herz und schritt so einmal um die Feuerschale herum.

»Ich begrüße euch alle und nach meiner Wahrnehmung folgten ausnahmslos alle meinem Aufruf. Fleur sagte mir einmal ... «

»Wo ist Fleur, warum ist sie nicht dabei?«, wurde gerufen und von anderer Stelle: »Ja, sie gehört hierher, wo ist sie, kommt sie noch?«

Geduldig hob Takoma einen Arm und überging lächelnd die Unterbrechung seiner Worte, » ... , dass ich unendlich stolz sein soll auf das Gemeinwesen unserer zwei Völker, deren wunderbare Menschen vom Ergebnis ihrer Arbeit leben und Respekt und Achtung untereinander selbstverständlich ist. Aber Fleur ... , ja, sie gehört hierher, denn sie ist eine von uns.«

Nach einer kurzen bedeutungsvollen Pause sprach er langsam und betont weiter: »Fleur ist für ein paar Tage bei ihren Wölfen am Okinaga, sie freute sich sehr darauf und wirkte sehr glücklich, als wir uns verabschiedeten. Und ich war sehr erleichtert, weil ..., also zu dieser Zusammenkunft durfte sie nicht anwesend sein, denn es geht hier und jetzt um Fleur, unsere Schamanin. Habt bitte noch etwas Geduld, denn ich möchte etwas weiter ausholen. Fleur machte mich vertraut mit einer Schrift, die sie in Nao-itas Hinterlassenschaft fand. Es handelte sich um einen uralten Liederschatz der indigenen Stämme im Norden des Yukon Territory – den Zyklus »The Songs of Y-Ail-Myhth«. Es ist eine Ode an einen guten Menschen und unsere Geisterwelt. Hört mich an:

*Lehrt uns und zeigt uns den Weg.*
*Wir rufen die Erde an, unseren Planeten, unsere Heimat mit all ihren sanften Tälern und windumstürmten Gipfeln, mit all ihrer Energie und ihrem Überfluss an Leben. Gemeinsam bitten wir sie:*
*Lehrt uns und zeigt uns den Weg.*
*Wir rufen die Berge an, die Ogilvie und Pelly Mountains, die Wasserfälle, die grünen Hochebenen, die Wildblumenwiesen, den niemals schmelzenden Schnee, die in tiefes Schweigen gehüllten Bergspitzen und wir bitten sie:*
*Lehrt uns und zeigt uns den Weg.*
*Wir rufen die Wälder an, die hohen Bäume, die sich mit Erde um ihre Wurzeln und Himmel in ihren Ästen machtvoll dem Firmament entgegenrecken – den Ahorn, die Tanne, Kiefer und Zeder und wir bitten sie:*
*Lehrt uns und zeigt uns den Weg.*

*Wir rufen die Geschöpfe des Waldes und der Flüsse, unsere Brüder und Schwestern, die Wölfe, Hirsche, Adler, Bären und Lachse. Sie alle, mit denen wir unsere Heimat im Nordwesten teilen, bitten wir:*
*Lehrt uns und zeigt uns den Weg.*
*Wir rufen all jene an, die einst auf dieser Erde gelebt haben – unsere Vorfahren und Freunde, die sich das Beste für künftige Generationen erträumten und auf deren Leben die unseren gründen. Voller Dankbarkeit rufen wir sie an:*
*Lehrt uns und zeigt uns den Weg.*
*Wir rufen unser Heiligstes an: jene das Universum durchströmende Präsenz und Macht des Großen Geistes der Liebe und Wahrheit, sei mit uns.*

Takoma verstummte kurz, dann, »den folgenden Satz füge ich hinzu: Ich rufe Fleur an, unsere weiße Schamanin, sie zeigte uns den Weg«.

Die nachfolgende Stille war nicht körperlos, sondern ein steingewordenes Symbol der Verehrung. Zur unteren Sitzreihe schauend, wo Sinona und Keoma saßen, rief er: »Komm, Keoma.« Der erhob sich und ging nach vorn.

»Einmal, vor langer Zeit, noch bevor die zwei weißen Menschen Ann und Marty in unser Leben traten, rauchte Nao-ita, mein Vater, das Zacakraut, um seine spirituelle Séance mit unseren Geistern abzuhalten. Damals ging es mir nicht gut. Jedenfalls setzte er sich danach zu mir und sagte: *Bald werden zwei fremde, aber gute Menschen in unser Leben treten und dir und unserer Gemeinschaft helfend beistehen.* Mein Vater war ein kluger Mann.«

Ohne ein weiteres Wort ging er wieder zu seinem Platz. Dort erhob sich Sinona und stellte sich an Takomas Seite.

»Im Namen des Raben, unseres Urvaters, verkünde ich Folgendes: Die weiße Frau Ann Trebe, Frau des weißen Mannes Marty Trebe, die rote Schamanin Fleur, Squaw des roten Mannes Loup; unsere weise Schamanin wird am 11. Juni, dem Tag ihrer Geburt, die höchste staatliche Auszeichnung des Landes Kanada erhalten. Sie wird mit dem Orden »Members of the Order of Canada« geehrt werden.«

Standhaft beherrschte Sinona ihre Gesichtszüge.

Entgegen Marma-teas vormaliger Vermutung, dass es einen irren Tumult geben wird, herrschte Ruhe im weiten Rund, als würde die totale Stille des Weltraums das Große Haus einhüllen. Das Fallen der berühmten Stecknadel hätte die Stärke eines Donnerschlags. Wie schon einmal hatten sich alle erhoben und eine Hand aufs Herz gelegt; leises, kaum wahrnehmbares Schluchzen senkte sich wie eine Glocke über die Ojibwa und Cree. Ihr Chief Takoma wartete noch; dann brach der Sturm los ... Als er nach einigen Minuten allmählich versiegte, weil Takoma einen Arm erhob, sprach er wieder: »Nun muss ich euch alle um etwas sehr Schweres bitten. Fleur wird in ein paar Tagen zurückkehren. Eindringlich bitte ich euch, lasst euch nichts anmerken; seid wie immer, tut, was ihr sonst auch tut, schimpft mit den Kindern, widmet euch eurer Arbeit, grüßt, lächelt, flucht und schwatzt untereinander. Seid einfach wie immer.«

Keoma stand auf und hob einen Arm: »Unser Chief hat gut gesprochen. Ja, es wird uns schwerfallen, Gleichmut zu wahren. Aber ... Fleur soll und wird aus allen Himmeln fallen und erst im allerletzten Moment begreifen was vorgeht.«

Als Nao-itas Sohn nahm Keoma schon immer eine Sonderstellung im Stamm der Ojibwa und Cree ein, keine bestimmende, führende. Aber er war der stille, allen wohlgesonnene Künstler, der nie viel redete, aber zuhören konnte. Nun hörten alle ihm zu: »Nao-ita, mein Vater, und unser Chief Takoma, führten und führen unsere zwei Völker seit langer Zeit. Sie waren und sind die vom Raben und unseren Geistern zurecht Ernannten. Aber Fleur und Loup sind deren Geschenk an uns. Wir werden uns dessen würdig erweisen. How«.

»Ja, das werden wir. Folgendes noch, macht euch Gedanken über den von uns zu gestaltenden Rahmen dieses 11. Juni. Schreibt eure Vorschläge, Ideen und eigenen Beiträge nieder oder teilt sie mir, Keoma, Sinona, Marma-tea und Sarday mündlich mit. Und, denkt daran, Fleur darf von all dem nichts bemerken! Diesen 11. Juni werden wir in unserer Chronik verewigen.«

Kopf an Kopf und sanfte Worte sprechend, streichelte Ann ihren Leitwolf. Dessen vibrierende Töne langsam versiegten. Zärtlich berührte sie seine Nase, strich mit den Fingern über sie hinweg und umrundete seine Augen, schob eine Hand in sein halbgeöffnetes Maul, berührte die großen Reißzähne und ihr kleiner Finger glitt über seine Zunge. Ein Brummen setzte ein, als ihre Liebkosungen aufhörten. Ein Brummen, das Uneingeweihte als wildes, urwüchsiges Knurren, das die Nerven peinigte und bei dem jenen das Blut stockt, wahrnehmen würden. Sie fasste an seinen Bauch, der sich im Rhythmus des Brummens verkrampfte. *The sound of silence* umgab sie und Ann summte leise die Melodie dieses Songs. Sitka und Atka, die das letzte Paar im Gespann bildeten, hatten die Riemen zum Zugseil durchgebissen und so drängten sich die sechs Wolfshunde um sie. Lächelnd schimpfte sie mit den beiden. *Zum Glück nahm ich Reserveriemen mit. Das versäumte Loup nie. Wäre er doch hier.* Sie richtete sich auf und sah umher. Dämmriges, milchiges Licht ringsum, das der halben Sonne am kaum wahrnehmbaren Horizont Zweitsonnen an die Seite stellte. Sie kramte die Kamera hervor und fotografierte, was schwierig war, denn immer wieder schob sich ein Wolfskopf unter ihre Arme. Jeden einzelnen des Rudels schaute sie an und in deren Augen sprang sie das Vermächtnis der Wildnis an, welches sie in sich tragen, wie eine Rechtfertigung ihrer Existenz. *Uns Menschen beurteilen sie danach, wie wir uns ihnen gegenüber verhalten. Gesprochene Worte sind dabei nicht das Wichtigste, sondern die Aura, die wir ausstrahlen; also nicht das Seh- und Hörbare. Loup war ihre Orientierung, ihr Kamerad, ihr Vater. Mich lieben sie.*

»He, ihr verdammten Wölfe, ich liebe euch«, rief sie laut in die weiße Stille hinaus.

Dass die Restsonne nur noch ein orangener Klecks war, registrierte sie erst jetzt. Schnell klinkte sie die Reserveriemen für Sitka und Atka ein und gab das Kommando zur Rückkehr. Allmählich spürte sie die Anstrengungen der Hinfahrt, aber sie biss die Zähne zusammen. Aber dessen ungeachtet spürte sie Stolz. Nun ließ sie die Wolfshunde ihr Tempo laufen und spornte sie sogar noch an. Nach Hause ... *Gleich nachher noch Futter bereiten, danach werde ich schlafen wie ein Baby. Mein Gott, ich bin eben eine alte Frau, jeden Muskel und Knochen spüre ich. Aber, Loup, unser Leben hier machte mich gesund und stählte mich. Du hast unsere Auswanderung angestrengt vorangetrieben – ein zweites Mal hast du mein Leben gerettet. Du selbst aber konntest dich nie von meiner schweren Krankheit befreien. Warum nur kann das Leben manchmal so ungerecht sein.*

Mit zwei Eimern holte sie Wasser vom See. Das Eis innerhalb des Holzrahmens war diesmal ziemlich dick, mit einer Axt brach sie es auf, füllte die Eimer und schleppte sie einzeln zum Haus. Mehrmals musste sie erschöpft innehalten. Dann Feuer machen, Gestell darüber und zerhackten Fisch und Kraftfutter in den Kessel geben. Als sie die Näpfe ans Rudel verteilt hatte, war sie fast am Ende ihrer Kräfte. Im Haus machte sie sich Wurstbrote, ging wieder hinaus und setzte sich mit zu den Wolfshunden. Die leckten bereits ihre Schnauzen und gähnten.

»Ihr Fressmonster, morgen geht ihr gefälligst wieder auf Jagd.« Noch immer in ihre Thermoklamotten gehüllt, schaute sie in den nächtlichen Himmel, dessen Dunkelheit nur die Leinwand für die Farbenspiele des Polarlichts war. Die Aurora borealis bemühte sich, Anns Abgespanntheit zu mildern und schaffte es auch. Aufstehend schrie sie in die Nacht hinaus: »Loup, Loup, bist du hier? Bleib bei mir!!«

Augenblicklich sprang Torok auf und heulte; Nanook, Sitka, Akiak, Inuk und Atka folgten, ihr Atem vereinte sich mit den hochstrebenden Funken des Feuers und Anns Heulen wurde zum Tenor im Gesang der Wölfe.

Das dicke Winterfell der Wölfe verbarg bisher die Körperfülle der zwei Fähen. Sitka und Atka waren trächtig, niemand bemerkte das, auch Ann fiel es spät auf, denn genug Anderes beschäftigte sie in letzter Zeit. Sanft streichelte sie die Bäuche der beiden und die schmiegten sich an diese Hände, die sie liebten. Diese höchste Gefühlsäußerung – stärker konnten sie ihre Ergebenheit nicht ausdrücken. Ann nahm es als Ausdruck uneingeschränkten Vertrauens wahr, wie eine Art Selbstaufgabe. Torok kroch heran, sanft packte er mit den Zähnen den Arm, dessen Hand die Fähen streichelte und zog ihn zu sich. Erneut registrierte sie die Veränderung, die in diesem Leitwolf seit Monaten vorgegangen war. Torok hatte nur ein Herz und zu Lebzeiten Loups war das unteilbar. Dass dieser aber eine innige Verbindung zu Ann hatte, akzeptierte sein Instinkt, jedoch begleitet von einer Art Eifersucht. Auf der Suche nach seinem Menschenfreund fand er irgendwann zu Ann. Und in scheuer Art auch zu Takoma. Dass diese beiden Menschen zu Loup gehörten, hatte Torok verinnerlicht. Ihnen bringt er seit dem Verlust seines Lebensmittelpunkts stille und stumme Verehrung entgegen. Manchmal, wenn ihn Ann ansah und mit ihm sprach, verriet er seine linkische Befangenheit, die aus dem

Widerspruch rührte, dass er seine Gefühle ausdrücken wollte und nicht die rechte Form fand, sie zu offenbaren. Wölfe besitzen ein intensives Gefühlsbewusstsein. Menschen unterschätzen das in der Regel, stattdessen verwechseln sie das mit der Unterwürfigkeit ihrer Hunde. Jeder einzelne des Rudels hat eine *Persönlichkeit.*

Anns Abgespanntheit war verflogen. Toroks Kopf kraulend, ergab sie sich der Magie der Aurora borealis und dachte an das Naturwunder vom Werden und Vergehen. Bei Sitka und Atka stand bald das Werden an. Auch die anderen Wolfshunde platzierten sich um sie herum. Für jeden hatte sie eine Hand frei. *Wieviele Welpen werden wohl das Licht der Welt erblicken – vier, fünf, sechs, sieben oder gar noch mehr?* sie lächelte still vor sich hin. »He, meine Wölfe, unser Team wird bald größer werden.«

In der folgenden Nacht stimmte Torok die langgezogene Wolfsklage an, die er damals geheult hatte, als Loup starb, richtete die Nasenspitze auf die kalten Sterne und klagte ihnen sein Leid.

# »Members of the Order of Canada«

Flockenartige Büschel lösten sich aus dem Fell der Wolfshunde. Belustigt zupfte Ann weitere ab. Mit dem Nahen des Frühlings verloren sie nach und nach ihr Winterfell. Als Ann am Okinaga ihre Sachen packte, erfasste das Rudel Unruhe. Winselnd stupsten sie Ann immer wieder an, mal sanft, schließlich heftiger und sie dabei ständig am Packen hindernd. Sie unterbrach ihr Tun.

»Ihr wollt nicht, dass ich gehe ... ich weiß. Aber ich muss wieder zurück, übermorgen kommt der Doc in die Siedlung und meine Anwesenheit wird erwartet. Nein, sie ist notwendig. Ich würde auch lieber bei euch bleiben. Aber ... «

Die Wölfe lagen auf den matschigen Schneeresten um sie herum und schauten zu ihr. »Dann müsst ihr eben mitkommen. He! Ihr kommt mit! Okay?« Sie sprang auf und lachend wuschelte sie deren Köpfe, lachte, »ihr seid doch ein Teil von Loup«. Lachte, lachte, schlug beide Hände vors Gesicht und schluchzte, hemmungslos weinend fiel sie auf die Knie. Eine schützende Hülle aus Fell fing sie auf.

Wieder beherrscht ging sie zum Haus, das Rudel begleitete sie, sie wichen ihr nicht mehr von der Seite. Am Sat.-tel. wählte sie den Kontakt zu Takomas Sprechfunk.

»Hi Fleur, alles okay? In ca. einer Stunde hole ich dich ab.«

»Tak, könnten die Wolfshunde mitkommen, wenn du nachher kommst, hast du sicher keine Ladung an Bord und noch Platz. Seit sie meine Vorbereitungen bemerkten, hängt mir die ganze Bande unentwegt am Rockzipfel.«

»He, na klar, aber sag mal, seit wann trägst du im Blockhaus einen Rock?«

Ann kicherte, »Tak! So sagt man eben in Germany, wenn jemand ständig um einen herum ist und nervt.«

»Oh Wakan Tanka! Ihr Germans mit euren Sprichwörtern! Marma erzählte mir von Loup, der einmal zu ihr sagte, dass ihm die Decke auf den Kopf fällt. Und die fragte daraufhin, ob es einen Schaden am Blockhaus gäbe. Also bis gleich, by Fleur. Ich freue mich auch auf die Wölfe.«

»So, ihr Nervensägen, ich mache nur noch das Haus dicht.« Die Platten und Balken hängte sie an den Fenstern und Türen ein und beim Anbau betätigte sie nur den Kipphebel. Ein lautes Knallen ließ sie erschrocken herumfahren. Angstvoll schaute sie umher, bemerkte aber gleichzeitig die Gelassenheit des Rudels. Die waren zwar aufgestanden, schauten jedoch wissend zum Okinaga. Auf ihm fiel ihr eine dunkle Linie auf, die sich von den Zuflüssen beim Westufer in Richtung Südost hinzog. Durch den Feldstecher erkannte sie den Riss, wie Haut platzte das Eis auf. Vor ihren Augen begann sich der Lake von den monatelangen Klammern zu befreien. Noch einmal hakte sie den Türbalken aus, stürzte zum Sat.-tel. und wählte Takomas Sprechfunk.

»Tak hör mal, gerade eben entstand mit lautem Knall ein langer Riss auf dem Okinaga, von West nach Südost. Wird das ein Problem für die Landung?«

»Nein, überhaupt nicht. Noch immer beträgt die Eisdicke ca. 30 cm. Und wenn es nur ein Riss ist, gleite ich mit den Kufen drüber weg. Also keine Panik, bin gleich da.«

Mit aufgeblasenen Wangen pustete sie ihre Sorge weg.

Den nassen matschigen Schnee bedeckte ein Wasserfilm und die Beaver schlenkerte nach dem Aufsetzen hin und her. Takoma hatte Mühe, die Spur zu halten und näherte sich in einem großen Bogen dem Steg. Ein paar Meter von ihm entfernt kam er zum Stehen und manövrierte das Flugzeug vorsichtig an den Steg. Das Rudel wurde »verladen«, Ann warf einen letzten bedauernden Blick zurück und Takoma startete den Motor.

»Gibt es etwas Neues in der Siedlung, ist Dr. Conway schon da?«

»Bob bringt ihn mit dem Heli.«

»Gut, okay. Ich wäre eigentlich gern noch geblieben, aber vor allem wegen Anua wollte ich den Doc begleiten. Sie vertraut mir und meine Stimme beruhigt sie stets. Und überhaupt, ist jemand krank? Na egal, wir werden sowieso in jeder Familie vorbeischauen.«

»Ich habe diesbezüglich ein schlechtes Gewissen. So ein Arzttag – als Chief hätte ich nach Nao-itas Ableben auf diese Idee kommen müssen.«

»Ach was, Tak, jetzt ist es organisiert und fertig aus. Mach dir keine Vorwürfe, wir sind doch ein Team.«

»Unterwegs fiel mir etwas ein, an das auch Marma-tea erstaunlicherweise noch nicht gedacht hat. Nämlich, dass Inaki am 29. Mai seinen 18.-ten Geburtstag hat. Wir müssten ihn für ein paar Tage aus seinem Studienalltag rauslösen, wir wollen ihn bei uns haben. Aber das Problem dabei ist, dass da noch keine Semesterferien sind.«

»Überlass das mir, Tak, ich regle das.«

»Nein, nein, schon gut, ich mach das. Du musst dich nicht um alles kümmern«, erwiderte er hastig, um sogleich lachend zu ergänzen, »den bedauernswerten Executive des Colleges möchte ich nicht deinem Zorn aussetzen. Vielleicht kann er auch noch etwas länger bleiben.« Dabei biss er sich unbemerkt auf die Lippen.

»Im Sternzeichen Zwilling geboren, wie ich. Tjaa, wir sind etwas Besonderes. Mein Gott, der Junge wird 18. Für mich wird er immer der kleine Blutsbruder von Loup bleiben. Oi, oi, ich muss mir etwas einfallen lassen.« Während sie schon mal grübelte, setzte Takoma bereits zur Landung an. Routiniert und gelassen setzte er die Beaver auf. Ann sprang als erste hinaus und öffnete die hintere Kabinentür. Sich gegenseitig drängelnd sprangen die Wolfshunde aus der Maschine.

Viele kamen winkend gelaufen, »hi Fleur, steht das Blockhaus noch«, »Fleur, wie geht's«, »hoho, deine Wölfe mausern sich, du solltest ihnen einen Pullover stricken«, »schön, dass du wieder da bist«.

So ging es ein paar Minuten lang weiter. Indessen Takoma allen einen strengen, warnenden Blick zuwarf. »Farewell, Fleur, wir sehen uns.« Die Menge zerstreute sich langsam. Schon seit längerem gab es bei den Ojibwa und Cree keine Scheu mehr vor den Wölfen, und diese kannten und akzeptierten sie. Selbst die wenigen Hunde der Siedlung hatten ihre Ablehnung und Furcht abgelegt, obwohl sie dennoch eine gewisse Distanz wahrten. Glücklich und überrascht nahm Ann all die herzlichen Begrüßungen wahr. *Ich war doch nur eine Woche weg.*

Sinona erwartete sie an der Tür. Froh umarmten sich die zwei Frauen. Sich noch einmal umdrehend rief sie dem Rudel zu: »Nun haut schon ab, heute müsst ihr euer Futter selbst beschaffen«. Die sechs Wolfshunde stoben davon. Keoma tauchte auf, legte die Arme um seine Schwester und schnappte sich ihr Gepäck. Die wollte es gleich noch auspacken, aber Keoma fasste sie am Arm, »das kann doch warten, komm, setz dich und erzähle. Wie geht's meinen Wölfen?«

»Ich mache uns einen Tee. Willst du einen Schuss mit rein?« rief Sinona.

»Oh ja, bitte. Denen geht's gut, Bruder. Du hast ja Sitka und Atka erlebt, als ich die Sachen packte und ihnen begreiflich machte, dass wir zu den anderen fliegen. Du hättest das Wiedersehen erleben sollen. Alle hüpften wie kleine Kinder um mich herum. Es war eine schöne Woche. Aber als ich schließlich wieder einpackte, gab es erst sanften, dann eindringlich derben Protest. Also habe ich sie einfach mitgebracht.«

»Ich werde sie nachher nochmal einzeln begrüßen«, lächelte Keoma. Sinona brachte den Tee. Ann erzählte von den Schlittenfahrten und den Licht- und Farbenspielen unterwegs. »Übrigens, Dr. Conway kommt erst morgen. Er muss sich noch um einen Notfall in Dawson kümmern.«

»Gut, okay. Jedenfalls ist es schön, wieder hier zu sein. Und die Begrüßung vorhin ... als wäre ich eine Ewigkeit weg gewesen. Das tut so gut! Nur Loup fehlt mir zu meinem Glück.«

»Fleur, ich sag dir jetzt was ..., die Menschen hier brauchen dich nicht nur bei Konflikten, Problemen mit den Kindern und der Schule, ihren Tätigkeiten oder Geschäften, sondern vor allem aber als tägliche Ansprechpartnerin für kleine Dinge des Lebens; auch wenn es nur ein kurzes Gespräch wird – danach gehen sie irgendwie beruhigt zurück in ihren Alltag. Allein deine Anwesenheit und die Gewissheit, dass du nur ein Haus weiter zu erreichen wärst, gibt ihnen Ruhe und die notwendige Sicherheit. Du bist eben unsere *weise Schamanin*, aus dieser Rolle kommst du nicht mehr raus«, schelmisch lächelnd schaute Keoma sie an. Sinona stand auf und ging in die Küche, dort kramte sie herum und brachte schließlich Zucker, obwohl keiner welchen wollte. Auch Keoma erhob sich und warf Sinona einen kurzen warnenden Blick zu. »Ich versuche das Rudel zu finden.«

Schweigend tranken die zwei Frauen ihren Tee. »Loup«, brach Sinona das Schweigen, »du denkst immerzu an ihn. Weißt du, Nao-ita war nicht mein Ehemann, er war für mich eher der ältere Bruder, den ich liebte, und Keoma war nicht der Neffe, sondern mein Sohn. Als Nao-ita starb, spürte ich Schuld in mir. Fleur, jeder Weiterlebende trägt diese Schuld in sich, aber man muss sie auch als eine zu erfüllende Aufgabe annehmen. Das Vermächtnis der Gegangenen gebietet es.«

»Komm, lass uns nach draußen gehen, es ist schon fast frühlingshaft mild, ich will ein paar Leute sehen, unsere Siedlung, die Sonne wärmt bereits ein wenig und ich möchte weiter mit dir schwatzen, wie zwei alte Klatschtanten.«

Sinona schmunzelte und warf sich etwas über. Die Tage dehnten sich inzwischen deutlich länger als die Nächte. Am Tage tropfte und gurgelte es von den Dächern und das Donnern und Poltern des Susitna River drang bis zu ihnen. Des Nachts aber senkte sich immer noch Frost über die Wälder und Bergwiesen, mochten auch die schwarzen Tannen an den Waldrändern unter den wärmenden Strahlen des Tagesgestirns längst ihre Schneelast abgeschüttelt haben. Doch der unheimliche Zauber der nordwestlichen Wildnis Kanadas zeigt sich in jeder Jahreszeit, auch jetzt im beginnenden Frühling. Eingehüllt in Decken setzten sie sich auf die Bank neben der Tür.

Entspannt lächelnd begann Ann: »Weißt du, Sinona, der Einzelne meint manchmal, sein Kummer und sein Leid ändern den Lauf der Welt; wer von einem großen Unglück, einer erschütternden Katastrophe überwältigt wurde, hält es beinahe für selbstverständlich, dass danach nichts mehr so sein kann, wie es vorher gewesen ist. Aber alles bleibt, wie es war, und die Welt läuft weiter, wie sie immer gelaufen ist. Das Gleichmaß der Tage zieht auch den ins Herz Getroffenen mit der Zeit unweigerlich wieder in seinen Bann, mag auch der Glanz, den das Leben bis dahin gehabt hat, erloschen sein. Ihr habt mich mit euren Händen aufgefangen, wie ein kleines Kind, das zur Taufe gebracht wird. Das hat Loup gewusst, deshalb war er in seiner letzten Stunde auch nicht verzweifelt, sondern friedvoll und wissend. Ich muss noch so viel tun, um zurückzugeben, was die Ojibwa und Cree Loup und mir angedeihen ließen.«

»Du bist unsere weiße und weise Schamanin.«

Ihr Gespräch blieb nicht unbemerkt, andere kamen angeschlendert, auch Marma-tea und Natae; Stühle, Baumstücke, Kisten wurden herangerückt. Es wurden Fragen gestellt, gelacht und gewitzelt. Sinona brachte einen großen Topf Tee und verteilte Becher, die sie mit einer Schöpfkelle füllte.

»Sprich weiter, Fleur, erzähle.«

»Ach wisst ihr, Sinona und ich haben ein wenig philosophiert; über Glück, Unglück, Schicksal und die Welt da draußen. Mir kommt es manchmal so vor, als würde das Schicksal, das wir so gerne beschwören, nur als Alibi für unser eigenes Unvermögen herhalten müssen. Schicksal, es ist nur ein vom Menschen erfundenes Wort. Wenn es ein Schicksal gäbe, dann wäre es als chaotisch, ungerecht, sinnfrei, oft auch schön und überraschend zu charakterisieren, mit einem Wort: Beliebig und unvorhersehbar. In unserer Gemeinschaft hier gibt es den christlichen Gottesglauben, den Glauben an die Geisterwelt der First Nation und Atheisten, die an keinen Gott oder Geister glauben. Oft verschwimmt alles miteinander. Ohne Anspruch und Zwang zelebriert jeder seinen eigenen Glauben. Eins aber ist gewiss: Unser Gemeinwesen hier, die Ojibwa, Cree und die zwei weißen Menschen, die mit euch verschmolzen sind, sind vielen Regionen der Welt meilenweit voraus, charakterlich und menschlich gesehen. Es gibt Regionen auf unserer gemeinsamen Erde, in denen Hetze, Hass, Kriege und Töten vorherrschen. Machtanspruch und Religionen sind die Ursachen dafür. Vorhin sagte ich, dass die Glaubensrichtungen in unserer Gemeinschaft miteinander verschwimmen. Das sagte ich, weil ich weiß, dass die Gottgläubigen auch an eure Geister glauben und die ihren Halt in der spirituellen Geisterwelt finden, auch an Gott glauben. Dieses Miteinander ist einzigartig und zutiefst menschlich. Loup und ich waren glücklich »angekommen«. In der Welt da draußen glauben sich alle im Besitz der reinen Wahrheit zu sein und wollen alle anderen mit Gewalt dazu bekehren. Aber jeder Mensch ist einzig und allein seinem eigenen Gewissen verantwortlich.« Es blieb still, keiner sprach, alle schauten nur zu Ann. Mit dankbaren, aber nachdenklichen Gesichtern zerstreute sich die kleine Versammlung, jeder von ihnen hörte Ann gerne zu. Sie war ihre weise Schamanin, und wenn sie sprach, blieben ihre Worte in deren Gedächtnis haften.

Schon von weitem hörte Keoma das aggressive Knurren, die Wolfshunde schienen ganz in der Nähe zu sein. Vorsichtig schlich er weiter, drang in den niedrigen Erlenwald ein, der sich bis zum Porcupine River ausbreitet. Kurz verharrend lauschte er – unter das Knurren der Wölfe mischte sich tiefes, bösartiges Grollen. *Sie haben einen Bären gestellt! Verdammt!* Kurz prüfte er die Windrichtung und war erleichtert, der Wind wehte in seine Richtung. Als er sich mit der 300er Magnum auf den Weg machte, war sein Hintergedanke, dass jetzt die Jahreszeit begonnen hatte, in der die Bären aus ihrer Winterruhe erwachen. Dann sind sie hungrig, schlecht gelaunt und reizbar und mithin zehnmal gefährlicher als zu jeder anderen Zeit. Vorsichtig schlich er näher, zwischen den Bäumen erspähte er eine flache Senke. Ringsum war der Schnee weggetaut, nur in dieser Mulde lag noch welcher und Eis. Dort gab das Tauwetter einen Kadaver frei, über dem ein Grizzly stand und wütend versuchte, die Wolfshunde abzuwehren, was aussichtslos schien. Ganz langsam und ohne einen Laut legte sich Keoma hin, brachte die Magnum in Anschlag und spähte durchs Zielfernrohr. Nach der langen Winterruhe geschwächt und ausgehungert, aber aufs Äußerste gereizt, widerstand der Bär zunächst den geschickten Attacken der Wolfshunde. Als ihm in einem Augenblick der Schwäche Inuk zu nahekam, wurde dieser von einem furchtbaren Tatzenhieb getroffen und meterweit davongeschleudert, schrill winselnd blieb Inuk liegen. Keoma sprang auf, presste den Gewehrkolben an die Wange und nahm den Grizzly ins Visier. Nanook war schneller, das Schicksal seines Kumpels konnte er nicht hinnehmen. Mit einem unglaublichen Satz sprang er den Bären an, und mit aufgerissenem Rachen biss er sich an dessen Nase fest und wich geschickt dessen verzweifelten Tatzenhieben aus. Keoma hörte noch nie solch einen Schmerzensschrei eines Bären! Nase und Geruchssinn sind für Bären überlebenswichtig! Mit einem wilden Schlenker schleuderte er Nanook von sich, in dessen Maul die halbe Nase des Grizzlys, und flüchtete, eine blutige Spur hinter sich lassend. Das Rudel stürzte ihm nach, verhielt aber abrupt, als sie Keomas Ruf hörten.

Im Prinzip tötete Nanook den Grizzly, denn ohne sein wichtigstes Sinnesorgan würde er irgendwann zugrunde gehen. Keoma warf das Gewehr beiseite und kniete sich zu Inuk, der leise winselte und benommen wirkte, denn der Hieb hatte auch seinen Kopf getroffen. Hastig ballte er Schnee zusammen und rubbelte seine Hände. Konzentriert untersuchte er Inuks Wunde an der Schulter, die von den Krallen aufgerissen war und stark blutete. Aber es schien dennoch nur eine Fleischwunde zu sein. Er packte Schnee darauf. »Verdammt, ich kann ihn unmöglich bis zur Siedlung tragen«, Keoma überlegte angestrengt. Sein Blick fiel auf das achtlos hingeworfene Gewehr, betrachtete den hellen Tragriemen, griff zum Jagdmesser, schnitt ihn ab und tauchte ihn in Inuks Blut. Sich umschauend starrte er Nanook an, der sich an Inuks Seite gelegt hatte. »Nanook, ja!« Den blutverschmierten Tragriemen band er um dessen Hals, fasste mit beiden Händen seinen Kopf: »Nanook! Fleur! Fleur, lauf zu Fleur, lauf, schnell. Fleur, Fleur! Verstehst du?« Wie vom Blitz getroffen stürzte der Wolfshund davon. Die anderen bildeten einen Kreis um Inuk und den Indianer. Der Schneeballen auf Inuks Wunde war zwar blutgetränkt, aber die Blutung schien nachgelassen zu haben. Keoma packte neuen Schnee auf die gesamte Schulter, streichelte ihn fortwährend und sprach beschwörend athabaskische Worte.

*Warten, warten ...*

»Mein Gott, das tat gut«, Ann stieg aus dem großen Bottich, den Sinona fast randvoll mit heißem Wasser und Kräutern gefüllt hatte und rubbelte sich trocken. »Am liebsten würde ich mich gleich mit meinem Bett anfreunden, aber es ist noch heller Tag. Sinona, machst du mir bitte ausnahmsweise einen starken Kaffee? Danach hüpfe ich wieder wie ein junges Rehlein umher.« Plötzlich erstarrte sie ...

»Fleur, was hast du, alles okay?«

Die nickte langsam ... »so nannte mich Loup manchmal«, nun lächelte sie. »Nimm die linke Büchse mit dem Skelett vorn drauf. Das ist der »Deadman's Reach.«

»Draußen wurden Stimmen laut und ein markerschütterndes kehliges Heulen, rau und schrill, immer wieder.

»Das ist Nanook!« Hastig schlüpfte Ann in ihre Sachen. Eine Erinnerung erwachte in ihr ... Angstvoll stürzte sie hinaus. Dort sprang sie Nanook an. »Nanook, was ... ?« Dann sah sie das Halsband, löste es und starrte erschreckt auf das Blut. »Sinona, ruf einen der Männer und der soll ein Snowmobil fertig machen.

Schnell!« Sie eilte zurück ins Haus, griff sich die Medizintasche, warf konzentriert einen prüfenden Blick hinein und verschloss sie wieder. Akai kam als erster gerannt, kurz instruierte sie ihn. Wortlos stürzte der wieder davon. Zurück kam er in einen Parka gehüllt und mit Helm auf einem Snowmobil. Alles hatte nur Minuten gedauert. Nanook folgend gab Akai Gas. Die Medizintasche zwischen sich und Akais Rücken, klammerte sich Ann an ihm fest. Sie erreichten den Erlenwald, halsbrecherisch kurvte der Indianer zwischen den Bäumen hindurch, die peitschenden Äste trafen Akais Helm, geduckt presste Ann ihren Kopf an seinen Rücken.

»Hier, hierher!«

Keomas lauter Ruf erreichte sie. Abrupt bremste Akai ab und Ann sprang vom Snowmobil. »Es geht um Inuk, Fleur. Das Rudel war an einen Grizzly geraten und der griff an. Der erwischte ihn an der Schulter und am Kopf. Ich hätte ihn unmöglich schnell in die Siedlung tragen können.«

Ann kniete neben Inuk, streifte sich Handschuhe über und untersuchte die Wunde. Unaufgeregt verabreichte sie dem Wolfshund ein Antibiotikum und zog eine Spritze auf. Seufzend erhob sie sich und gab Entwarnung, vorläufig. »Es sind zwar nur Fleischwunden, aber die Krallen verursachten dennoch tiefe Spuren, eigentlich nur halb so schlimm, aber ... Sorgen macht mir seine Benommenheit. Mmh ... Keoma, was meinst du?«

»An den Krallen kann alles Mögliche haften.«

»Ja, eine Infektion, das ist möglicherweise das eigentliche Problem. Ein Arzt muss her, oder Takoma bringt ... «

»Der ist mit einem Auftrag unterwegs, der steht nicht zur Verfügung.«

»Oh verdammt, aber ... wir bringen ihn erstmal zurück in die Siedlung, von dort kann ich übers Sat.-Tel. erstmal Dr. Johnson erreichen. Vielleicht können die RCMP-Leute einspringen, Bob mit einem Heli?« Gut verpackt banden sie Inuk auf das Snowmobil, dann brachen sie auf.

»Dr. Johnson«.

»Hallo Doc, hier ist Ann Trebe. Folgendes Problem, ein Grizzly hat einen der Wolfshunde verletzt, ein Tatzenhieb riss ... «

»Nicht schon wieder Nanook!«

»Nein, es ist Inuk, ... also er riss ihm die Schulter auf. Auch den Kopf hat es getroffen. Ich versorgte ihn einstweilen, er ist erstmal stabil. Aber ich mache mir Sorgen wegen einer Infektion, denn er wirkt irgendwie benommen.«

»Mmh, ja, das kann man nicht ausschließen, aber ich ... «

»Entschuldigen Sie, wenn ich unterbreche. Mir fällt ein, dass morgen Dr. Conway zu uns kommt. Könnten Sie sich mit ihm kurzschließen und entsprechend instruieren?«

»Okay, das trifft sich gut, denn im Augenblick bin ich nicht abkömmlich. Aber ... verbannen wir endlich das Sie aus unserem Wortschatz, einverstanden? Ich bin Benjamin, also Ben«.

»Natürlich, sehr gern, okay. Also Fleur«.

»Gut. Zur Sache. Grundsätzlich ist es so – ob Humanmediziner oder Veterinär – in unserer Region wird fachübergreifend behandelt. Trotzdem werde ich mich mit Miles Conway in Verbindung setzen. Überwache Inuk bis morgen, was du verabreicht hast, war richtig. Weißt du, diese Wolfshunde verfügen über außerordentliche Selbstheilungskräfte. Denk an deine Sitka oder Nanook, der mir ans Herz gewachsen ist. Mach dir erstmal keine Sorgen.«

»Okay Ben, danke. Aber weil du von Nanook sprachst, muss ich dir unbedingt noch etwas erzählen. Nanook und Inuk sind unzertrennlich, sie sind Kumpels. Als der Grizzly Inuk furchtbar traf, rächte Nanook seinen Kumpel, indem er den Bären rasend vor Wut angriff und dessen Nase abriss, ohne selbst verletzt zu werden. Nach Keomas Ansicht, der Augenzeuge war, wird der Grizzly nicht überleben.«

»Ja, das ist mein Nanook! Und ja, die Nase ist für einen Bären der Überlebenskompass. Also wie besprochen, Fleur. By«.

Keoma und Ann verbrachten Inuk ins Haus und richteten eine Lagerstatt für ihn. Dessen bisher trübe Augen waren klarer geworden und er verfolgte ab und zu winselnd das Treiben um sich herum.

»Er wird sich erholen, Fleur«, meinte Sinona, »du bleibst sicher über Nacht bei ihm. Keoma, hole die alte Matratze aus der Kammer und einen Schlafsack«. Dann zählte sie noch die Familien auf, die Ann und der Doc aufsuchen sollten. Sinona stellte sozusagen das gesundheitliche Gewissen der Siedlung dar; als Nao-itas rechte Hand wusste sie Bescheid über Beschwerden und Krankheiten. »Im Moment sind mir keine akuten Fälle bekannt. Kümmert euch als erstes um Inuk und dann Anua«.

Bob steuerte den R22 über den Platz vor dem Großen Haus und setzte auf. Langsamer werdend kamen die Rotoren zum Stillstand. Dr. Conway und Bob stiegen gebückt aus.

Dass Takoma schon seit längerem nicht mehr in der Siedlung präsent war, ließ Ann bei Marma-tea nachfragen. »Im Augenblick verknüpft er mehrere Aufträge miteinander«, antwortete die leichthin, ohne konkreter zu werden. Takoma flog u. a. zu Mad, wo sich auch die beiden anderen Trapper einfanden und informierte sie über die bevorstehenden Ereignisse um Ann und den 11. Juni. Danach erledigte er einen Auftrag zum Marsh Lake und flog dann weiter ins Pelly Tal zu den Siksika.

Für die Bewohner der zwei nördlichen Bundesstaaten, Yukon Territory und Nordwest Territory, ist Fliegen so alltäglich wie anderswo Auto oder Rad fahren. In diesen zwei Territorien leben die mit Abstand flugintensivsten Menschen der Welt.

Ann schaute sorgenvoll Dr. Conway über die Schulter, der zunächst an Inuks Schulterwunde Fell entfernte und sie dann mit einer Lösung sorgfältig reinigte. So wie er damals die schwerstverwundete Sitka im Heli erstversorgt hatte, so wortkarg und raubeinig gab er sich jetzt auch, aber von jener derben Herzlichkeit, wie sie für Menschen, die am Rande der Zivilisation Bewohner medizinisch versorgen, typisch ist.

»Also, Miss Trebe ... «

»Ach verdammt Doc, ich bin keine Miss, ich bin Fleur, okay? Und von Ben Johnson kenne ich inzwischen auch deinen Vornamen. Einverstanden Miles?«

Der lächelte, »mmh, einverstanden, war längst fällig. Aber du bist eben die Ältere ... « »Jetzt komme mir nicht mit meinem Alter«, fuhr sie den Doc aufgebracht über den Mund. »Oh Gott, schon gut, sorry. Ich weiß doch, dass du noch jede Jungfer in die Tasche steckst«. Sie lachten.

»Also nochmal zu Inuk. Sollte eine Infektion schon eingetreten sein, stoppte ich sie vorsichtshalber mit einem Medikament, das ihn aber für längere Zeit absolut ruhigstellt. Also wundere dich nicht, wenn er die nächste Zeit schläft«.

Ann nickte, »jetzt gehen wir unsere Runde durch die Siedlung. Zuerst zu Anua, du weißt schon«.

Dr. Conway führte Tests durch, zeigte ihr Bilder und sie sollte darauf reagieren. Ann saß bei ihr und hielt ihre Hand, deshalb gab sich Anua auch ruhig und folgte weitestgehend den Fragen, zwar zögerlich und immer wieder Ann anschauend. Er drückte Ann Medikamente in die Hand, »sie ist im Frühstadium und ich denke, dass sie noch eine gewisse Zeit hier leben kann. Mit ihrem Mann rede ich gleich noch und du kümmerst dich weiter um sie. Alles klar Fleur? Gut«.

»Akai, führe den Doc herum und nehme Sinona mit, die weiß über alle Bescheid«. Keinerlei akute Krankheitsfälle fielen an. Dr. Conway redete mehr mit den Menschen, als dass er sie behandeln musste. Zuletzt richtete er seine Schritte zum Haus der Familie Adahy. Seine erhobene Hand zum Klopfen fiel herunter, da Marma-tea die Tür bereits öffnete. »Kommen Sie herein, Dr. Conway, ich habe Sie erwartet«.

Von unterwegs hatte Takoma den Doc über Sprechfunk gebeten, bei seiner Frau vorbeizuschauen, ohne Gründe zu nennen. Der ging von einem gesundheitlichen Problem aus. »Hallo Miss Adahy, wo fehlt's denn, Sie sehen doch blendend aus«? Die lächelte, »mir geht's prima, könnte nicht besser sein. Aber setzen Sie sich doch. Ein Kaffee?«

»Oh ja, den kann ich gebrauchen«, antwortete er verwundert.

Marma-tea erzählte dann in aller Ruhe von Ann, umfassend und detailliert. Je länger sie sprach, desto breiter dehnte sich Dr. Conways Lächeln. Er faltete die Hände ineinander und stützte sein Kinn darauf, die sein freudiges Gesicht nicht verbergen konnten. Was sehr selten vorkam, außer vielleicht, wenn seine Frau nicht mit ihm zeterte, Weihnachten vor der Tür stand oder keine Notfälle zu behandeln waren. »Hoffentlich laufe ich ihr nachher nicht über den Weg, wäre im Augenblick nicht so gut«, seufzte er, »ich werde auf jeden Fall bei der Ehrung dabei sein«.

Ann hörte das Dröhnen des startenden Helikopters, sprang auf und konnte nur noch das Abheben beobachten. »So ein Ignorant! Er hätte sich wenigstens verabschieden können«. »He, Fleur, der Doc betreut ein riesiges Gebiet, wahrscheinlich erreichte ihn ein Notruf«, meldete sich Akai hinter ihr. »Fleur, danke. Danke für alles«.

»Schon gut Akai, by«. Sie trat nochmal zu Anua und drückte ihre Hand, »bis gleich meine Liebe, ich komme wieder«. Schnurstracks wollte sie zurück zu Sinona, überlegte es sich aber anders und steuerte das Haus der Adahys an.

»Gut, dass du nochmal vorbeikommst. Fleur, morgen kommt Inaki nach Hause. Tak holt ihn in Whitehorse ab«.

»Wow, morgen schon, hoho, ich freue mich auf den Bengel. Meine Geburtstagsüberraschung liegt jedenfalls bereit«.

Marma-tea schmunzelte, »den Bengel kannst du wohl vergessen«.

»Ach was, er bleibt für mich der Junge aus unserer glücklichen Zeit. Obwohl, also neugierig bin ich schon«.

»Wie steht es eigentlich um Inuk«?

»Dr. Johnson hat ihn in eine Art Koma versetzt, wohl eher Dauerschlaf, in dem sich seine Selbstheilungskräfte ungestört entfalten können. Ich werde die Nacht bei ihm bleiben, das hat mir der Doc nahegelegt. Weißt du, außer Atka sind alle des Rudels nacheinander schon verletzt worden, unterschiedlich schwer. Und Amak wurde getötet. Letztens ging mir das alles noch einmal durch den Kopf. Ihre Schmerzen sind meine Schmerzen«.

»Fleur, ist dir eigentlich bewusst, dass, seit ihr die Welpen auf- und erzogen habt und sie die Herzen fast aller Yukoner erobert haben, ein Umdenken in unserer Gemeinschaft stattgefunden hat«?

»Mmh, ja. Und das ist ein wunderbares Gefühl«.

»Einen Tee«?

»Oh ja, aber bitte mit ... «

»Ja doch, ich kenne doch deine Laster«.

»Die ich nur von Loup übernommen habe«, entgegnete Ann heuchlerisch.

Erbost schaute Marma-tea gen Himmel und rief: »Hast du das gehört, Loup! Schicke deiner Frau einen Schwarm Moskitos, die ganz großen und lass sie hungrig sein«.

»Loup würde das niemals ... «

Plötzlich krachte es ohrenbetäubend. Erschrocken starrten sich die beiden Frauen an. »Was war das denn«? hauchte Ann.

»Na das war Loups Antwort, siehste«!

Von draußen drang grelles Leuchten der Blitze eines ersten Frühlingsgewitters herein. Beide schauten sich einen Moment lang mit großen Augen an, dann bogen sie sich vor Lachen, dessen Lautstärke den nächsten Donnerschlag übertönte.

»Nein, das glaube ich nicht«, keuchte Ann lachend.

»Doch, sieh dich vor, meine Liebe, Loup ist zu Recht wütend«, kicherte Marma-tea und wischte sich die Tränen ab. Von oben kam Natae heruntergestürmt, »habt ihr das gehört«?

»Das war Loup, er hat seine Frau gestraft«, Marma schüttelte sich vor Lachen.

»Waaas? Habt ihr getrunken? Was ist mit euch los«?

Die Donnerschläge wurden leiser, die flackernden Lichtreflexe sanfter, langsam verzog sich das Gewitter. Ann trank ihre Tasse aus, währenddessen Natae ihrer Mutter einen verwunderten Blick zuwarf. »Nat, weißt du, unsere Geister leben und ab und zu schicken sie uns eine Botschaft. Und Loup ist bei ihnen«! Sie erzählte alles. Natae stand auf und lief einmal um den Tisch herum, blieb hinter Ann stehen und legte beide Arme um sie. »Oft erscheint ein Bild vor mir, abends, wenn ich versuche einzuschlafen. Ich sehe Loup, wie er dem Grizzly gegenübersteht und ihn ablenkt. Obwohl es so lange her ist, sehe ich es immer wieder. Vielleicht weil ich es will«. Ann drückte das Mädchen fest an sich.

Nachdem Ann mit Sinona Notwendiges im Haus erledigt hatte, zog sie sich an und ging erwartungsvoll nach draußen, wo die schon hochstehende Maisonne, ohne nennenswerte Schatten zu werfen, die letzten glitzernden Schneereste fraß. Das verstohlene Wispern rinnenden Wassers nahm sie wahr und mit geschlossenen Augen hielt sie das Gesicht in die Sonne. Das

Gefühl des Frühlings lag in der Luft, durchsetzt von ersten Aromen. Fast spürte sie den Saft, der in den Bäumen hochstieg, und die eine oder andere Knospe sprengte bereits die Fesseln des Frosts. Langsam ging sie weiter, die wenigen Menschen, die sie traf, winkten fröhlich und verschwanden zu zweit oder zu dritt in die Häuser. »Mmh, komisch«. Durch die Fenster sah sie ganze Gruppen, die miteinander diskutierten. Nicht weiter darüber nachdenkend, ging sie weiter und gelangte an den Rand der Siedlung, wo man das Donnern und Tosen des Susitna River hörte, der sich östlich von ihrem Standpunkt seinen Weg bahnte. Die ersten Moskitos nervten bereits. »Zu was sind diese Viecher eigentlich gut?« Schmunzelnd dachte sie an Marmateas Worte. Hoch aufgerichtet wedelte sie mit den Händen die dreisten Flugobjekte beiseite. Auf einen noch weißen Hang der Berge fielen ihr fünf dunkle Punkte auf, die sich bewegten. Weil ohne Fernglas unterwegs, kniff sie die Augen zusammen. Nach einer Weile erkannte sie das Rudel und lief weiter bergwärts, blieb stehen und wartete. Die Wolfshunde kamen angestürmt und quietschten vor Vergnügen, als Ann sie nacheinander knuddelte. Gemeinsam trotteten sie zur Siedlung zurück. Im Garten säte Sinona etwas aus, Keoma saß auf der Bank und schnitzte an einer kleinen Figur. Sie setzte sich zu ihm und schaute zu, während sich das Rudel um sie herum verteilte, nur Atka neckte den Indianer mit Stupsern. Was schließlich auch Ann tat, denn Keoma blieb stumm. »Wo sind nur alle, haben sich in ihren Häusern verkrochen, statt den Frühling zu genießen. Was ist denn los?«

Keoma nickte und arbeitete weiter.

»He, sprichst du nicht mehr mit mir?«

»Fleur, mit dir zusammen bin ich gerne still. Schweigen kann oftmals beredter sein als reden.«

»Dass du eine künstlerische Ader hast, weiß ich, aber dass du auch ein Poet bist, überrascht mich schon.«

Anns Seufzer ging im anschwellenden Brummen eines Flugzeugs unter. Marma-tea trat aus ihrem Haus und Natae rannte an ihr vorbei zur Landepiste. Auch Ann stand auf. Inaki sprang aus der Maschine und fing seine Schwester auf, lachend drehten sie sich im Kreis. Langsam lief ihnen Ann entgegen, blieb schließlich auf halbem Weg stehen. Natae absetzend blickte Inaki in Anns Richtung, völlig bewegungslos, so als würde er sich erst erinnern müssen oder um sicherzugehen, dass dort Loups Frau auf ihn wartete – seine Fleur. Takoma hielt sich zurück, während die beiden langsam aufeinander zugingen. Voreinander blieben sie stehen. Vor Ann stand ein junger Mann, der beherrscht Tränen unterdrückte. Er trug die typischen, markanten Gesichtszüge eines Ojibwaindianers, breite Schultern unterstrichen seine schlanke Gestalt, üppiges schwarzes Haar war wie bei seinem Vater im Nacken gebunden. Ann schaute nur und konnte sich nicht sattsehen an diesem jungen Mann, Loups Blutsbruder.

»Inaki, mein Junge.«

»Fleur, meine Fleur.«

Behutsam fassten sie sich nur an den Händen. Schließlich fielen sie sich in die Arme. Marma-tea war zu ihrem Mann gekommen, Natae in ihre Mitte nehmend, schlangen sie die Arme umeinander. Tief berührt nahmen sie den Anblick der beiden wahr. Dann schlenderten sie gemeinsam zum Haus; zögernd blieb Inaki stehen. »Fleur, ist das Rudel mit hier oder halten sie sich am Okinaga auf?«

»Ja, sie sind hier, wahrscheinlich treiben sie sich irgendwo am Rand der Siedlung rum.«

»Mom, Dad, sorry, ich möchte Nanook und die anderen sehen und sie auch begrüßen.«

»Ach komm mein Junge, du bist noch gar nicht richtig angekommen, lass uns erstmal reingehen, schaff dein Gepäck hoch und zieh dich um. Dann gibt's Geschenke, wir stoßen an mit einem guten Tropfen und danach kannst du machen, was du willst, okay?«

»Widerspreche deiner Mom nicht, das hast du früher oft genug getan«, ergänzte Takoma schmunzelnd.

»Ja gut, okay.«

Ann blieb stehen und kehrte um.

»Fleur, kommst du nicht mit?«

»Ich muss noch schnell etwas holen.« Als sie zurückkam, saßen die anderen schon am Tisch, darauf Gläser, Tassen, Gebäck und Inaki erzählte. Was Ann in der Hand hielt, ließ Inakis Augen immer größer werden. Sie überreichte ihm das auf einer Baumscheibe befestigte Geweih eines Wapitihirsches.

»Ist es das, was ich denke?« Inaki starrte sie an.

»Ja, eure Jagdtrophäe.«

»Oh Fleur, das hast du noch!« Bewegt drehte er es zwischen den Händen.

»Herzlichen Glückwunsch zum Geburtstag«, dann reichte sie ihm noch ein schmales, schön verpacktes Päckchen. Gespannt und neugierig packte er es aus. Zum Vorschein kam das in einer verzierten Lederscheide steckende Wikingermesser, das Ann einmal ihrem Mann geschenkt hatte. Damit hatten Loup und Inaki ihre Blutsbrüderschaft besiegelt. Ganz langsam stand Inaki auf, auf beiden Händen das Messer haltend, starrte er ungläubig darauf. In dem jungen Ojibwa ging eine Veränderung vor sich ... In Marma-teas und Takomas Sohn pochte das Blut, welches er einst mit dem von Loup vereinte, gleichzeitig wurde die Leere in ihm, die dessen Tod hervorbrachte, erfüllt von der Gewissheit, dass er in seinem Leben niemals etwas Wertvolleres in den Händen halten würde. Worte fanden nicht den Weg, gesprochen zu werden, denn die Starre, die Inaki erfasst hatte, verhinderte jedwede Regung. Er war ein Ojibwaindianer, aufgewachsen in der Mitte seines Stammes und ausgestattet mit den charakterlichen Eigenschaften seines Volkes: Ernsthaftigkeit, Bewahrung, Strenge, nie zur Schau gestellte Emotionalität. Er liebte seine Eltern und seine Schwester; aber Freundschaft? Echte Freundschaft? Die erlebte er erst mit Loup, Fleurs Mann. Nur das so oft zitierte Schicksal vermochte es, dieses Gefühl in ihm zu wecken, das seinen Vater und ihn nach Loups Tod wieder entrissen wurde. Nun hielt er dieses Messer in seinen Händen. Er konnte nicht weinen, alles in ihm schien leblos, nur der Blick auf den Finger, der die Schnittnarbe zeigte, war voller Leben.

Er lächelte jetzt und schaute zu Ann, »Danke Fleur, Danke. Ich werde es bewahren.«

Die stand auf und legte eine Hand an Inakis Wange, »das weiß ich.« Nacheinander alle anschauend, sagte sie: »Ich bin müde, sehr müde, seid mir nicht böse, wenn ich euch jetzt verlasse. Ich schaue später nochmal vorbei. By.«

Übermächtig befiel sie eine Müdigkeit, in der sich vage Sehnsucht verbarg und die wenigen Schritte zu Sinonas Haus erschienen ihr endlos. Schon des Öfteren behinderten sie diese Phasen bei Tätigkeiten oder Gesprächen, sie fordernd in Anspruch nehmend von dieser Sehnsucht, der sie sich gerne hingab. Die Dämmerung kroch schon in die Nischen zwischen den Blockhäusern der Siedlung, von denen nur wenige erleuchtet waren, wo Gruppen zusammensaßen. Ann war zu müde, um das wirklich zu registrieren, sie freute sich auf ihr Lager neben Inuk.

Der 11. Juni.

Graue Nebel schlichen sich von den Bergen kommend, durch die allmählich erwachende Siedlung. Gleichsam besitzergreifend wie machtlos, ergaben sie sich den ersten Sonnenstrahlen.

Inuk winselte leise und leckte ihr Gesicht. »He, ich kann mich selber waschen«, murmelte sie schlaftrunken. Ann richtete sich langsam auf. Der Wolfshund hatte die drohende Infektion weggeträumt. Noch im Bett knieend betastete sie Inuks Schulter. Nur noch mit Mull bedeckt, prüfte sie dessen Narben an Schulter und der einen Kopfseite. Seufzend stand sie auf, draußen erscholl zaghaftes Heulen. Kurz lauschend wusste sie, dass es Nanook war.

»Heute genehmige ich dir einen kurzen Ausgang, dein Kumpel nervt schon«, sie gähnte unentschlossen. Mühsam stemmte sie sich von ihrer provisorischen Bettstatt hoch. *Heute Abend kuschle ich mich wieder in mein Bett.*

Nach dem Frühstück verließen sie das Haus. Was kommen musste, kam – Nanook stürmte heran und Ann hatte Mühe, ihn abzuwehren, denn Inuk trottete noch unsicher neben ihr her. In Richtung des Susitna Rivers schlängelte sich ein Pfad, den sie einst mit Loup gegangen war. Den schlug sie ein, wollte aber nicht bis zu den mehrere Kilometer entfernten Fluss gehen, denn Inuk sollte noch nicht überfordert werden. Das Rudel stürmte voraus, Inuk blieb an ihrer Seite. Eschen und Tannen säumten den Pfad, nebendran auf schmalen Wiesenstreifen nickten ihr die Blüten von Fireweed und Indian Paintbrush zu und die an Rapsblüten erinnernden Field Mustard verbreiteten einen intensiven Duft. Sie pflückte einige Blumen mit dem Hintergedanken, dass wohl niemanden einfallen wird, zu ihrem anstehenden Geburtstag an Blumen zu denken; das war im Yukon nicht gerade üblich. *Da kümmere ich mich eben selbst drum,* dachte sie. Den kleinen Strauß an Inuks Nase haltend, beantwortete der mit einem heftigen Wegdrehen des Kopfes und entrüsteten Knurren. »Du oller Ignorant du«, meinte sie lachend und setzte sich, denn Inuk wirkte erschöpft. Beide streckten sich aus. Am Himmel segelten kleine weiße Wölkchen, die Luft war samtweich und voller Düfte. Ann schloss die Augen und ihre Gedanken flogen hoch in den Himmel und vereinten sich mit den dort wie hin gewehten weißen Wolkenflocken.

Im Haus der Adahys tagte der Familienrat mit noch weiteren Hinzugerufenen. Marma-tea wurde damit beauftragt, unauffällig Ann begreiflich zu machen, dass sie für ihren Geburtstag Karten für eine große bunte Veranstaltung beschafft hatten, die im großen Senatssaal von Whitehorse zufällig an ihrem Geburtstag stattfinden würde. Sardays Sohn Mantua stand als Beobachtungsposten vor dem Haus, er sollte sofort ein Zeichen geben, wenn er Ann schon von weitem sehen sollte. Jede noch so kurze Abwesenheit Ann's wurde in der Siedlung genutzt, um weitere Vorbereitungen zu treffen. Das war schwierig gewesen, erforderte Aufmerksamkeit und heimliche Zeichengebung untereinander. Es war wirklich ein grandioses »Spiel«, zu dessen Gelingen sich ausnahmslos alle verpflichtet hatten. Und sie »spielten« dieses Versteckspiel begeistert. Alle Ojibwa, Cree und Siksika, die ihre eigenen Vorbereitungen betrieben und mit den anderen abgestimmt hatten, würden bei der Ehrung dabei sein. In Fleur's Gesicht blicken zu können, wenn sie begreift, was geschieht – es gab keine größere Antriebskraft. Traditionelle Lederkleider, Federschmuck, symbolhafte Waffen, Pfeil und Bogen, bunte Mokassins, Kordeln, Gesichtsmasken und vieles mehr lagen wohlgeordnet in einem der Blockhäuser, welches ansonsten für Gerätschaften, Angelzeug und Werkzeuge genutzt wurde. Für die Gesichtsbemalungen hatten die Frauen Farben gemixt und in Schalen gefüllt, für die Tänze bauten Wakita, Keoma und andere Tierattrappen und gestalteten und bemalten sie: Rabe (Ojibwa), Biber (Cree) und für die Siksika der Bison. Natürlich beteiligten sich auch die Trapper an den Vorbereitungen mit ihrer typischen Kleidung, ihren Pelzkappen mit Biberschwanz und stilisierten Tierfallen. Alles in allem – es sollte ein grandioses Festival der Bewohner des Yukon werden.

Marma-tea war die Aufregung anzusehen, erneut flüsterte sie zu sich selbst: »Großer Geist, gib mir Kraft«.

Von all dem ausgeschlossen war nur Ann. Die kam mit Inuk langsamen Schrittes zurück in die Siedlung, wo sie von Sinona und Keoma an der Haustür begrüßt und umarmt wurde. »Möge der Rabe dir immerwährenden Schutz angedeihen lassen und seine Flügel um dich legen, der Mokgsmol stets an deiner Seite sein und zusammen mit deinem Wolfsrudel dein Lebensglück bewahren. Fleur, Keoma und ich gratulieren dir aus tiefstem Herzen zum Geburtstag. Komm, das Frühstück langweilt sich schon und dein Deadman's Reach ist noch heiß«.

Auf dem Tisch standen zwei Blumensträuße neben Loups Bild ... Etwas später kamen die Adahys dazu und gratulierten. Derweil erklangen vor dem Haus eindringliche Trommelschläge, begleitet von alten Indianergesängen. Hastig ging Ann hinaus, reihte sich mit ein in die rhythmischen Tanzschritte ihrer Gratulanten.

»Ich danke euch, vielen Dank.«

Wieder drinnen erklärte ihr Marma-tea das weitere Geschehen dieses Tages und erwähnte dabei nur so viel, dass klassische Musik und regionale Darbietungen auf dem Programm stünden. »Also krame schon mal dein Ballkleid aus.«

»Ehrlich?« Anns glückliches Gesicht zeigte dennoch plötzlichen Stress. »Du lieber Himmel, was ziehe ich an, ich weiß nicht einmal, wo ich meine 2, 3 Kleider verramscht habe. Ich ging immer davon aus, dass ich die nie mehr brauchen würde. Herrgott Marma, hättest du mir das nicht eher sagen können?«

Die schüttelte lächelnd den Kopf. »Dann wäre es doch keine Geburtstagsüberraschung mehr gewesen. Aber lass dir Zeit bei der Kleidersuche, es beginnt erst 18 Uhr. Übrigens, viele von uns kommen mit, Tak und zwei befreundete Piloten bringen schon mal einige nach Dawson, von dort mit der Air North nach Whitehorse, was auch uns bevorsteht. Alles klar?«

»Vielen Dank, ein großes Dankeschön Marma. Seit Ewigkeiten besuchte ich keine solche Veranstaltung mehr. Ich wusste gar nicht, dass derartige Events in Whitehorse angeboten werden.«

Beiderseits des Eingangsportals zum Senatssaal wehten kanadische Flaggen, die sich bei jeder Windböe um die Köpfe der zwei Yukon-Mounties in Paradeuniform wickelten, die neben den Fahnenständern stramm Posten standen. Menschen strömten in lockeren Gruppen heran, Kanadafähnchen in der Hand oder an der Kleidung befestigt. Ann, Arm in Arm mit Marmatea, Natae und Inaki an den Seiten, reihten sich ein und standen einen Moment im Stau vor dem Portal, als sie es passieren wollten, salutierten die zwei Mounties, was sie vorher bei keinem Besucher getan hatten. Irritiert schaute Ann zurück und registrierte, dass die Mounties wieder mit Hand an der Hosennaht strammstanden.

Sichtlich befangen sagte sie leise zu Marma-tea, »was wird das für eine Veranstaltung, alles ist so großartig, so national. Ich bin beeindruckt, Marma, was meinst du?«

»Du hast recht, ich bin auch überrascht ... *hoffentlich fragt sie nicht nach den anderen!*« Als sie ihre nummerierten Plätze suchten und schließlich ansteuerten, erstarb das vielstimmige Gemurmel ringsum. Sie saßen unmittelbar an der Seite der Sitzreihen, gleich nebendran lag ein roter Teppich auf dem Boden, der bis zur Bühne führte. Dieser Gang war abgesperrt. Erwartungsvoll schauten sie hoch zur Bühne, in deren Mitte eine schön geschmückte Tafel angeordnet war; blumige Girlanden mit kleinen Kanadafähnchen rahmten ihn und zwei Namensschilder waren zu erkennen, aber aus der Entfernung kaum lesbar. Der Saal hatte sich inzwischen gefüllt, die festlich gekleideten Bediensteten an den Saaltüren, die zuvor Besuchern bei der Platzsuche behilflich waren, schlossen jetzt diese. Ganz allmählich wurde das Saallicht gedimmt, sanft abgestimmt mit der einsetzenden Bühnenbeleuchtung, und der Vorhang glitt zur Seite. Angestrahlt von einem Scheinwerfer, dessen Lichtkegel den Blick freigab auf ein Orchester, im Saal trat Stille ein. Aus einem Seitenzugang erschien der Dirigent, der verbeugte sich, nahm den kurzen Applaus der Zuschauer entgegen und stellte sich vor sein Ensemble. Konzentration einfordernd, hob er den Taktstock. Den großen Saal ausfüllend, ertönte der sanfte Beginn der »Ode an die Freude«, geschrieben von Friedrich Schiller und von Ludwig van Beethoven vertont als Teil seiner 9. Sinfonie, die nachfolgend intoniert wurde. Ann war selig in ihrem Sessel zurückgesunken. Still lächelnd genoss sie die Klänge der Bläser und Streichinstrumente, dachte an Loup und wie sie gemeinsam ihre Beethoven-CD im Blockhaus anhörten. Erst als nach furiosem Finale die Musik endete, öffnete sie die Augen. Die Bühnenbeleuchtung erlosch, dafür legte sich der grelle Kegel eines Scheinwerfers auf das Orchester, dessen Musiker aufgestanden waren, sich verbeugend nahmen sie den rauschenden Applaus entgegen. Erneut erlosch die Bühnenbeleuchtung. Diffus flackernde, vielfarbige Lichtreflexe zuckten über die Bühne. Gestalten und deren Schatten traten aus den Falten des Bühnenvorhangs und formierten sich zu kreisenden Tänzen. Mit einem Schlag richteten sich sämtliche Scheinwerfer auf die Tänzer, die in einem scheinbar wilden Rhythmus Tiere in ihren natürlichen Bewegungen nachahmten. Dann Krieger mit furchterregenden Gesichtsbemalungen, die sich bekämpften mit Bogen und Speeren, im Hintergrund begleitend von Trommeln und Gesängen.

Ann war fasziniert, überrascht stellte sie nebenbei fest, dass ihr manche der Protagonisten bekannt vorkamen. *Das sind doch* ... Die Trapper erkannte sie sofort.

Langsam verstummten die Trommeln, die Tänzer formierten sich zu einem Kreis, der sich im hinteren Teil öffnete. Aus dem dunklen Hintergrund erschienen zwei Gestalten – eine komplett in Weiß gehüllte Frau und ein Mann, bedeckt von einem weißen Bärenpelz. Sie blieben in der Mitte des Kreises stehen und der schloss sich wieder.

Starr vor Ergriffenheit fasste Ann nach beiden Seiten die Hände von Natae und Marma-tea, »ich danke euch, ich danke euch aus tiefstem Herzen. Danke.«

Langer Applaus begleitete den Abgang der Tänzer, und das Saallicht flammte auf, auch die Bühne wurde wieder erleuchtet, aus deren Seiteneingängen zwei Mounties erschienen. Der eine trug das Banner des Yukon Territory, der andere die kanadische Nationalflagge. Beide stellten sich an die Seiten der langen Tafel. Ein Trompetenstoß erklang, aus der linken Bühnenseite erschien ein Offizier in Paradeuniform der kanadischen Streitkräfte mit der typischen Kopfhaube Englands (Kanada war noch immer Mitglied der Englisch/Königlichen Commonwealth Familie). Aus der anderen Seite trat eine Frau im langen Abendkleid. Das Orchester formierte sich. Die Nationalhymne Kanadas, deren Text nach einem Gedicht von Robert Stanley Weir und der Musik von Calixa Lavallee entstand, erklang. Die Frau sang die Hymne. Alle Anwesenden im Saal hatten sich erhoben und begleiteten die dominierende Altstimme der Operndiva mit eigenem Singen. Ergriffen hielt Ann noch immer die Hände von Natae und Marma-tea fest und ließ sich tragen von der Feierlichkeit des Augenblicks.

In der nachfolgenden Stille trat der Offizier nach vorn, salutierte und sprach mit lauter Stimme: »Der Vizegouverneur des Dominions Canada, Mr. Jacob Bannon«.

Der Vorhang öffnete sich, Jacob Bannon trat hindurch und schritt nach vorn zum Mikrofon; Ein kurzer Applaus verstummte und er begann zu sprechen:

»Sehr verehrte Damen und Herren, werte Gäste, liebe Yukoner. Ich habe die ehrenvolle Aufgabe, ermächtigt durch den Generalgouverneur des Dominions Canada, heute und hier in der Hauptstadt des Yukon Territory, Whitehorse, die höchste Auszeichnung Kanadas, den »Order of Canada«, zu verleihen. Laut Protokoll finden solche Auszeichnungen grundsätzlich in der *Rideau Hall* in Ottawa statt. In Änderung des Protokolls und abgestimmt mit dem Generalgouverneur und Verantwortlichen des Yukon Territory, wurde die heutige Ehrung nach Whitehorse verlegt«.

Bedeutungsvoll verhielt er ein paar Augenblicke und sprach dann weiter: »Bitte gestatten Sie mir hinsichtlich des historischen Hintergrunds dieser Ehrung ein paar erklärende Worte. Der Orden wurde am 1. Juli des Jahres 1967 begründet, dem Tag des einhundertjährigen Bestehens des Dominions Canada, um Kanadier anzuerkennen, die Kanada nachhaltig verändert haben. Es ist Kanadas höchste Auszeichnung für ein Lebenswerk. Der kanadische Monarch, derzeit König Charles der III., ist der Souverän, der Generalgouverneur von Kanada, derzeit Mark Sinclair, ist Kanzler und Erster Genosse des Ordens. Der Generalgouverneur ernennt die neuen Mitglieder des Ordens aufgrund von Vorschlägen aus der Bevölkerung und nach Empfehlungen eines hochkarätig besetzten Gremiums. Alle lebenden Kanadier kommen für die Verleihung in Frage, ausgenommen sind aktive Politiker und Richter. Die Auszeichnungen werden in drei Stufen verliehen und sie tragen eine Abkürzung mit Punktuation. Die Ordensträger sind berechtigt, diese Abkürzung als einen nachgestellten Namensbestandteil zu tragen«.

Jacob Bannon trat einen Schritt zurück. Ringsum Stille.

Ann wandte sich sichtlich beeindruckt Marma-tea zu und flüsterte: »Wow, das Alles ist einfach großartig, weißt du, wer der zu Ehrende ist?«

Krampfhaft bemüht, starrte Marma-tea mit zusammengepressten Lippen nach vorn, ohne zu antworten, was Ann wohl auch nicht erwartet hatte, denn auch sie blickte angespannt und mit erwartungsvollen Augen zur Bühne. Das Orchester formierte sich erneut, die Solistin trat hinzu und sang, von den Musikern begleitet, den Folk-Song »Hallelujah« des kanadischen Songwriters Leonard Cohen. Am Ende, nach wenigen Momenten der Stille, setzte rauschender Applaus ein und viele waren aufgestanden. Jacob Bannon trat wieder ans Mikrofon: »Die Person, die heute, hier und jetzt, geehrt wird, weilt unter uns und hat nicht die geringste Ahnung davon; viele Beteiligte ihres Umfeldes schafften dieses schier Unmögliche und trugen darüber hinaus maßgeblich dazu bei, diesen Abend zu gestalten. Diesen Menschen gilt meine uneingeschränkte Dankbarkeit. Diese Auszeichnungen des Staates Kanada werden gemäß Protokoll halbjährlich am 1. Januar und 1. Juli verliehen. In Änderung des Protokolls wurde in Abstimmung mit dem Generalgouverneur die Ehrung auf den heutigen 11. Juni gelegt. Es ist der Geburtstag der Person, die heute die Auszeichnung »Members of the Order of Canada« erhält«.

Der Vizegouverneur ließ eine bedeutungsvolle Minute verstreichen. »Es ist eine wahrscheinlich Ihnen allen bekannte Frau – Ihr Name ist Ann Trebe, Miss Ann Trebe! Madam, bitte kommen Sie nach vorn«.

Ann war allen Ausführungen mit freudiger Neugier gefolgt, noch immer erfüllt von der Melodie des »Hallelujah« Songs und sie drückte Marma-tea dankbar die Hand. Die starrte sie mit nassen Augen an. Die Nennung ihres Namens registrierte Ann nicht, das war im Graubereich ihres Bewusstseins steckengeblieben. Am Rande ihres Sehfeldes spürte sie Blicke und sah sich um ... nebenan schlang Marma-tea schluchzend die Arme um sie. Noch immer verständnislos wischte Ann die Tränen ihrer Freundin ab und hauchte: »Marma, was ist ... «?

Dann, urplötzlich, brannte ein Blitz die Worte: *Ihr Name ist Ann Trebe, Miss Ann Trebe,* in ihr Hirn. Sie schaute zur Bühne, dort hatte sich Jacob Bannon auf die Bühnenseite ihrer Stuhlreihe begeben und sagte Worte, die ihr Verstand nicht aufnahm und streckte eine Hand aus.

*Nein, das kann nicht sein!*

Marma-tea und Inaki stellten sich vor sie, fassten nach ihren Händen und zogen sie sanft hoch. Ann's Gesichtskreis verengte sich und weit entfernt, wie in ein umgekehrtes Fernglas blickend, sah sie die aufgestandenen Menschen um sich herum, die applaudierten. Von irgendjemand gereicht, tauchte eine Flasche Wasser auf. Sie trank einen Schluck.

»Miss Trebe, bitte kommen Sie«, Bannon stand an der dreistufigen Treppe zur Bühne, von dort führte der rote Teppich bis zu Ann's Stuhlreihe, und streckte noch immer eine Hand aus.

»Marma, bitte komm mit ... «. Die schüttelte nur den Kopf.

Vom Vizegouverneur geführt, betrat Ann die Bühne, nochmals einen hilfesuchenden Blick zu Marma-tea werfend. Unten im Saal erstarb die Geräuschkulisse. Ein Bediensteter ergänzte die zwei Namensschilder auf der Tafel mit einem dritten:

Miss Ann Trebe, CM.

Von hinten erschien ein weiterer Uniformierter, auf beiden Händen trug er ein weißes Kissen mit einem roten Ahornblatt. Darauf lag der Orden mit rotweißem Band. Donald Coleman, Bürgermeister der Stadt Whitehorse, der bisher an der Tafel saß, wurde ein großer Blumenstrauß gereicht. Er stellte sich an die Seite des Vizegouverneurs.

Der nahm das Band mit dem Orden, trat vor Ann hin – vom Orchester war ein dezenter Trommelwirbel zu hören – und sprach:

»Miss Ann Trebe, hiermit erkläre ich Sie zum Mitglied des Ordens »Members of the Order of Canada.« Es ist mir eine große Ehre.«

Achtsam streifte er ihr das Ordensband über den Kopf und verneigte sich. Coleman überreichte ihr den Blumenstrauß und verneigte sich ebenfalls.

»Und herzlichen Glückwunsch zum Geburtstag!«

Im ganzen Saal hörte man die Geräusche der Klappsitze, alle waren aufgestanden, schwenkten Kanadafähnchen und irgendwo erklang der zunächst verhalten klingende Anfang der Nationalhymne, immer mehr stimmten mit ein und schließlich füllte der Gesang den großen Saal.

Ann war blass im Gesicht, kämpfte, zwang sich, rang mit ihrer Selbstdisziplin, schließlich aber erschien ein zaghaftes, noch immer ungläubiges Lächeln auf ihrem Gesicht. Stehend applaudierten die Besucher, laute Rufe hallten durch den Saal – Fleur, Fleur – ihr indianischer Name wurde gerufen. Jacob Bannon geleitete Ann zu der Tafel und bat sie, in der Mitte Platz zu nehmen, wo das Schild mit ihrem Namen und dem Ehrenzusatz CM. stand. Mit einer einladenden Geste bat er dann einen Mann aus der ersten Reihe nach oben zu kommen. Dieser kam über den linken Bühnenaufgang nach oben – nicht über den rechten mit rotem Teppich – mit einem Päckchen in der Hand.

Kurz stellte er sich vor: »Sehr verehrte Damen und Herren, mein Name ist Mike Willington, ich bin der Aufsichtsratsvorsitzende der Danny Books Limited«. Er trat einen Schritt zur Seite und wandte sich Ann zu. »Liebe Miss Trebe! Im Namen unseres gesamten Verlags möchte ich Ihnen meine uneingeschränkte Hochachtung wissen lassen und Ihnen zu dieser Ehrung gratulieren. Unser Verlag ist sehr stolz darauf, ein Mitglied des Ordens zu unseren Autoren zählen zu können. Heute ist außerdem Ihr Geburtstag, herzlichen Glückwunsch dazu. Natürlich komme ich nicht mit leeren Händen«.

Ein weiterer Blumenstrauß wurde gebracht, den er Ann mit Handschlag überreichte. Sich kurz verbeugend übergab er ihr das Päckchen und bat sie es zu öffnen. Mit noch immer zittrigen Händen wickelte sie ein Buch aus.

»Miss Trebe, es ist das erste Exemplar, das den Druck verlassen hat und trägt innen ein Extrablatt mit den Glückwünschen unserer Belegschaft«.

Er drehte sich wieder zum Publikum und verkündete: »Es handelt sich um Ann Trebes zweites Buch mit dem Titel »In jedem Ende ruht ein Anfang«.

Weitere Worte von ihm verklangen im stürmischen Applaus und lauten Rufen.

Schließlich ergänzte er weiter: »Bitte gestatten Sie mir noch ein paar Worte dazu. Im Foyer des Saales wurde ein Stand errichtet, in dem 20 Exemplare des Buchs zur Abholung bereitliegen. Vor Ihnen, an der Rückseite der Lehne Ihres Vordermanns, finden Sie eine kleine Box. Bedienen Sie den Knopf oben und ein kurzer Papierstreifen mit einer Nummer erscheint. Die bewahren Sie bitte auf. In der Pause werden die Gewinner gezogen. Sollten Sie nicht zu den glücklichen Gewinnern gehören, so kann ich Sie beruhigen, denn ab morgen werden alle Bookstores landesweit über das Buch verfügen können«.

Im Saal setzte heftige Betriebsamkeit ein. Ann strich immer wieder mit der Hand über den Schutzumschlag und blätterte ein paar Seiten um. Willington war zu ihr getreten und richtete nicht fürs Publikum bestimmte Worte an sie. Ihr darauffolgendes Lächeln wirkte noch immer wie versteinert, ohne andersartige Regung, losgelöst vom Begreifen.

Allmählich kehrte wieder Ruhe ein im Saal. Jacob Bannon erhob sich und trat wieder ans Mikrofon. In einer längeren Rede würdigte er Anns Lebensweg, der von Leiden, Gesundung, Glück, persönlicher Tragödie, Freundschaften und vielen nachhaltigen Initiativen und Hilfen für andere Menschen geprägt war.

»Die von Miss Trebe als ihre Familie bezeichneten indianischen Mitbewohner des Yukon nennen sie liebevoll ihre weiße Schamanin, das berührt mich sehr. Was nicht unerwähnt bleiben darf ist, dass sie nicht nur die Menschen liebt, sondern auch Tiere. Im Yukon geradezu legendär geworden sind Ihre Wolfshunde, die Menschen geschützt und Verbrecher gestellt haben«. Er drehte sich zu Ann und verneigte sich tief. Schon während seiner letzten Worte setzte langanhaltender Applaus ein. Im erneuten sachten Herabdimmen der Beleuchtung erstarben die letzten Geräusche.

Plötzlich erstauntes Gemurmel ringsum und überraschte leise Ausrufe ... Aus dem Vorhang hinter der Tafel erschienen zwei Männer in Begleitung. Coleman und Bannon konnten nicht erkennen, was hinter ihnen geschah. Nur Ann war aufgestanden, erhobenen Kopfes schaute sie blicklos in den Saal, schloss kurz die Augen, und von jetzt auf gleich fiel alles ab von ihr, das starre Nichtbegreifen löste sich in Nichts auf.

Takoma mit Torok und Keoma mit Sitka traten seitlich neben die Tafel. Ann schob die Sitzgelegenheit zurück, hielt beide Hände vor den Mund, und endlich schossen die verdrängten, erlösenden Tränen aus ihren Augen. Mit kurzen scharfen Worten hatten die beiden Indianer die Wolfshunde bisher an sich halten können. Nun stürzten sie zu Ann, die sich sicherheitshalber hinkniete, ohne dabei auf ihr Kleid zu achten. Diese völlig fremde, für sie fast bedrohlich wirkende Umgebung mit dem intensiven Licht überall und den vielen Menschen, ließ Torok und Sitka leise knurren. Schrill winselnd nahmen sie Anns Liebkosungen an und leckten deren sparsam aufgebrachte Schminke ab. Die Arme um die Hälse der Wolfshunde gelegt, verhielt sie eine ganze Weile. Im Saal herrschte ehrfürchtsvolle Stille! Das abgedunkelte Licht im Saal wurde abrupt ersetzt von einem Blitzlichtgewitter, das minutenlang anhielt. Besucher und eine Unmenge an Journalisten drängelten und kämpften um den besten Blickwinkel für ihre Fotos. Erschreckt reagierten Torok und Sitka, zuckten immer wieder zusammen, knurrten aggressiv und drängten sich an Ann. Die sagte ein paar Worte zu dem Gardesoldaten an der Seite, daraufhin gab der seine pflichtgemäße Haltung auf und hob einen Arm: »Genug, genug; Bitte«!

Ann rückte ihren Stuhl an die Bühnenseite und setzte sich, Torok und Sitka ließen sich neben ihr nieder, ihre Köpfe immer wieder an ihr reibend; letzte Blitzlichter flammten auf. Die Tafel wurde zur Seite geräumt, Bürgermeister und Vizegouverneur stellten sich in respektiven Abstand zu Ann.

Eine weitere Darbietung begann. Gemeinsam, aber nacheinander, führten die Indianer der Ojibwa, Cree und Siksika verschiedene symbolhafte Tänze auf wie z. B. den Sonnentanz, Büffel- und Bärentanz. Optisch herausragend zeigten sich dabei die Siksika mit ihrem prächtigen, bis hinab zum Rücken reichenden Federkopfschmuck. Fischer, Trapper und Handwerker zeigten ihr Können bei Pelzbearbeitung und Kunsthandwerk. Alles wurde in den Tänzen symbolisch dargestellt. Die bunte Vielfalt der unterschiedlichen Menschen im Yukon Territory wurde wie ein lebendes Gemälde präsentiert. Es wurde inzwischen als unangemessen gewertet, das Fotografieren zu verbieten, zumal sich die beiden Wolfshunde unter der Fürsorge von Ann, Takoma und Keoma beruhigt hatten. Auch das minutenlange Applaudieren erschreckte sie nicht mehr, solange diese drei Menschen um sie herum waren. Noch während des Beifalls ging Ann zu jedem Einzelnen des indianischen Ensembles und umarmte sie.

Die kanadischen Fernsehsender CFRE, CFSK und CBC übertrugen die gesamte Ehrung einschließlich aller Darbietungen des Abends ins ganze Land. Die gesamte Medienlandschaft Kanadas und des US-amerikanischen Bundeslandes Alaska, hatten Teams und Journalisten entsandt und in den folgenden Tagen und Wochen füllten Fotos und Artikel die Zeitungen des nordamerikanischen Kontinents. Die kanadische Tageszeitung »National Post« übertraf wohl alles, als ihr Leitartikel die Überschrift: »Die Wolfsfrau, eine neue Mutter Teresa«, trug.

Unbemerkt sprach Ann kurz mit Jacob Bannon. Der nickte und schien hocherfreut, trat ans Mikrofon und übertönte die fröhliche Geräuschkulisse mit einer Ankündigung: »Werte Gäste, liebe Yukoner. Miss Ann Trebe bat mich darum, ein paar Worte an alle richten zu dürfen. Bitte, Miss Trebe«!

Augenblicklich wurde es still. Sie trat ans Mikrofon.

»Noch weiß ich nicht so recht, ob ich mich freuen kann, das kommt wohl erst später, wenn ich wirklich realisiert habe, was man mir angedeihen ließ. Werte Gäste, liebe Freunde im ganzen Yukon. Ich möchte mich bedanken bei dem Gremium, das diese Wahl getroffen hat. Vor allem aber bedanke ich mich bei allen Mitbewohnern dieser wunderbaren, wilden, harten und doch so lebenswerten Region, die mit Vorschlägen dazu beigetragen haben, diese meine Ehrung zu ermöglichen. Viele von euch kenne ich, und da das Yukon Territory nicht gerade zu den bevölkerungsreichsten Gebieten zählt, betrifft es nahezu alle«.

Sie verhielt kurz und wischte mit den Händen über ihr Gesicht.

»Diese Ehrung möchte ich allen Menschen des Yukon widmen, vor allem aber meiner indianischen Familie am Susitna River, den Freunden der Ojibwa und Cree, die mich und meinen Mann mit offenen Armen aufnahmen. Danke auch an meine neuen Freunde der Siksika«. Hocherhobenen Hauptes sprach sie weiter: »Ich widme diesen Orden meinem Mann, Marty Trebe – Loup – wie ihn alle nannten. Ihn mögen meine Worte erreichen, ganz gleich wo auch immer er zuhört. Danke Loup, mein geliebter Oller du«.

Im Hintergrund der Bühne erklang ein vielstimmiges Hoho der First Nation Gruppe. Nach ihrem Abgang blieb es minutenlang still, obwohl alle aufgestanden waren. Der einsetzende Applaus aber sprengte mit seiner Dauer jeglichen Zeitrahmen. In der Folgezeit erreichten Ann unzählige Einladungen zu Veranstaltungen, Foren, Seminaren und Sitzungen des Whitehorser Senats. Mehrere Vereine, Institutionen und Schulen, bewarben sich um die Verwendung ihres Namens. Sogar das Eishockeyteam der Whitehorse Canucks bat darum, künftig den Namen Whitehorse Northfleurs führen zu dürfen. Herausragend aus all dem wirkte aber die Einladung ins kanadische Parlament auf dem Parliament Hill in Ottawa. Ihr neu erschienenes Buch wurde erneut ein Bestseller; bereits nach nur ca. zehn Tagen galt es im Yukon und Britisch Columbia als ausverkauft. Nur einen Bruchteil der Tantiemen nutzte sie für ihre eigene Lebenshaltung. Der Großteil floss in soziale Projekte für Schulen und Fördereinrichtungen verschiedener Art. Die Überschrift des Artikels in der »National Post« fand landesweit seine Bestätigung. Irgendwann kappte Ann aus freier Entscheidung alle Verbindungen und Einladungen und zog sich müde in eine tiefe Anonymität zurück. Mit ihren Wölfen und bei den Freunden in der Ojibwa/Cree Siedlung konnte sie wieder die sein, die sie immer war – Fleur, die weise Schamanin.

# Tage des Lichts

»Es ist schlimmer als einen Sack Flöhe hüten.« Ann seufzte. Marma-tea runzelte die Stirn, »ist das wieder so ein Sprichwort?«

»Mmh, ja.«

Derweil kletterten drei Welpen auf ihr herum und fiepten; die anderen wurden gerade von Sitka und Atka gesäugt. Die beiden Fähen machten keinen Unterschied, jeder der sieben Welpen wurde von ihnen versorgt. Alle Ojibwa und Cree der Siedlung waren happy, Sitka und Atka wurden verwöhnt und die Welpen freudig bestaunt. Takoma, Little Bear und Akiak tauchten auf, von den Bergen kommend. Ann sah ihnen erwartungsvoll entgegen und forschte in deren Gesichtern. Takoma schaute zu ihr und schüttelte stumm den Kopf. Torok war seit mehreren Wochen verschwunden, wie lange genau war nicht abzuschätzen, denn die Freude über den gesunden Nachwuchs der zwei Fähen ließ andere Ereignisse verblassen.

»Ich kann nur hoffen, dass ihm nichts zugestoßen ist«, sagte Takoma.

»Nein! Nein, das glaube ich nicht«, entgegnete Ann hastig, aber überzeugt.

Nebendran schien Little Bear nachzudenken, schaute Akiak an und strich ihm über den Kopf. Der stieß ein kurzes Wolfsbellen aus, was Takoma und Ann nicht weiter beachteten.

»Tak, Chief, erinnerst du dich, als wir entschieden, abzubrechen, aber Akiak weiterlief, mit der Nase am Boden? Und du sagtest, weiter nach Norden suchen macht keinen Sinn. Chief, Akiak hatte scheinbar eine Fährte aufgenommen und folgte ihr ein Stück in nördliche Richtung.«

»Verdammt, Chief, warum vertrauen wir Akiak nicht? Wir müssen die Suche weiter ausdehnen – nach Norden!«

Takoma presste eine Faust an den Mund und schien zu überlegen, derweil ihn Ann voller Hoffnung anstarrte.

»Chief!?«

»Tak, sag was«, rief Ann aufgeregt.

Entschlossen schaute Takoma hoch: »Little! Hole Greenbird und Sarday. Greenbird hat meines Wissens noch eine Woche lang keinen Dienst in Dawson. Beide lebten schon einmal längere Zeit oben am Porcupine. Ausrüstung für mehrere Tage, Proviant, Zelte, Waffen. Und neben Akiak nehmen wir noch Nanook mit. Noch heute brechen wir auf; bis zu der Stelle, wo wir umkehrten und Akiak eine Spur aufnahm, schaffen wir es noch bevor es dunkel wird und übernachten dort. Am nächsten Morgen geht es dann auf in den Norden«.

»Und ich! Glaubt ja nicht, dass ihr mir das ausreden könnt!«

»Fleur! Das wird eine Herausforderung und ... «

»Vergiss es! Vergiss es! Keine Chance!« Ann war fest entschlossen. Und Takoma wusste das.

Als sie an der Stelle ankamen, wo Akiak die Fährte aufgenommen hatte, brachte die Sonne bereits die Kämme der Berge zum Glühen. Die Zelte wurden aufgebaut, drinnen Tannenzweige, deren frische Nadeln noch weich waren, ausgebreitet und die Schlafsäcke eng aneinander ausgelegt. Sarday machte Feuer und Takoma verteilte Proviant, auch Akiak und Nanook bekamen ihre Ration.

Ein Gespräch wollte nicht richtig aufkommen. Um überhaupt etwas zu sagen, begann Greenbird: »Bis zur Tundra wären es noch ca. zwei Tagesmärsche in immer flacher werdendem Gelände und so gut wie kein Wild mehr, vielleicht ein paar Caribous. Zudem bin ich zu der Überzeugung gelangt, dass er nicht auf der Jagd ist, dort oben kann er nur mit einem Rudel oder wenigstens mit 1 – 2 weiteren Wölfen Beute machen. Was also machen wir? Vorschlag von mir: Wir folgen noch ca. einen halben Tag lang der Fährte, die Nanook und Akiak noch in der Nase haben und überlegen dann neu. Das wird dann ungefähr an den östlichen Ausläufern der Ogilvies sein.« Nacheinander schaute er alle an, die zustimmten. Nur Ann und Takoma zeigten keine Regung.

»Ich will und werde Torok finden ... so oder so ... «, sagte sie mit fester Stimme, hob den Kopf und begegnete Takomas Blick, der ihre Worte nachdrücklich bestätigte.

»Eigentlich ist es ganz einfach, Nanook und Akiak werden entscheiden – nämlich, wenn sie keine Spur mehr finden, wenn die Fährte endet, brechen wir ab, okay Fleur, Tak?« Sarday forschte in den Gesichtern der Gefährten.

»Das klingt vernünftig, einverstanden«, sagte Takoma und schaute zu Ann. Die nickte unentschlossen.

Am nächsten Morgen brachen sie auf, als gerade die Sonne im Osten über die Bergkämme der Rakla Range kroch, Nanook war schon mit Akiak losgestürmt und die Gruppe hatte Mühe, die zwei nicht aus den Augen zu verlieren, weil sie gleichzeitig nach allen Richtungen Ausschau hielten. Takoma blieb neben Ann, die am Ende der Gruppe verbissen kämpfte, stehen und hielt sie am Arm fest.

»Sarday, Little, wartet kurz«. Die beiden zogen die Wanne mit dem Großteil der Ausrüstung, alle trugen noch Rucksäcke. Takoma zerrte Ann ihren Rucksack vom Rücken.

»He Tak, was soll das«, rief sie starrköpfig.

»Kannst du nicht einmal deinen Sturkopf ausschalten«! Er packte den Rucksack auf die Wanne und zurrte ihn fest.

Allmählich hatte sich die Landschaft verändert, wurde hügelig und die ständigen Auf-und Abstiege hörten auf. Lichter Wald mit uralten mächtigen Kiefern, einige davon abgestorben, von den Stürmen des Nordens geneigt und halb herausgehobenen Wurzelwerk, säumten ihren Weg. Am Horizont konnte man schon die flache Tundra erahnen. Im Stillen war Ann Takoma dankbar, sie schritt nun forscher hinter den anderen her. Vorn, wo Greenbird als erster in der Reihe stetig versuchte, mit den beiden Wolfshunden Schritt zu halten, stockte der Marsch. Greenbird war stehen geblieben und hob einen Arm. Lautes, rasendes Knurren, zornig und sich überschlagend, aus mehreren Kehlen, drang zu ihnen.

Überglücklich schrie Ann: »Torok«! Und wollte losstürzen – sie hatte ihn erkannt.

Derb zufassend wurde sie von Takoma zurückgehalten, »Ann, hör genau hin«!

Sie zwang sich, lauschte. Außer Torok erkannte sie auch die Laute von Nanook und Akiak, aber ... da war noch ein anderes, wütendes Knurren. Sarday und Little Bear knieten tief verborgen neben der Wanne und hielten Gewehre in der Hand.

Gebückt schlich Greenbird lautlos zu Takoma und Ann und flüsterte: »Das werdet ihr nicht glauben, das glaubt ihr nicht! Leise, kommt, Fleur, leise«!

Auf einmal, urplötzlich, erstarb das mehrkehlige Knurren, nur ein Knurren blieb. Eine uralte mächtige Kiefer kam ins Blickfeld, tief geneigt hatte sich der halbe Wurzelstock vom Boden gelöst und gab eine Höhle frei. Davor stand Torok wie zu einer Salzsäule erstarrt. An seiner Seite eine weiße Wölfin! Diese knurrte jetzt nicht mehr, drängte sich an Torok und mit weit zurückgezogenen Lefzen bestand ihr Maul nur noch aus gebleckten Zähnen. Ringsum absolute Stille; schwacher Wind zupfte an den langen Nadeln der Pinus ponderosa, der Gelbkiefer; der Warnpfiff eines Pfeifhasen, ein Marder flüchtete in die Krone der alten Kiefer.

Hinter Torok und der Wölfin bewegte sich etwas am Ausgang der Höhle. Fünf kleine Köpfe drängelten einander schubsend aus der Öffnung. Ann und die Männer knieten reglos und schauten fassungslos. Schließlich erhob sich Ann langsam. Takoma wollte sie zurückhalten, aber in sachter ruhiger Geste streifte sie seine Hand ab.

»Torok, oh mein Torok«. Sie machte einen Schritt, blieb stehen, ein weiterer Schritt und die weiße Wölfin stieß erneutes Knurren aus. Mit einem tiefen, weichen Grollen stupste Torok die Wölfin an, die ihre Lefzen zurückzog, worauf er nun mit scharfem Knurren reagierte.

»Torok«! Ann hockte sich hin. Langsam kam der Wolfshund auf sie zu. Mit leisem Knurren scheuchte die Wölfin die Welpen in den Bau zurück, legte sich davor und beobachtete die Szene. Als Ann die Arme um Toroks Hals schlang, sprang sie auf und stürzte heran. Mit einem derben Stoß warf Torok seine Gefährtin zurück. Mit seinem ureigensten vibrierenden Grollen schmiegte er sich an Ann. Noch einmal wandte er sich zu der Wölfin um, die den Schwanz zwischen ihre Hinterläufe klemmte – die Geste der Unterwerfung.

Diese Wölfin hatte schon Menschen gesehen, sie kannte diese Zweibeiner, die in ihrer Erinnerung stets eine Bedrohung darstellten. Jetzt war sie irritiert, denn dieser Zweibeiner verhielt sich anders als die, die sie kannte. Er hielt keinen »Stock« in der Hand, der laut knallte und töten konnte. Auch die anderen, die sie natürlich bemerkt hatte, schienen keine Gefahr zu sein. Die Männer hatten die Gewehre aus der Hand gelegt, waren ruhig aufgestanden, kamen nicht näher und sprachen nur leise miteinander. Die Wölfin war unsicher, sah aber, dass sich ihr Gefährte anfassen ließ. Ihr Instinkt war durcheinandergeraten. Gemeinhin gesteht man Wölfen intuitive Klugheit zu, die auf Erfahrungen aufbaut und von ihnen »gespeichert« werden. Dennoch verstand sie das Verhalten ihres Gefährten nicht und zog sich noch in wachsame Aggression zurück, denn ihren Nachwuchs würde sie unnachgiebig verteidigen. Ann streichelte Torok und sprach leise zu ihm, knetete seinen Nacken und den Bauch, was er sehr mochte und er leckte ihr Gesicht. Die alte Liebe war stärker.

Dennoch blieb die Situation bedrohlich, trotz der unterwürfigen Haltung stand die Wölfin noch immer mit gefletschten Zähnen vor der Höhle, um jederzeit anzugreifen. Torok genoss sichtlich Ann's Zärtlichkeiten, wirkte aber unsicher – hin und her gerissen zwischen Ann und der Wölfin. Mal rieb er seinen Kopf an ihrem Körper, dann wieder schaute er zurück zur Höhle. Ann spürte seine Seelenqual und fasste einen Entschluss: *Er soll bei seiner Familie bleiben. Ich werde ihn nicht dazu animieren mitzukommen, denn er muss seine Gefährtin ernähren, die noch die Welpen säugt und bewacht. Mein Gott, wie mache ich ihm das begreiflich?* Torok enthob sie einer Entscheidung – mit dem Maul fasste er ihre Hand und zog sie in Richtung der Höhle.

Noch immer knieend rutschte sie zaghaft vorwärts, *nicht aufstehen, das würde bedrohlich wirken*, dachte sie beklommen, empfand aber keine Angst, denn sie vertraute ihrem Leitwolf.

Sich in freier Natur unbewaffnet einer wilden Wölfin mit Welpen zu nähern, würden Einheimische als irrsinniges, selbstmörderisches Vorhaben bezeichnen. Mit aufgerissenen Rachen knurrend, war sie bereit zum Angriff. Mehrere Meter entfernt knieten die Männer; Sarday legte das Gewehr an, aber Takoma neben ihm drückte es langsam herunter, »nicht, Sarday, nein, ich vertraue Torok und Ann«, flüsterte er.

Noch nie war Ann einem wilden Wolf so nahegekommen. Viele Wölfe sah sie schon in den Jahren in Kanada, in größerer Entfernung und stets mit respektvoller Bewunderung. Jetzt trennten sie nur noch 1 – 2 Meter von der Wölfin. Blitzartig erschien vor ihrem geistigen Auge die Szene, als sie zum ersten Mal dem weißen Bären direkt begegnete und ihre Hand auf dessen Schnauze legte. Tiefe Ruhe war in ihr. Sie legte eine Hand auf Toroks Kopf und streichelte ihn, sah dabei die Wölfin direkt an und begann leise zu sprechen, ein sanftes Summen zwischen den Worten. Minuten verstrichen, in denen Ann weiter flüsterte, Torok streichelte und ihn auf die Schnauze küsste. Langsam gab die Wölfin ihre Angriffshaltung auf, die Lefzen glitten zurück, das Knurren erstarb. Unendlich langsam hob Ann eine Hand und näherte sie der Wölfin. Die duckte sich, erstarrte und Torok stieß ein warnendes Knurren aus. Ihre andere Hand ruhte noch immer auf seinem Kopf.

Ohne noch irgendetwas anderes wahrzunehmen, starrten die Männer fassungslos und fasziniert auf diese Szene.

»Mokgsmol, Mokgsmol; er ist bei ihr«, flüsterte Little Bear.

Die Wölfin bewegte sich einen halben Meter rückwärts und legte sich vor die Höhle, hinter ihr erschienen zwei kleine Köpfe, die neugierig umherschauten. Was Torok bewog hinzugehen, er leckte die Welpen ab, wandte sich der Wölfin zu und ließ seine Zunge über ihre Schnauze und den Kopf gleiten. Dann näherte er sich wieder Ann und tat das Gleiche, wiederholte dann wieder alles. In der Wölfin ging etwas vor, während Ann leise weitersprach und die Hand vor deren Schnauze schob. Die bisher ständig heraushängende Zunge zog die Wölfin kurz ins Maul zurück, um sie Augenblicke später auf Ann's Hand zu legen und sie leckte.

Der Verstand der vier Männer weigerte sich wahrzunehmen, was sie sahen. Sie waren in der Wildnis auf-und mit ihr verwachsen. Sie jagten und verehrten die Tiere darin gleichermaßen und kannten ihre Wege, Verhaltensweisen, Reviere und Paarungsriten. Aber dieses Geschehen jetzt, vor ihren Augen ...

»Sie ist eine Schamanin«, hauchte Little Bear.

»Sie ist eine Wolfsfrau, wie es sie noch nie gegeben hat und nie wieder geben wird«, setzte Sarday leise hinzu.

»Sie spricht ihre Sprache ... ihr Herz versteht sie«, Greenbird schüttelte unentwegt den Kopf.

Nur Takoma blieb stumm, er schaute nicht mehr zu der Wölfin, sondern nur noch zu Ann und Torok. Dass Tränen seinen Augen entwichen, merkte er nicht. In der Geschichte seines Volkes galten Tränen als unmännlich, Emotionen wurden verachtet und belächelt. Aber dieser Ojibwa veränderte sich seit Loup's Tod nachhaltig und es setzte sich bis zum heutigen Tage fort. Sein früheres Wesen hatte er »ausgezogen« wie ein altes Kleidungsstück. *Ich danke unseren Geistern, ich danke Wakan Tanka, ich danke dem Raben. Ich danke Fleur und Loup, die sie zu uns geschickt haben. Ewiger Dank euch.*

»Sie ist Fleur, weiter nichts. Sie ist nur Fleur«, sagte er.

»Was machen wir jetzt«, fragte Sarday leise.

»Abwarten, warten bis Fleur wieder zu uns zurückkommt. Torok wird bei seiner Wölfin und den Welpen bleiben, vermute ich.«

Das Unfassbare vor ihnen fand seine Fortsetzung, als Ann mit beiden Händen gleichzeitig Toroks Kopf und den der Wölfin streichelte, die schnupperte zaghaft an der Hand, die ihr über den Kopf strich. Um das zu unterstreichen, was sich scheinbar entwickelte, leckte Torok seiner Gefährtin die Schnauze und Ann's Gesicht abwechselnd. Voller Neugier zappelten sich eben die Welpen aus der Höhle. In Torok regte sich augenblicklich der Vaterinstinkt, ererbt von Generationen vor ihm. Er schubste die Kleinen, die er gezeugt hatte, sachte zu ihrer Mutter, die sich ausstreckte. Obwohl die Welpen ständig hungrig waren, faszinierte sie im Moment etwas anderes: Da war ein Lebewesen, das völlig anders aussah als Mutter und Vater. Es hatte zwar auch vier Beine, aber mit zweien davon fasste es Mutter und Vater an. Das war interessanter als Mutters Bauch, aus dem die süße, sattmachende Flüssigkeit kam. Noch immer murmelte Ann leise vor sich hin. Ganz vorsichtig berührte sie die Kleinen, die sofort an ihren Fingern saugten. Aber keine warme wohlschmeckende Flüssigkeit erfüllte ihr Verlangen und das Interesse erlahmte. Vorsichtig schob Ann die Welpen an den Bauch der Wölfin. Die beobachtete Ann aufmerksam, dann legte sie den Kopf auf die Seite und schloss die Augen. Ein Band schien geknüpft.

Ann stand auf, beugte sich zu ihrem Leitwolf, nahm seinen Kopf in die Hände, sprach leise eindringliche Worte zu ihm und küsste seine Schnauze. Schließlich richtete sie sich beherrscht auf und wies mit ausgestrecktem Arm auf ihn, auf die Höhle und noch einmal. Dann wandte sie sich um und lief festen Schrittes den Männern entgegen.

Torok winselte, trippelte hin und her, stürmte zu Ann, blieb stehen und lief zurück zur Höhle, zwei Sätze wieder zu Ann und erneut zurück. Mit fast übermenschlicher Anstrengung lief Ann weiter, ohne sich noch einmal umzudrehen, ihr Gesicht verzerrt vor Gram.

»Fleur, geh zurück ... ,« flüsterte Takoma ergriffen.

Vor ihm blieb sie stehen, eine letzte Anstrengung mobilisierend, sagte sie: »Irgendwann wird er mit seiner Familie zu uns zurückkommen. Jetzt wird ihm Loup helfen«.

Stumm nahmen alle ihr Gepäck auf. Ein furchtbares, erschütterndes Heulen setzte ein, einer akustischen Urgewalt gleich. Schon weit entfernt, hörte es die Gruppe noch lange. Ann lief an der Spitze, schließlich rannte sie ...

Statt wie die Zivilisation es tut und die Natur und seine Geschöpfe ausbeutet und missbraucht, muss die Menschheit lernen, sie zu verstehen.

Unter Vorsitz von Sinona hatte sich eine kleine Gruppe gebildet, die redaktionell die in einem großen Buch dokumentierte Geschichte der Ojibwa und Cree aktualisierte. Vieles war in den letzten Jahren und bis heute geschehen, hatte sich ereignet und entwickelt. Nao-ita pflegte diese Chronik bis zu seinem Ableben. Seitdem wurde nichts mehr ergänzt. Man bat Ann, sich mit einzubringen, schließlich sei sie eine erfahrene Schriftstellerin. Freundlich lehnte sie ab, »es ist ganz allein eure Chronik, die Geschichte der Susitna River Siedlung. Niemand sonst könnte sie besser dokumentieren als ihr selbst. Aber beim Erinnern und Formulieren stehe ich euch gerne bei«.

Seit dem Torok gefunden wurde, zog sich Ann kompromisslos zurück. Die lange und anstrengende Suchaktion stand sie dank ihres Willens und der Angst um ihren Leitwolf durch, aber körperlich geschwächt und mental angegriffen. Eigentlich war sie sich sicher, dass Torok irgendwann zurückkommen würde. Die Unsicherheit nagte dennoch an ihr – er war Loup's Wolf! Ein Teil von ihm. Nao-ita, Loup, Amak ... nun vielleicht noch

Toroks Wegbleiben, weitere Verluste würde sie in ihrer verbleibenden Lebenszeit nicht mehr verkraften. Man darf ein geliebtes Wesen, ob nun menschlicher oder tierischer Art, nicht dort suchen, wo es hingegangen ist, sondern wo es herkommt. Mehrere Wochen waren bereits seit Toroks Auffinden vergangen. Zögerlich begann sich Ann damit abzufinden, dass sie ihren Leitwolf nicht mehr bei sich haben würde. Zumal ihr Sarday und Greenbird in einem langen, verständnisvollen Gespräch klarzumachen versuchten, dass Wolfsfamilien ein Leben lang zusammenbleiben. Keoma hatte zu diesen Aussagen geschwiegen, aber beim abendlichen Essen sagte er ein einziges Wort: »Nein«! Danach verließ er das Haus. Ann zog sich eremitisch zurück. In ihrem kleinen Zimmer ordnete sie die vielen Schriftstücke, die Grundlage ihres weiteren Schreibens bildeten. Die Physik ihres Gehirns sowie die Chemie ihrer Gefühle ergaben zusammen das Vermögen, ihre Autobiografie voranzutreiben. Tagesnotizen, Loups Tagebücher und ihre Erinnerungen ließen von allein ihr eigenes Leben noch einmal vor ihrem geistigen Auge vorbeiziehen. Zwar im Anfang noch, aber allmählich fügten sich bereits in mehreren Kapiteln die Farbstriche zu dem Gemälde ihres Lebens zusammen. Nur Sinona wusste davon, dass Ann an ihren Memoiren arbeitete. Gerade brachte sie ihr einen Tee und wollte gleich wieder gehen. »Sinona, komm setz dich zu mir«.

Sinona rückte sich einen Stuhl zurecht und schaute sie an. Stille, feine Vertrautheit verband diese zwei Frauen.

»Schreib, Fleur, schreib dein Leben auf«, sie legte ihre Hand auf Ann's Hand. »Nur einen Teil deines Lebens durfte ich bisher begleiten, aber du hattest auch noch ein früheres, anderes Leben. Schreib, Fleur. Mein Wunsch ist es, irgendwann dein ganzes Leben kennenzulernen«. Sie sah an Ann vorbei und ihr Blick verweilte auf Loups Bild hinter ihr. Ein Lächeln verdrängte das Ernste in ihrem Gesicht. »Ein zweiter Wunsch ist, dass du mich überlebst. Anderes könnte ich nicht ertragen. Also schreibe deine Autobiografie zu Ende und lebe noch lange. Verspreche mir, dass du mir diese zwei Wünsche erfüllst! Verspreche es«!

»Ich kann dir versprechen, dass ich es versuchen werde«.

»Weißt du Fleur, Nao-ita war der weise Begleiter meines Lebens. Er wusste was war und er wusste was kommen wird. Euer Kommen sagte er voraus. Er wusste nicht wann und wo, aber zusammen mit dem Großen Geist, Wakan Tanka, führte er euch zu der Lichtung, wo Natae und Inaki von einem Grizzly bedroht wurden. Fleur, das war kein Zufall, von dem ihr des Öfteren gesprochen habt. Verstehst du? Aber es sagte mir auch, dass unsere zwei Völker ausersehen waren, euch zu empfangen. Schreib, Fleur, schreib«. Sinona verstummte kurz. »Und noch was ... außer seinem deutlichen NEIN beim Essen, sagte Keoma vorher zu mir: ›Torok wird mit seiner Wolfsfamilie zu ihr zurückkommen‹! Fleur, er ist Nao-itas Sohn; er spricht nicht viel, aber wenn er etwas sagt, dann sind es Worte seines Vaters«.

Ann lächelte, »ich glaube auch daran. Ähm, hast du noch Tee? Und ... «.

Sinona war bereits aufgestanden und schmunzelte.

»Naja, Loup hat ... «.

»Sag nichts. Marma-tea erzählte mir von dem Abend mit dem Gewitter! Fleur, glaube unseren Geistern, Marma hatte schon recht – Loup ist bei ihnen«. Ann bekam ihren Tee mit Schuss, schlürfte ihn genüsslich und murmelte grinsend: »Auf Loup und Marma, die olle Klatschtante«.

Die Haustür war zu hören, hastige Schritte, laute Rufe; die Adahys und Keoma stürzten herein.

Takoma rief: »Fleur komm, schnell, los schnell«. Keoma lief bereits wieder hinaus und gesellte sich zu Inaki, der draußen geblieben war. Fast alle Bewohner der Siedlung standen vor ihren Häusern. Ann hastete hinaus und sah Inaki, der nach Norden zeigte. Über den Bergen im Westen klammerte sich die Abendsonne bereits an die Gipfelgrate der Ogilvies, spendete letzte warme Strahlen und warf lange Schatten in die Siedlung.

Ann starrte ungläubig zum nördlichen Rand der Siedlung, ihr Herz vollführte Sprünge und schien ihre Brust sprengen zu wollen. Ganz langsam schritt sie vorwärts, zögerte, blieb schließlich stehen – alle bösen Ahnungen und Zweifel lösten sich in einem Wirbel überschäumender Freude auf. Torok stürmte auf sie zu! Auf halbem Weg blieb er stehen, schaute zurück und kehrte um. Dort schubste er die kleinen Wölfe vorwärts, die sich an ihre Mutter drängten. Auch die weiße Wölfin stieß er an, die ihm schließlich zögernd folgte. Als sie Ann erkannte, schloss sie zu ihrem Gefährten auf, aber mit unverhohlener aggressiver Angst – so viele Menschen hatte sie noch nie gesehen. Aber die kamen nicht näher, zogen sich sogar zu diesen großen Höhlen, aus denen sie gekommen waren, zurück. Nur dieser eine Mensch, den sie kannte, kam langsam näher. Von ihm ging erneut keine Bedrohung aus und sie erinnerte sich, wie sie von ihm berührt wurde. Wie schon einmal hörte sie die leisen, seltsam beruhigenden Laute. Unter den Bäuchen von Torok und der Wölfin lugten die Kleinen hervor, nicht ängstlich, eher neugierig. Mit weit ausgebreiteten Armen vollführten Takoma und Keoma langsame, niederdrückende Bewegungen aus, was von allen Bewohnern verstanden wurde. Einige zogen sich im Rückwärtsgang in die Häuser zurück, wo sie sich an den Fenstern postierten. Alle wussten davon, unter welchen Umständen Torok gefunden wurde, und der war ihnen vertraut, so wie das ganze Okinaga Rudel. Nun aber sahen sie voller Bewunderung und Ehrfurcht seine Gefährtin und die Welpen. *Eine Polarwölfin!* – wurde geraunt.

Außer Greenbird und Sarday hatte man noch nie einen Polarwolf zu Gesicht bekommen. Und so machten einige das Zeichen für Wakan Tanka. Sie schrieben es den Geistern und ihrer weisen Schamanin zu, dass sie das erleben durften. Erstaunlicherweise verhielt sich das restliche Rudel zwar angespannt, aber ruhig; Keoma und Takoma knieten zwischen ihnen und streichelten die Wolfshunde immer wieder beruhigend. Noch nie war es so still in der Siedlung gewesen, eine gewisse Geräuschkulisse herrschte immer, sei es Kindergeschrei, Arbeitslärm oder gedämpfte Gespräche. Nun aber war Torok, der schwarze Leitwolf von Fleurs Rudel, mit einer Polarwölfin und seinem Nachwuchs gekommen – das bedeutete für die Indianer ein Zeichen. Ausnahmslos alle konnten sich dem nicht entziehen.

Ann kniete noch und wartete, sah jetzt, dass sich die Welpen an den Bauch der Mutter drängten und sprach wieder leise Worte. Daraufhin streckte sich die Wölfin zaghaft aus. Vor den Augen dieser die Natur und Tierwelt liebenden und verehrenden Menschen, vollzog sich im edelsten Sinne des Wortes das Wunder der Wildnis – eine wilde Wölfin aus dem Norden, eine weiße Polarwölfin, säugte ihren Nachwuchs, beschützt vom Erzeuger, der zu ihnen gehörte; ihre weise Schamanin kniete daneben und ihre ausgestreckten Hände erhoben sich über diese Szene, einer Segnung gleich.

Natae stand am Fenster, daneben Marma-tea, ihr Blick erfasste die ganze Siedlung. In einer plötzlichen Gefühlsaufwallung wurde ihr endgültig die allumfassende, unfassbare Veränderung ihrer Gemeinschaft bewusst.

Mitte Juli warfen die Kiefern und Fichten Wolken von Pollen ab, gelbe Schwaden, die wie zitronenfarbiger Rauch durch die Siedlung wehten und sich mit den letzten Schwärmen der Moskitos mischten. Am Nordwest-und Ostrand der Siedlung war der Wald ausgelichtet worden, von dort führten Pfade zu den Bergen und dem Susitna River, den hauptsächlich die Fischer nutzten, um zu den Fischrädern zu gelangen. Zwei der Fischer, die Cree Omaha und Tonga, wandten sich mit einer Idee an Sarday, ihren Ältesten, bezüglich Torok und seiner Wolfsfamilie. Diese hielt sich bisher in einer kleinen Waldbucht am westlichen Rand der Siedlung auf. Unabgeschirmt und schutzlos gegen Regen und Wind, verbargen sich die Welpen im Fell von Mutter und Vater. Auch Ann und Keoma beschäftigte das. Neben dem Pfad zum Susitna entdeckten die beiden Indianer den mächtigen Wurzelstock einer Kiefer, die nach einem Sturm entwurzelt wurde und der Baum hatte quer über dem Fischertrail gelegen. Der Stamm wurde vormals vom Wurzelstock getrennt und zersägt.

»Rundherum wuchs inzwischen eine kleine Wiese mit Moos. Wenn wir die vorhandene Bodenmulde vertiefen, vergrößern und zusätzlich Waldboden halbkreisförmig anordnen, könnte das eine wunderbare Heimstatt für die Wolfsfamilie werden. Und es wäre kein großer Aufwand, das könnten wir an einem Tag erledigen. Was meinst du Sarday?«

»How«, Sarday nickte anerkennend, »kommt, das unterbreiten wir Fleur«.

Die war hellauf begeistert, »dazu hatte ich mir auch schon Gedanken gemacht und mir etwas Ähnliches vorgestellt. Aber die Idee mit dem Wurzelstock ist genial. Was kann ich mittun?«

Die drei Cree lachten, »erstmal nichts, das kriegen wir allein hin. Aber dir wird die schwierigere Aufgabe zufallen, der Wolfsfamilie ihr neues Zuhause schmackhaft zu machen.«

»Das wird mir eine riesengroße Freude sein. Und ihr werdet die Ehrengäste der Einweihung sein. Vorab schon mal großen Dank an euch.«

Überhaupt bemühten sich alle um die »Einbürgerung« dieser neuen Bewohner; mal nur leise freundliche Worte im Vorbeigehen, ein kurzes Hinhocken mit sanftem Winken, kleine Fisch-

oder Fleischbrocken wurden abgelegt usw. Vor allem sollte die Polarwölfin an die Menschen gewöhnt werden und noch vorhandene Aggressionen abbauen.

Gut gelaunt nahm Ann im Sitzbereich vor Sinonas Haus Platz und blinzelte in die Sonne. Sollte Torok mit seiner Gefährtin und ihren Nachwuchs dauerhaft hierbleiben, wovon auszugehen war, würden insgesamt 12 Wolfswelpen die Siedlung bevölkern. Dazu die 6 Wolfshunde des alten Rudels plus die Polarwölfin. *Oh mein Gott, ein 19-köpfiges Rudel! Neben ihrem Jagen brauchen wir auch Futter und ...*, erschrocken fasste sie sich an den Kopf: *Hallelujah – Namen! Wir müssen uns 12 neue Namen ausdenken ... nein 13, Toroks Gefährtin noch!* Sie sprang auf und stieß mit Keoma zusammen, dessen Schnitzwerkzeuge und ein armlanger Rohling fielen zu Boden.

»He, he, junge Frau, nicht so stürmisch«, grinste er und sammelte seine Utensilien ein. »Was ist los?«

»Mir fiel etwas ein, Bruder – Namen! Wir müssen uns 13 neue Wolfsnamen ausdenken«! In Keomas lächelndem Gesicht, näherten sich die Mundwinkel den Ohren. Er zog sie mit ins Haus, wo Sinona in einem alten, verschlissenen Armsessel an einer Pelzweste nähte.

»Wo hast du die Liste hingetan, du weißt schon?«

Sinona zeigte stumm auf eine Schublade, während Ann die Stirn runzelte. Keoma reichte ihr zwei vollgekritzelte Blätter. Ann las erstaunt. Dann drohte sie beiden mit der Faust.

»Tjaa, auch wir haben Ideen und können organisieren«, sagte Sinona mit schelmischem Spott. »Es war eigentlich Nataes Idee. Sie und Inaki wanderten von Familie zu Familie und forderten alle dazu auf, Namensvorschläge zu machen. Das Ergebnis hältst du in der Hand«. »Ihr seid einfach eine tolle Bande,« Ann setzte sich und studierte die Listen. Was ihr schnell auffiel, war der fast einstimmig gewählte Name für die weiße Wölfin: »Polar«!

Nebendran lief Keoma im Zimmer hin und her und grübelte.

»He Bruder, setz dich hin, du nervst«, murrte Ann. Der setzte sich ihr gegenüber und nahm ihr die Blätter aus der Hand. »Heeh«!

»Fleur, noch etwas treibt mich um. Der Gedanke kam mir letztens, als wir uns über die neuen Einträge in der Chronik austauschten. Es ist doch so, in dem offiziellen amtlichen Register wird unsere Siedlung als Ortschaft unter der Bezeichnung: »First Nation Gemeinwesen der indigenen Völker der Ojibwa und Cree, Susitna River Siedlung, Yukon« geführt und die geografischen Koordinaten. Wäre es denkbar, mmh, bzw. vermittelbar ... «, Keoma zögerte. »Also ich rede von einer Namensänderung oder Ergänzung unserer Bezeichnung! Denn, überlegt doch mal – seid ihr zwei alles verändernden weißen »Eindringlinge« unser Leben durcheinanderwirbelten, gehören eure Wölfe längst zu uns«. Nacheinander schaute er die zwei Frauen fragend an. »Vorschlag: »Susitna – Wolfssiedlung«.

»He, du oller Brummbär, das klingt toll«.

Während sie diskutierten, entging ihnen das nur leise zu ihnen dringende Motorgeräusch des Postfliegers. Der Pilot lief mit seiner prall gefüllten Packtasche stracks zum Haus der Adahys und übergab Marma-tea ein großes Bündel Post. »Das meiste ist wieder für Fleur«, rief er lachend und eilte zurück zu seiner Cessna. Marma-tea sortierte die Post, dabei fiel ihr ein A4 Kuvert mit der Kennung der Staatsanwaltschaft Whitehorse auf, an Ann adressiert. »Tak, komm mal«.

»Mmh, vermutlich ist es die Vorladung für die Gerichtsverhandlung. Was sollte es sonst sein. Ich komme mit zu Fleur«.

Deren gute Laune verflog, als sie das Siegel auf dem Kuvert sah. Sie öffnete es. Tatsächlich enthielt es die Vorladung für sie und auf extra Blättern auch für Takoma, Keoma und Little Bear. Stumm setzten sich alle. Auf einem separaten Schreiben wurde mitgeteilt, wann und wo die Verhandlung stattfindet, verbunden mit dem Vermerk, dass die Vorladung rechtlich bindend sei.

»Endlich, endlich beginnt die abschließende Phase dieses Geschehens, das vor vielen Jahren mit Loup, Torok und Nanook begann. Eigentlich bin ich erleichtert«, seufzte Ann. Takoma las Seite für Seite. »Verdammt! Oh verflucht nochmal. Nein«, stöhnte er und knallte die flache Hand auf den Tisch.

»He Tak, was ist? «

»Worthington! Dr. Duke Worthington wird der Verteidiger der beiden Verbrecher sein!«

»Ja und«, verunsichert starrte Ann Takoma an. Mit ernstem Gesicht schaute der reihum. »Worthington ist der wohl berüchtigtste Strafverteidiger im Nordwesten. Er vertritt Finanzhaie, Großindustrielle, Steuerhinterzieher usw., Gesindel allesamt. Woher haben diese Mistkerle nur das Geld, um solch Verteidiger zu bezahlen. Ann war blass geworden, dennoch wiederholte sie mutig, »ja, und«?

»Dann lest mal den letzten Satz dieser Ankündigung!«

Marma-tea las vor: »Ein erster Antrag der Verteidigung liegt der Staatsanwaltschaft vor: Die Tatsache, dass Miss Ann Trebe als *»Members of the Order of Canada«* geehrt wurde, darf weder in Wort-noch Schriftform relevanter Bestandteil der Anklage sein.«

Das Blatt aus Marma-teas Händen fiel zu Boden.

»Dieses Schwein«, schrie Little Bear, »dieses verfluchte Weißgesicht. Ich werde ihn ... «. Takoma packte den jungen Indianer und schüttelte ihn derb. »Nichts wirst du tun, Little Bear. Nichts! Verstehst du! Du wirst nur aussagen, die Fragen beantworten – und sonst nichts! Hast du verstanden? Verspreche es«!

Mit hochrotem Kopf starrte Little Bear seinen Chief an, Sekunden verstrichen. Dann senkte er langsam den Kopf und nickte unmerklich. Einige Minuten lang herrschte Stille im Raum. Dann knackte etwas vernehmlich, bei Keoma fiel etwas zu Boden. Er hatte die Skulptur, an der er gearbeitet hatte, mittendurch gebrochen ...

Tage später, als sich die Gemüter wieder einigermaßen beruhigt hatten, saß Ann vor dem Haus am Tisch, auf dem sie alle möglichen Schriftstücke, Dokumente, Loups Tagebuch und lose Notizen ausgebreitet hatte. Nebendran der Laptop, aber im Augenblick füllte sie handschriftlich die Seiten eines Schreibblocks. Und Sinona, die »schwebte« ständig wie ein guter Geist um Ann herum. Mal brachte sie einen Tee mit kleinen selbstgebackenen Leckereien, deren Teig sie aus getrocknetem Wurzelmehl herstellte, mit Ahornsirup und Honig. Und eine Kanne Kaffee stand immer bereit. Ann nippte am Tee, aus dem ein bekannter Duft stieg, »mmh«, lehnte sich zurück und wollte nach Sinona rufen. Aber die stand schon an der Haustür.

»Sinona, komm setz dich. Ich muss dich etwas fragen, was mir schon lange im Kopf herumspukt. Also folgendes. Die Mutter des »alten« Rudels war doch eine Malamuthündin. Sie lebt nicht mehr, ich weiß. Erzähle mir von ihr, wie hieß sie, wem gehörte sie, war sie ein Schlittenhund und überhaupt, was weißt du über sie? Sie ist die Urmutter unseres Rudels, hat Kinder und Enkel.«

Ungeachtet der Frage erhob sich Sinona und holte sich auch einen Tee. »Wie kommt deine Biografie voran?«

»Gut, bin noch bei dem Lebensabschnitt in Deutschland, der verständlicherweise wohl etwas länger sein wird, zwar erlebnisreich, aber reicher war und ist mein Leben in Kanada«, nebenbei streichelte sie zwei Welpen, die auf ihren Oberschenkeln aneinander gekuschelt schliefen.

»Tja, diese Hündin, Grauer Biber nannte sie Oumiak. Sie war seine Leithündin und führte einige Jahre sein Gespann. Grauer Biber war der einzige Musher unseres Stammes, der auch an den großen Schlittenhunderennen des Nordens teilnahm – dem Iditarod in Alaska (Anchorage – Nome) und Yukon Quest in Kanada/Alaska (Whitehorse – Fairbanks). Viel mehr weiß ich nicht über diese Hündin. Du solltest dich einmal mit Grauer Biber unterhalten, er wohnt sehr zurückgezogen in einem kleinen Blockhaus, ein paar hundert Meter hinter dem Großen Haus«. Plötzlich erstarrte Sinona, mit großen Augen deutete sie mit dem Kopf in Richtung der Hausecke. Ann drehte sich langsam um. Polar, die weiße Wölfin, stand dort. »Polar, komm her«, sagte sie leise, »du suchst deine Kleinen, nicht wahr«. Mit beiden Welpen auf den Armen stand sie auf und drückte sie an ihre Brust. »Komm, Polar, ich bringe sie zur Höhle zurück, komm«. Auf dem Weg dahin wich ihr die Wölfin nicht von der Seite. In den vergangenen Tagen beschäftigte sich Ann viel mit Polar und deren Nachwuchs, die immer um sie herumhüpften und sich miteinander spielerisch balgten. Vertrauen war entstanden durch Reden, leises Singen, der ständigen Wiederholung ihres Namens und die Annäherungsversuche gipfelten schließlich in sachten Berührungen. Die neu gebaute Höhle nahm die Wolfsfamilie schnell an. Nun balgten sich die drei anderen Welpen mit den zwei, die Ann langsam abgesetzt hatte. Gegenüber Ann zeigte die Wölfin keinerlei Aggressionen mehr. Bei allen anderen Menschen stellte sich aber noch immer Argwohn ein, wenngleich ohne Knurren. Es brauchte noch Zeit. Bei Ann war alles anders. Wenn sie irgendwo in der Siedlung Gespräche führte, sich mit Sitka, Atka und deren Nachwuchs beschäftigte oder am Tisch vor dem Haus schrieb, dann ließ sie ihrer Intuition folgend den Blick schweifen und entdeckte fast immer die weiße Wölfin in der Nähe, die sie beobachtete, ihr folgte und jedes Mal ein

Stück näherkam. Schließlich geschah das, was wohl in Wochen gereift war. Sinona hatte Ann gebeten, eine Schüssel Heidelbeeren zu sammeln für einen Kuchen. Östlich vom Großen Haus breitete sich zwischen lichten Tannenwald eine kleine Lichtung voller Heidelbeersträucher aus. Gebückt pflückte sie Beeren und summte eine Melodie. Plötzlich spürte sie etwas. Aus der Hocke ließ sie sich auf die Knie nieder und drehte langsam den Kopf zur Seite. Einen halben Meter hinter ihr schaute sie die weiße Wölfin an. »Polar«! Die Wölfin legte sich hin und im Kriechgang kam sie weiter auf Ann zu, bis sie in Reichweite verharrte. Leise summte Ann wieder und schob der Wölfin ihre Hand entgegen – dachte dabei an den Moksgmol – und senkte sie auf ihren Kopf. Das, was diese Hand auslöste, kannte die Wölfin nicht. Damals noch, als sie im Norden diesem Menschen begegnete, waren Angst und Hass die dominierenden Gefühle. Jetzt, als Ann sie zwischen den Ohren und im Nacken kraulte, zerrissen die letzten Angstfäden und sie ergab sich der Wonne dieser Berührungen, die eine Saite in ihr zum Schwingen brachte, so wie sonst nur bei ihren Jungen, wenn sie an ihrem Bauch lagen. Jedoch, es war noch etwas anderes, ein Ton in ihr stieg hoch, ein Brummen wie ein raues Liebeslied.

Das kleine Blockhaus vom Grauen Biber entdeckte Ann beim Beeren sammeln, wurde aber seinerzeit von Polar abgelenkt. Nun war sie auf dem Weg zu ihm, denn seit dem Gespräch mit Sinona musste sie ständig an diesen alten Indianer denken, der sich nur selten in der Siedlung zeigte und nie auffiel. Als sie sich dem bescheidenen Anwesen näherte, stellte sie überrascht fest, dass alles um das Blockhaus herum wohlgeordnet schien. Auch das Haus selbst befand sich in gutem Zustand, unter dessen Dachtraufen war akkurat gestapeltes Feuerholz zu sehen, überdachte Gestelle zum Trocknen von Fisch, ein fachmännisch gebautes Räucherhaus, ein winziger Garten, in dem Zwiebeln und Kohl gediehen. Weiter hinten sah sie eine größere Freifläche mit systematisch angeordneten kleinen Hütten. *Hier hatte er wohl früher seine Schlittenhunde gehalten,* dachte sie. Ein Hund schlug an, eine barsche Stimme war zu hören. Ann blieb stehen. Hinter der Hauslängsseite erschien ein Mann in abgewetzter Lederkleidung, eine weißgraue Mähne umrahmte sein Haupt und fiel bis auf die Schultern. Der große Hund neben ihm, weißgesichtig, aber mit grauschattiertem Fell, knurrte leise. Mann und Hund ähnelten sich irgendwie ... Eine winzige Handbewegung mit ausgestrecktem Zeigefinger ließ den Hund verstummen und er setzte sich an die Seite seines Herrn. Grauer Biber schien nicht im Geringsten überrascht zu sein.

»Ich wusste, dass du eines Tages kommen wirst ..., aber zusammen mit deinem Mann«. Stumm, aber erneut mit einer kurzen Handbewegung, forderte er Ann auf mitzukommen. Ann folgte ihm langsam. Als sie an dem Hund vorbeiging, schnupperte der an ihr und knurrte. Grauer Biber drehte sich um, »Chitaa riecht den Wolf, du warst mit der Polarwölfin zusammen«. Das war keine Frage, sondern eine Feststellung. Wortlos forderte er sie auf, Platz zu nehmen. Sie setzte sich auf die Bank unter dem Fenster neben der Haustür; ein einfacher rustikaler Tisch und ein Korbsessel rundeten das bescheidene »Ambiente« der kleinen Terrasse ab. Grauer Biber ging ins Haus und kam mit einem Canadian und zwei Gläsern zurück, stellte sie auf den Tisch und schenkte ohne zu fragen ein. »Ich trinke sonst nicht ... aber du bist gekommen«! Er hob sein Glas und sie stießen an.

»Du kennst mich besser als ich dich«, lächelte Ann.

»Mmh! Bevor ich von Oumiak erzähle – wegen ihr bist du doch gekommen – möchte ich dir noch etwas sagen«. Er schaute Ann lange an. »Viele weiße Menschen habe ich in meinem Leben gesehen und auch kennengelernt. In der sogenannten modernen Gesellschaft in Whitehorse, Fairbanks und Anchorage schaute ich mir die Menschen an wie ein Besucher den städtischen Tierpark«. Ann's faszinierter Blick ruhte auf Grauer Bibers Lippen und wartete auf weitere Worte von ihm. Dass Chitaa inzwischen an ihrer Seite saß und sie unentwegt anschaute, bemerkte sie nicht, aber Grauer Biber. Auf dessen Gesicht erschien erstmals der Anflug eines Lächelns. »Ihr zwei wart anders. Mit Augen und Ohren und schließlich mit meinem Herzen »verfolgte« ich euch. Mein bisheriges Menschenbild zerbrach und ich freute mich darüber. Als dein Mann starb, spürte ich nur eines: Zorn, maßlosen Zorn! Zorn auf Wakan Tanka, auf den Raben, auf unsere Geister. Ich zerstörte alle Symbole in meinem Haus, die bisher meinen Weg vorzeichneten«.

Grauer Biber verstummte, sein leeres, regungsloses Gesicht wirkte wie versteinert. »Später versöhnte ich mich wieder mit unseren Geistern, denn ich sagte mir, dass sie wohl deinen Mann bei sich haben wollten«.

Ann legte ihre Hand auf seine und antwortete, dass Keoma einmal dasselbe sagte.

»Wolfsfrau, weise Schamanin, Fleur -- »Members of the Order of Canada« – dein Mann ist bei dir und sehr stolz«.

»Ich weiß,« flüsterte sie.

Grauer Biber ging ins Haus und man hörte ihn gedämpft hantieren. Ann widmete sich dieser Hündin neben ihr, Chitaa. Wie ihr später Grauer Biber erklärte, ist sie ein Alaskan Malamute. »Du bist eine richtige Schönheit, Chitaa, und erinnerst mich mit deinen blauen Augen an Sitka und Torok«.

Grauer Biber erschien und stellte zwei Teller auf den Tisch. Er verschwand erneut und brachte ein Holztablett mit schmalen gegrillten Lachsstreifen, die er auf die Teller verteilte. »Riecht gut, mmh«! Bereits mit vollem Mund forderte sie ihn auf, von Oumiak zu erzählen. »Weißt du, Oumiak war lange Zeit der Leithund meines Gespanns. Diesen Rang erkämpfte sie sich. Sie war dominant, leistungsfähig und stark. Aber auch eigensinnig und freiheitsliebend, was für Alaskan Malamuten typisch ist. Deshalb duldete ich auch, dass sie manchmal tagelang verschwand. Die Folge war, wie du weißt, dass sie sich mit einem Wolf paarte. Das realisierte ich erst bei meiner zweiten Teilnahme am Iditarod. Wir waren auf der letzten, relativ einfachen Finaletappe nach Nome, dem Ziel des Rennens. Ich lag auf einem guten fünften Platz und mein Gespann war noch gut drauf. Wenige Kilometer vor Nome, die ersten Einwohner standen applaudierend am Rand der Piste, brach Oumiak zusammen«.

Ann schaute ergriffen in das vom harten Leben gezeichnete Gesicht des alten Indianers, welches trotz der lange zurückliegenden Ereignisse noch immer Schmerz zeigte.

»Wie konnte ich nur übersehen, dass sie trächtig war! Wie konnte ich das übersehen! Wie konnte ich sie nur diesen Strapazen aussetzen – 1850 km! Sie schaffte es fast. Das Folgende ist schnell erzählt. Das Rennen war mir egal, den fünften Platz hätte ich mit dem Restgespann geschafft und dafür immerhin noch 15.000 Dollar kassiert. Es war mir gleichgültig. Das erste Mal in meinem Leben hatte ich Angst. Angst um Oumiak. Fleur, ihr beide seid mir sehr ähnlich! Ich packte sie auf den Schlitten und im Schritttempo brachte ich sie nach Nome zu einem Tierarzt. Den begeisterten Applaus und eine spezielle Würdigung registrierte ich nur nebenbei. Tage später zu Hause brachte sie vier Welpen zur Welt – euer Rudel. Als ich feststellte, dass es Wolfswelpen waren, Bastarde, wollte ich sie abgeben, verkaufen, denn noch immer war ich aktiver Musher und diese Wolfshunde konnte ich nicht gebrauchen. Ihr habt mich später eines Besseren belehrt. Unser Stamm erbarmte sich, wollte sie aber nach kurzer Zeit töten. Ihr habt es verhindert. Das werde ich euch niemals vergessen. Ihr habt aus diesen Bastarden etwas herausgeformt, zu dem selbst ich nicht in der Lage gewesen wäre«. Stumm ins Weite schauend ergriff er sein Whiskyglas und trank es in einem Zug aus. »Fleur, nach dem Tod deines Mannes verfluchte ich unsere Geister, dankte ihnen aber dafür, dass sie euch zu uns brachten. Weißt du, die meisten Menschen dieser Erde leben in Konsumgesellschaften und haben das Gefühl dafür verloren, was wirklich wichtig ist im Leben. Du und Loup wusstet, was wichtig ist im Leben. Ich weiß es auch«.

Den ganzen Tag bis in die Abendstunden hinein, verbrachten Ann und Grauer Biber miteinander, eine Seelengemeinschaft verband sie. Als die Dämmerung einsetzte, entzündete Grauer Biber ein Feuer.

»Wie kam es eigentlich zu deinem Namen?«

Der alte Indianer schmunzelte, was seit ewigen Zeiten nicht mehr passiert war, erst in den Stunden dieses Tages wurde es von seinem Gesicht wiederentdeckt. »Eine gewisse Zeit lang war ich als Trapper tätig. Übrigens, Joe und Mad kenne ich, sind gute Männer. Jedenfalls hatten Biberpelze Hochkonjunktur. Ich fing einen Biber mit grauem Pelz und silberfarbenen Pelzsträhnen. Eine absolute Besonderheit. Der Pelz brachte mir nicht nur einen schönen Batzen Geld ein, sondern auch den Namen.

»Bist du ein Ojibwa oder ein Cree?«

»Weder noch bzw. zur Hälfte Ojibwa. Meine Mutter gehörte zum Volk der Aklavik aus den Nordwest Territorys, mein Vater war ein Ojibwa«. Er legte Holz im Feuer nach, Ann kraulte Chitaa den Nacken, was Grauer Biber sah und setzte sich. »Dich nennt man auch die Wolfsfrau«, er nickte in Richtung seines Hundes, »Chitaa hat dich auch schon in ihr Herz geschlossen«.

»Sag mal, ein kleines Leben lang warst du Musher, kennst dich also aus mit Schlittenhunden und den verschiedenen Rassen. Erzähle«! Dem alten Indianer war die Freude über diese Aufforderung anzusehen.

»Oh Fleur, das ist ein großes Thema, das die halbe Nacht füllen könnte. Wirst du nicht drüben in der Siedlung vermisst werden«?

»Och, ja, vielleicht. Aber Sinona und Keoma wissen, wo ich bin. Sollten sie sich Sorgen machen, würden sie einen aus dem Rudel schicken. Komm, erzähle mir etwas über Schlittenhunde, die verschiedenen Rassen und deren Eigenschaften und Charaktere. Welche hattest du neben Oumiak. Die war eine Malamuthündin, die Mutter unseres Rudels, mehr weiß ich nicht, auch nichts über andere Arten«.

»Oumiak war eine Alaskan Malamute«, verbesserte er. »Also, diese sehen den Siberian Huskys sehr ähnlich, haben aber einen schwereren Körperbau und längeres Fell. Ein reines Malamute-Gespann muss sorgsam aufgebaut und trainiert werden, denn sie sind nämlich etwas starrköpfig und eigensinnig, wie ich schon sagte, und der Leithund muss sich durchsetzen können, er braucht nicht unbedingt der stärkste sein, sondern der intelligenteste«.

»Dann haben wir den Siberian Husky. Er gilt als der schnellste Schlittenhund und hat grundsätzlich hellblaue Augen, das unterscheidet ihn vom Malamute, dessen Augenfarbe sehr unterschiedlich sein kann. Der Siberian Husky stammt, wie der Name schon sagt, aus dem russischen Sibirien und er hat das Laufen im Blut«.

»Der nächste ist der Kanadische Eskimohund. Sein Ursprung liegt in Kanada. Er ist kräftig und ausdauernd und kann ein Gewicht von 80 kg – so viel wiegt etwa ein erwachsener Mann – über 100 km weit ziehen. Er gilt als verspielt und freundlich. Ihn und die Malamuten mochte ich besonders«.

»Nun der Grönlandhund; meines Wissens gehört er zu den ältesten Hunderassen überhaupt. Er ist kräftig, willig und freundlich. Aber es ist schwer, ein komplettes Gespann aus Grönlandhunden zum Stehen zu bringen. Als letztes noch die Samojeden, die ausschließlich im hohen Norden zu finden sind. Mit ihrem schneeweißen Fell sind es echte Schönheiten, werden aber hauptsächlich bei der Jagd und zum Hüten von Caribouherden eingesetzt. Trotz ihres weißen Fells, haben sie keinerlei genetische Verbindung zu den weißen Polarwölfen«.

»Fleur, das sind die natürlichen, ursprünglichen Rassen. Derweil, bzw. schon seit längerem werden Hunde gezüchtet, die nur noch wenig mit diesen aufgezählten Rassen zu tun haben. Weil die traditionellen Rennen inzwischen mit Preisgeldern ausgezeichnet werden, die jeden alten Musher nur noch mit einem Kopfschütteln zurücklässt. Kommerz, Spektakel, Geld und Sensationslust prägen diese heutigen Rennen. Also werden Hunde gezüchtet, die Konditionsmonster sind, schlank und superschnell. In der Regel taugen sie nur zu einem Rennen und sind dann fertig. Abenteuerlichste Kreuzungen, wie z. B. zwischen Huskys und Windhunden tauchten auf; gnadenlos getrimmt, trainiert und gequält. Zu meiner Zeit erhielt der Sieger ca. 50.000 Dollar. Inzwischen ist es fast das Doppelte. Ich machte Schluss mit diesem Zirkus. Gerechterweise muss ich aber sagen, dass es Ausnahmen gab, dieser Franzose z. B., Nicolas Vanier. Seine Hunde gingen ihm über alles, er liebte sie, er nahm aber auch nur an wenigen Rennen teil, weil er hauptsächlich Expeditionen in allen möglichen Regionen der Erde unternahm und darüber Bücher schrieb. Auch ich liebte meine Hunde«.

»Das war Loups Lieblingsautor«.

»Das überrascht mich nicht. Wie ich schon sagte – ihr beide wart anders«. Mit stillem Lächeln schaute Grauer Biber sie an. »Wie habt ihr das nur geschafft, aus Wolfshunden solche Gefährten zu formen«.

»Mit Liebe, Liebe, Liebe; Zuwendung, Verständnis, Strenge und dem Ergründen ihrer Seele«.

»Das musst du mir irgendwann einmal ausgiebig erzählen«.

»Ich komme wieder, versprochen. Und ich bringe das alte Rudel mit. Du musst endlich die Nachkommen deiner Oumiak kennenlernen«. Die Augen des alten Indianers bekamen einen dunklen Schimmer.

»Komme wieder. Wann immer du willst.«

Als sich Ann erhob, wandte er sich abrupt ab, blieb aber nochmal stehen, »grüße Sinona von mir«, und verschwand im Haus. Chitaa begleitete Ann noch ein Stück und lief dann zurück. Gedankenschwer ging Ann zur Siedlung zurück. Sinona empfing sie mit einem seltsamen Blick, währenddessen flitzten zwölf Welpen zu Ann. Einige von ihnen stolperten tapsig über ihre eigenen Pfoten, als Knäuel prallten sie allesamt an Ann's Beine. Sie hatte nur zwei Hände, was sie bedauerte, dennoch gelang es ihr, keinen beim Knuddeln auszulassen. Diese kleinen Jungwölfe wuchsen gemeinsam auf, hatten drei gemeinsame Mütter und außer Torok übernahmen mindestens ein halbes Dutzend Männer eine Vaterrolle.

Vom Wind ausgefranste Wattewolken umhüllten die Berge und verschmolzen mit der schnell einsetzenden Dämmerung. In der Siedlung versiegte das geschäftige Treiben, langsam kehrte Ruhe ein. Aber ein kurzes Heulen erhob sich, Polar rief ihre Jungen. Die weiße Wölfin verfolgte noch immer aufmerksam und neugierig das Geschehen in der Siedlung, mit den Wolfshunden verband sie zwar nicht unbedingt Freundschaft, aber sie jagten bereits gemeinsam. In ihnen spürte sie wohl das gleiche Blut, welches auch in ihren Adern floss. Ann scheuchte die kleinen Jungwölfe davon und wusch sich die Hände. Mit einem Tablett trat Sinona aus dem Haus und deckte den Tisch, während über den Bergen immer neue Panoramen von atemberaubender Schönheit einander abwechselten. Ann half beim Herrichten des Abendessens, gleichzeitig forschte sie in Sinonas Gesicht, die noch Tee in die Tassen goss und weiter stumm blieb.

»Ist alles in Ordnung, Sinona?« Die nickte.

»Übrigens, ich soll dich von Grauer Biber grüßen. Hätte ich fast vergessen.«

In Sinonas Gesicht schlich sich ein zaghaftes Lächeln, unverhohlene Freude versuchte sie zu unterdrücken. Ann's Instinkt erwachte ... So unbeteiligt wie möglich erzählte sie von ihrem Gespräch mit dem Indianer, das sich bis in den Abend hineingezogen hatte. »Ich fühlte mich aufgenommen und sehr wohl in seiner Gegenwart. Ich soll wiederkommen und das gesamte Rudel mitbringen, Oumiaks Kinder und Enkel will er endlich kennenlernen. Er ist ein feiner Mensch. Komm einfach mit das nächste Mal.«

Unmerklich zuckte Sinona zusammen. Und Ann's graue Zellen schalteten einen Gang höher. »Sinona«, sagte sie sanft, »du und Grauer Biber seid ungefähr im gleichen Alter und ein paar Jahre jünger als ich. Euch verbindet doch etwas! Erzähle, aber nur wenn du willst.« Mit einem tiefen erleichterten Seufzer lehnte sich Sinona zurück. »Du bist eine weise Schamanin, vor dir kann man nichts verbergen. Ja, er ist ein feiner Mensch und wir waren einmal zusammen ... «

Abrupt stand sie auf und ging ins Haus. Ann glaubte zu erkennen, dass sie sich kurz übers Gesicht wischte. Zurück kam sie mit zwei kleinen Gläsern, in denen eine goldbraune Flüssigkeit funkelte. »Oha, Sinona, du willst doch nicht ... «

»Nein, aber ich brauche jetzt etwas, das meine Zunge lockert«.

Ann lachte, »okay, na dann«, und hob ihr Glas.

»Fleur, viele Jahre ist es her und es war eine schöne Zeit. Aber wirklich glücklich war Grauer Biber nur mit seinen Hunden und dem Gespann, das er durch die weißen Weiten des Yukon, der Nordwest Territorys und Alaskas führte. Monatelang blieb er weg und hat darüber hinaus Jahre seines Lebens damit zugebracht, in diesen Ländern der Stille seine Spuren zu hinterlassen. Seine Hunde, ein Zelt und Schlafsack, mehr brauchte er nicht. Die Wildnis war sein Heim, den blauen Himmel als Decke, die Berge als Wände, eine Wiese als Teppich und die Pforte zum Unbekannten als Tür. Er brauchte keine Trommeln und Gesänge. Er hatte den Gesang der Wölfe. Er brauchte keinen Alkohol, um sich zu berauschen. Dort draußen berauschte ihn alles, das Polarlicht, der Geruch eines Lagerfeuers oder das weiche Fell seiner Hunde«. Sinona verstummte, in ihren Augen der Glanz einer vergangenen Zeit. Auch Ann blieb still, rührte sich nicht, gefangen in dem Erzählten von Sinona. Sie schaute in diese Weite, die von den Ogilviebergen begrenzt wurde mit den Nuancen von Blau und Rot der untergegangenen Sonne. Der Horizont im Norden ließ die Krümmung der Erde erahnen, was sie an die Suche nach Torok erinnerte, als sie die flache Tundra schon fast erreicht hatten. Keoma erschien, unter dem Arm einen dicken Zedernholzpflock, den er aus einem abgebrochenen Ast geschnitten hatte. Kurz schaute er beide Frauen an und verstand ... Nach dem Essen, was schweigsam verlief, zog er sich in seine kleine Werkstatthütte zurück. Ann wollte den Tisch abräumen, aber Sinona hielt sie zurück.

»Fleur, eins muss ich dir noch erzählen. Bei einer Zusammenkunft im Großen Haus war Grauer Biber einmal anwesend. Am Ende prallte ich mit ihm unabsichtlich zusammen. Beide waren wir damals erschrocken und verlegen. Aber er sagte mir etwas: *Im letzten Winter war ich einmal beim Blockhaus am Okinaga Lake. Sie haben mich nicht bemerkt. Diese beiden Weißen sind anders.* Dann drehte er sich weg und ging«. Nun wollte Sinona abräumen, diesmal hielt sie Ann zurück.

»Sinona, lass uns morgen zu Grauer Biber gehen. Bitte«!

»Okay«.

Spät am Abend lag Ann lange wach, dachte an Loup und erging sich in unwirklichen Phantasien, in denen sie gemeinsam Winterreisen mit dem Wolfshundegespann unternahmen. *Bald könnten wir mit einem 17er oder 18er Gespann losziehen*, dachte sie; *du und Grauer Biber, ihr hättet euch gut verstanden.* Dann verhinderten aufziehende Gedanken an die Gerichtsverhandlung ein friedliches Einschlummern. Sie verscheuchte sie, was erst spät in der Nacht gelang. Am Morgen fühlte sie sich zerschlagen. Mühsam richtete sie sich auf, verhielt einen Moment und schaute aus dem Fenster. Unwillig schwang sie die Beine aus dem Bett und stand auf. Ihr Blick fiel auf das flache weiße Kissen mit dem Ahornblatt, auf das Sinona den Orden befestigt hatte. Es hing in der Mitte des verglasten Bogens des Bücherregals. Geräusche aus der Küche waren zu vernehmen. Noch in Schlafsachen trippelte sie in die Küche. Sinona stand am Herd und bereitete Kaffee. Sie in die Arme nehmend sagte sie leise: »Schön, dass es dich gibt«. Hastig schlüpfte sie in ihre Sachen und ging nach draußen. Die Sonne stand schon über den Bergen der Rakla Range im Osten, sie trat zum Wasserbottich an der Hausseite und schaufelte sich das kalte Wasser ins Gesicht. Im Handumdrehen war sie wach, erfrischt schaute sie in den jungen Tag, der sie mit dem leisen Säuseln des Windes begrüßte und atmete tief die reine Luft ein, diese Luft, die sie mit den anderen Bewohnern der Siedlung, den Tieren und Bäumen teilte. Alles um sie herum wurde von den Indianern der Ojibwa und Cree geachtet, war heilig, denn die Erde gehörte nicht den Menschen, sondern die Menschen gehörten der Erde. Ann spürte diese Harmonie und in ihr eingebettet reines Glück. Ein paar Meter entfernt saßen einige Kinder im Halbkreis vor Sitka und Atka, die ihre Welpen säugten. Auch von den Fähen vorgekaute feste Nahrung nahmen sie schon zu sich, was ihr Wachstum beschleunigte. Die schon Gesättigten tollten zwischen den lachenden Kindern herum, vollführten Bocksprünge und versuchten ein paar quietschende Heuler – sie übten schon mal.

»Fleur, Frühstück!« Ann riss sich los von diesem friedlichen Bild. Am Tisch fiel ihr Keomas mürrisches Gesicht auf.

»He Bruder, ist dir eine Laus über die Leber gelaufen?«

»Waas? Bitte was?«

Ann verdrehte die Augen, »jaja, schon gut, ist wiedermal so ein doofes deutsches Sprichwort«, kurz erklärte sie den Sinn hinter diesen Worten. »Entschuldige. Warum bist du an so einem schönen Morgen schlecht gelaunt«?

»Fleur, wir sollten uns noch einmal zusammensetzen, wir vier. Nächste Woche ist die Gerichtsverhandlung, auch Takoma mahnte es nochmal an. Trotzdem können wir wohl davon ausgehen, dass Richter und Staatsanwaltschaft objektiv und der Beweislage entsprechend handeln werden; dennoch kann eine Abstimmung zwischen uns vier Zeugen nicht schaden«.

»Ja, das ist richtig. Ist Tak unterwegs«?

»Ja, Marma-tea erwartet ihn erst gegen Abend. Ach, übrigens, die Verhandlung ist öffentlich, was uns entgegenkommt und sie erwähnte noch, dass Takoma mehrere Teilnahmeberechtigungen bzw. Zuschauertickets besorgt hat für unsere Leute, denn viele wollen unbedingt dabei sein«, ergänzte Sinona.

»Also heute nicht mehr. Treffen wir uns morgen. Heute wollen Sinona und ich mit dem gesamten Rudel Grauer Biber besuchen. Er will endlich die Nachkommen seiner Oumiak kennenlernen. Ich freue mich drauf«.

Mit einem verschmitzten Lächeln nickte Keoma Sinona zu.

Grauer Biber verkörperte all jene Vertreter der indigenen Menschen, die in vollkommener Harmonie mit dem, was sie umgab, mit den Farben, Bäumen, Landschaften und Tieren lebten. Er tötete die Lachse und Elche nicht, sie waren Fleisch, das er fürs Leben brauchte und ihr Leben ging nur von einem auf den anderen über, vom Tier auf den Menschen, so wie der Wind erst über den einen und dann über den anderen Baum streicht. Ihr Tod war nur die sichtbare Form einer natürlichen Weitergabe von Energie. Grauer Biber war sich bewusst, dass sein Körper irgendwann die Erde nährte, sie bereicherte und düngte mit seinem Fleisch. So schließt sich der ewige Kreislauf. Die heilige Erde bewahrt die Erinnerung an ihn und seine Energie wird an die Pflanzen weitergegeben, die wiederum von Tieren gefressen werden. Die Indianer verstehen diese Verbundenheit, die Bestandteil ihrer Lebensphilosophie ist. Alles war eins. Leben entstand, wurde empfangen und weitergegeben. Grauer Biber freute sich still darauf, dass er bald die Nachkommen seiner Oumiak sehen würde.

Es erwies sich als schwierig, Torok von seiner Familie loszueisen. Natae und Marma-tea erboten sich, bei Polar und ihren Welpen zu bleiben. Zusammen mit dem alten Rudel und ihren sieben Welpen machten sich Ann und Sinona auf den kurzen Weg zu Grauer Biber. Naja, der kurze Weg wurde ein langer, denn der quirlige Nachwuchs von Sitka und Atka war überhaupt nicht gewillt, diszipliniert einen Weg zu gehen, ohne neugierige Erkundung der neuen interessanten Umgebung. Aber auch das alte Rudel gab sich ausgelassen, vor allem Torok schien die Gemeinschaft mit seinen Geschwistern wiedermal zu genießen. Bevor sie das Anwesen von Grauer Biber erreichten, nahm Ann das Rudel noch einmal zusammen und machte ihnen mit ihrer ganz eigenen Art deutlich, dass sie gleich einem fremden, aber guten Menschen mit einer Hündin gegenüberstehen würden. Die Wolfshunde »verstanden«. Die Kleinen dagegen stürmten voraus, aber urplötzlich stoppten die ersten und die nachfolgenden purzelten übereinander, als sie den großen fremden Hund sahen.

Grauer Biber begrüßte Ann, »du hast dein Versprechen gehalten«. Fast scheu wandte er sich Sinona zu und nahm ihre Hände in die seinen. »Du hast dich nicht verändert. Es freut mich, dich zu sehen, Sinona«. »Ich freue mich auch. Aber du hast dich verändert, du wirkst nicht mehr so unstet wie früher, scheinbar hast du deine innere Ruhe gefunden«.

Grauer Biber nickte, neben ihm stand Chitaa, ihr leises Knurren ließ ihre Angespanntheit erahnen, denn unentwegt beobachtete sie die Wolfshunde, sie spürte das Wolfsblut in ihnen und die uralte Feindschaft zwischen Hund und Wolf flackerte auf. Er strich ihr beruhigend über den Kopf.

»Sinona, wer einen Fluss überquert, muss das eine Ufer verlassen. Ich folgte dem Beispiel des »shunktokecha« (des Wolfs). Selbst im Zweifel oder auf der Flucht um sein Leben, sucht er einen Rückzugsort erst auf, nachdem er sich ein letztes Mal umgesehen hat. Man sollte auf alles im Leben einen zweiten Blick werfen. Ich tat das spät, zu spät, aber ich gelangte dennoch wieder an das frühere Ufer. Oumiaks Tod führte mich zurück«.

Erst jetzt schaute er die Wolfshunde nacheinander an, »kommt, kommt mit«.

Fassungslos sah Ann, wie Torok, Nanook, Inuk und Sitka dem Indianer folgten, ohne das geringste Zögern.

»Komm, Fleur, ich weiß, was er uns zeigen will«. Ein paar Meter südlich des Blockhauses, an der Peripherie der freien Fläche mit den Hundehütten, wurde eine Einfriedung sichtbar mit einem länglichen Hügel und einem schlichten Holzkreuz, an dem ein Ledergeschirr hing. Eingeschnitzt ins Holz des Kreuzes und mit schwarzem Fichtenharz ausgelegt, stand der Name Oumiak.

Es wäre spekulativ, nein, völlig abwegig, zu glauben, dass diese Wolfshunde irgendeine intuitive Erinnerung aufbrachten.

Aber sie wurden vor langer Zeit monatelang von ihrer Mutter gesäugt und beschützt. Und danach von Ann und Marty mit viel Liebe auf-und erzogen. Wer kann schon ermessen, welche Kräfte und Wunder in der unberührten, unverdorbenen Natur dieses stillen Landes wirken. Inuk legte sich als erster an den Hügel. Hier, fernab vom hässlichen Getriebe der Städte, in der Abgeschiedenheit dieser ungezähmten Natur, errichtete ein alter Indianer ein Grab für seine ehemalige Gefährtin und Leithündin. Gleichsam Verlust und Schmerz stritten in seinem Gesicht. Freiheit gehört untrennbar zu diesem Land. Hier leben, ohne sie zu genießen, das hieße mit blinden Augen sehen und mit tauben Ohren hören. Grauer Biber hatte in diesem Land zu sich selbst gefunden, anderes aber aufgegeben ... Sein Blick wanderte vom Grabhügel weg zu Sinona.

»Sinona, verzeih mir; verzeih mir, dass ich mir in der stillen Weite unseres Landes mein »wadiswan« (Nest) baute, in der Hoffnung, dass meine Träume den Weg aufzeigen würden, der von Wakan Tanka für mich vorgesehen war. Als ich zurückkehrte, gaukelte die Reue mir vor, dass die Gewissheit, dich glücklich im Stammeskreis zu sehen, genügen muss. Verzeih mir. Ich danke dir für dein Kommen«, er nahm ihre Hand und legte sie an seine Wange. Beherrscht wandte er sich ab, ging nun zu den Wolfshunden und ließ sich in ihrer Mitte mit gekreuzten Beinen nieder. Was Ann erneut erstaunte, war das Verhalten ihres Rudels gegenüber Grauer Biber, etwas Mystisches verbarg sich darin. Er sprach zu ihnen, musterte sie konzentriert, griff in ihr Fell, an die Schnauze und die Zähne. Auch die Pfoten untersuchte er mit beiden Händen. Gegen den Strich bürstete er immer wieder ihr Fell. Und die ließen es einfach zu! Als er sich schließlich Ann zuwandte, vereinten sich Erinnerung und Genugtuung in seinem Gesicht.

»Alle haben etwas von ihr, alle. Wobei dieser Schwarze, Torok, wohl das Abbild des Vaters ist. Aber ... «, er zeigte auf Nanook, »wie heißt er«?

»Nanook«.

»Er ist Oumiak«!

*Mein Gott*, dachte Ann, *wie hatte er Oumiak, seine Leithündin, charakterisiert – eigensinnig, freiheitsliebend, starrköpfig, stark. Ja, das ist Nanook!* »Hast du ein Bild, ein Foto von ihr?«

Er ging ins Haus und kam mit einem gerahmten Bild zurück. »Ein das Rennen begleitender Fotograf schoss das Foto an einem Kontrollpunkt des Iditarod«.

Fast ehrfürchtig nahm Ann das Bild in beide Hände, studierte es, nahm in sich auf, was sie sah, entdeckte, was sie suchte. »Ja, es ist Nanook. Ein blaues und ein braunes Auge. Fell, Kopfform, Schnauze, ja. Aber auch Inuk erkenne ich in ihr«. Lächelnd schüttelte sie den Kopf, »und gerade die beiden sind unzertrennlich, beste Kumpels. Es ist unglaublich. Hast du noch ein zweites Foto von ihr«?

Grauer Biber schüttelte bedauernd den Kopf, »aber ich könnte Finn kontaktieren, den Fotoreporter. Finn O'Neal, er lebt in Glenboyle in der Nähe von Dawson City. Mit Sicherheit löscht er kein einziges Iditarodfoto in seinen Dateien«.

»Ich werde ihn kontaktieren, um ... «.

»Nein, nein, ich mach das schon. Seine Sat.-tel. Nummer habe ich noch. Er wird sich freuen, wiedermal etwas von mir zu hören. Er dokumentierte auch Oumiaks Zusammenbruch und die letzten Kilometer bis Nome. Du bekommst das Foto, versprochen«.

»Und du bekommst von mir Fotos vom Rudel und ihren Enkeln. Allerdings ..., Amak, einer der drei Enkel ist tot. Er wurde von einem Wilderer erschossen, deren Kumpane wird nächste Woche der Prozess gemacht«.

»Diese verfluchte Bande, unsere Geister werden sie strafen. Fleur, du stehst das durch, du bist doch als Zeuge geladen?«

»Ja, zusammen mit Takoma, Keoma und Little Bear«.

»Little Bear ... ?«

»Der Sohn von Akai. Er und Sitka haben mir das Leben gerettet«.

»Guter Mann! Ihr steht das gemeinsam durch. Ich schicke Wakan Tanka meine Gebete. Weißt du Fleur, ich lebe in und mit Erinnerungen. Sie halten mich am Leben«, dabei warf er Sinona einen Blick zu. »Aber nochmal zu Oumiaks Nachkommen. Ist dir bewusst, dass in ihren Enkeln der Blut-und Genanteil vom Hund nur noch minimal ist? Kein Blut vom Hund kam dazu, nur noch Wolfsblut«. Er hielt ihr einen Welpen hin und öffnete mit zwei Fingern dessen Schnauze. »Schau dir das schon ausgebildete Gebiss an. Es ist eindeutig ein Fleischfresser-und Jagdgebiss. Hier, die Eckzähne sind die Jagdzähne, damit packt ein Wolf seine Beute. Die gibt es so bei Hunden nicht, jedenfalls nicht in der Anordnung und Größe«.

»Mmh, ja, stimmt. Darüber machte ich mir noch keine Gedanken«.

»Solltest du aber. Sie gehören eigentlich der Wildnis«. In Ann's traurige Augen schauend, musste er dennoch lächeln. »Aber du bist eine Wolfsfrau, wie du manchmal genannt wirst. Du und dein Mann habt schon einmal das erstaunliche Experiment erfolgreich zu Ende gebracht, Wolfshunde ins menschliche Leben zu integrieren«.

»Sie gehören eigentlich der Wildnis – sagtest du. Weißt du, Loup und ich haben die Meute, wie wir sie anfangs immer nannten, nie als unser Eigentum betrachtet. Man kann sie nicht besitzen! Man kann sie nur lieben! Und Liebe hat nichts mit Besitz zu tun«! Die Evidenz ihrer Worte entsprach einer weisen Schamanin. »Ich hätte es nicht besser ausdrücken können«, der alte Indianer nickte ihr zu.

»Suche dir einen aus, oder mehr. Sie gehören der Wildnis, sie gehören uns allen, die wir wissen was wichtig ist im Leben«.

»Bist du sicher, dass du bei deinen Ahnen keinen Indianer hattest«? Grauer Biber lachte und setzte den Welpen ab. Dann ging er zu Sinona, die die beiden frohen Herzens beobachtet hatte. Ann stahl sich diskret davon, sie wollte die zwei nicht bei ihrem Gespräch stören, sie sollten wieder zueinanderfinden. Mit der alten Meute durchstreifte sie das weitläufige Anwesen des Grauen Bibers, entlang der Freifläche für seine Schlittenhunde, an deren kleinen Hütten die Wolfshunde schnupperten. Dahinter schob sich ein kleiner Creek ins Blickfeld, von dem eine Leitung zum Haus führte, zwischengeschaltet eine Pumpe mit Filter und Mengenregelung. Die Wölfe genossen ausgelassen das Herumtoben, dabei stöberten sie einen Hasen auf und mehr aus Spaß als an Beute interessiert, hetzten sie ihn, der sich aber mit gekonnten Haken ihrem Zugriff entzog.

*Ich muss mir Gedanken machen über die Verteilung der Jungwölfe. Die Trapper haben sich auch schon angekündigt. Und vor allem: welche und wieviel möchte ich behalten. Es sind sieben Fähen und fünf Rüden, mmh.* Von weitem hörte man das Japsen und Heulen der Meute, Ann gönnte ihnen das geschwisterliche Herumtoben. Sie setzte sich auf einen alten Baumstumpf und fing mit den Fingern an zu zählen – *zwölf Welpen ... fünf möchte ich behalten: je eine Fähe von Sitka, Atka und Polar und je ein Rüde von meiner Sitka und Polar. Bleiben noch sieben zum Verteilen; ein Welpe für Grauer Biber und sechs für die Trapper. Damit entspreche ich auch meinem Versprechen an sie und Natae.* Sie ließ einen erneuten Seufzer folgen, erhob sich und folgte den Lauten der Wolfshunde, die aus mehreren Richtungen gleichzeitig zu hören waren. Laut rief sie nach ihnen, worauf sie nach ein paar Minuten heranhechelten und gemeinsam schlenderten sie zurück. Was in den letzten Tagen nie gänzlich aus ihrem Kopf verschwand, waren die Gedanken an den Gerichtstermin in der nächsten Woche. Noch nie stand sie in einem Gerichtssaal, noch dazu als Zeuge. *He Ann, du hast doch nichts zu befürchten,* sagte sie sich.

Kanada besteht aus zehn Provinzen und drei Territorien (Yukon, Nordwest, Nunavut), sie alle haben ein auf dem »Common Law« (Gewohnheitsrecht) basierendes Rechtssystem und eigene Kompetenzen. Der Oberste Gerichtshof von Kanada in Ottawa ist das oberste rechtsprechende Staatsorgan Kanadas. Die Tatsache, dass Miss Ann Trebe als »Members of the Order of Canada« geehrt wurde, war nicht allein ausschlaggebend für die allumfassende Aufmerksamkeit und Anteilnahme für diese Gerichtsverhandlung. Sie war im Yukon und darüber hinaus landesweit bekannt, berühmt und beliebt. Ann, Takoma, Keoma und Little Bear begaben sich von ihrem Hotel aus zu Fuß zum Gerichtsgebäude, was ihnen bei der Bevölkerung weitere Sympathie einbrachte, denn der Anwalt der Verteidigung, Dr. Duke Worthington, und seine zwei Assistenten wurden mit einem monströsen schusssicheren SUV heranchauffiert. Damit wollte die Verteidigung wohl Eindruck schinden, erzeugte durch diese Arroganz aber das Gegenteil. Durch seinen Job hatte Takoma zwangsläufig viele Bekannte nicht nur im Yukon, sondern auch in den benachbarten Territorien und Bundesstaaten. So hatte er Hinweise erhalten, dass Ann's »Wolfsliebe« auch auf Ablehnung bei dem einen oder anderen Farmer aus Alberta und anderswo stieß. In deren Rinderherden gab es in der Vergangenheit hin und wieder Wolfsrisse, sehr selten zwar, aber es gab sie. Takoma war also vorgewarnt und teilte dies auch Keoma und Little Bear mit, nicht aber Ann. Die war überwältigt von den Sympathiebekundungen der vielen Menschen auf dem Vorplatz des Gerichts. Es wurde geklatscht und ihr Name gerufen, allerdings wunderte sie die Präsenz vieler Sicherheitsleute. Angespannt und konzentriert flankierten Takoma und Keoma Ann, Little Bear lief unmittelbar hinter ihr und »scannte« mit scharfem Blick die Menge. Vor dem Eingang hatte sich eine Gasse gebildet, Applaus kam auf und gute Wünsche wurden gerufen. Ann winkte gerührt.

Das unbemerkte Vortreten eines Mannes und ein metallisches Aufblitzen registrierten Takoma und Little Bear fast gleichzeitig. Den auf Ann gezielten Stoß fing Takoma auf und verdrehte die Hand mit dem Messer soweit, dass der Mann schmerzvoll aufschrie und das Messer fallen ließ, von hinten umklammerte ihn Little Bear und drückte seinen Hals ab bis der keuchend nach Luft rang. Ungeachtet der Schreie, Panik und des Tumults ringsum hatte Keoma Ann gepackt, halb tragend und schleifend zerrte er sie zum Eingang, riss die Tür auf und stürzte mit ihr in den Armen ins Gebäude, mit einem Fußtritt schlug er die Tür hinter ihnen zu. Fest umschloss er Ann und strich ihr beruhigend über den Rücken.

»Alles okay, Fleur?«

»Wenn du mich aus dem Schraubstock deiner Arme entlässt, kann ich ausführlicher antworten«, wisperte ihr an Keomas Schulter gequetschter Mund. Er gab sie erleichtert frei und starrte gleichzeitig fassungslos in ihr lächelndes Gesicht.

»Was bist du nur für ... , du bist ... «.

»Ich bin Fleur. So sagt ihr doch immer. Ja, ich bin Fleur und habe die besten Bodyguards der Welt«. Aber plötzlich erstarrte sie erschrocken, »Wo sind Takoma und Little Bear?«

»DU ... BLEIBST ... HIER«!

Inzwischen hatten draußen Sicherheitsleute und Mounties das Gerichtsgebäude abgeriegelt. Dem Angreifer waren Handschellen angelegt worden und er wurde abgeführt. Die Menschenmenge hinter den Absperrungen hatte sich nicht verkleinert oder zerstreut, aber es herrschte Stille. Dann, allmählich, wurden erste Rufe laut, noch beeindruckt vom Geschehen, aber schließlich skandierte die Menge Ann's Namen: »Fleur, Fleur, Fleur«! Etwas abseits, aber innerhalb der Absperrung, standen die beiden Indianer beieinander. Takomas leicht verletzte Hand wurde von einem Sanitäter behandelt. In Little Bears Blick loderte noch immer Hass, deshalb starrte er seinen Chief ungläubig an, denn der strahlte irgendwie erleichtert.

»He Takoma, Chief, alles okay?«

»Ich habe es eingelöst, endlich konnte ich mein Wort an Loup einlösen. An seinem Grab schwor ich ihm, dass ich seine Frau beschützen werde. Ich habe mein Wort eingelöst, Little, verstehst du! Ich habe sie beschützt. Wie du und das Rudel damals am Okinaga«.

»Wir alle werden es niemals zulassen, dass ihr etwas geschieht! Aber, verdammt, wo ist sie«?

»Sie ist in Keomas Obhut, er brachte sie ins Gebäude«.

In Anbetracht des Geschehens wurde bekannt gegeben, dass die Eröffnung des Prozesses um eine Stunde verschoben wurde – das Richterkollegium hatte sich zu einer Beratung zurückgezogen. Für die draußen Wartenden war das Anlass zu Diskussionen und Mutmaßungen. Ann war zusammen mit den drei Indianern in einen separaten Raum gebracht worden, vor dem und um das gesamte Gerichtsgebäude standen RCMP – und Sicherheitsbeamte. Der schließliche Beginn des Prozesses verzögerte sich wegen der Personenkontrollen am Eingang des Saales weiter.

Der Vorsitzende Richter eröffnete das Verfahren und erteilte dem Staatsanwalt das Wort; James Mortimer verlas die Anklageschrift. Dieser James Mortimer war dem ersten Anschein nach ein älterer, unscheinbarer, aber erfahrener Jurist. Sein in vielen

Verhandlungen hart gewordenes Gesicht ließ vermuten, dass er ein gnadenloser Ankläger sein würde. Emotionslos trug er die Anklageschrift vor.

Der erste Fehler des Verteidigers Duke Worthington war, den Staatsanwalt zu unterschätzen.

Der zweite Fehler war, dass er Mortimer bei dessen Vortrag in arroganter Art zu unterbrechen versuchte, indem er einen zweiten Antrag stellte: *Der Vorfall vor dem Gerichtsgebäude sollte als eine Inszenierung der Anklage gewertet werden.* Was vom Vorsitzenden Richter sachlich beherrscht abgelehnt wurde, verbunden mit der disziplinarischen Zurechtweisung, dass der Staatsanwalt das Wort hatte und er zu gegebener Zeit seine Gelegenheit haben wird.

»Fahren Sie fort, Herr Staatsanwalt«. Nach letzten ergänzenden Sätzen beendete der die Verlesung der Anklageschrift.

»Verehrter Herr Verteidiger, sollte Ihr zweiter Antrag als Anklage gegen die Staatsanwaltschaft bzw. meine Person gemeint sein, werde ich sofort den festgenommenen Attentäter als Zeugen aufrufen«.

Worthington wirkte nervös, »ich äußerte nur eine Vermutung«.

Emotionslos, aber mit süffisanten Worten antwortete Mortimer: »Dann können wir wieder zum eigentlichen Verfahren zurückkommen. Bitte, Herr Vorsitzender«!

Der dritte Fehler war, dass Worthington sich erneut erhob, und ... Mit einem Knall schlug der Vorsitzende den Hammer auf das kleine Podest. Viele der Anwesenden zuckten zusammen. Die Geduld des Obersten Richters schien am Ende. »Hiermit ersuche ich Sie, die juristische Hoheit des Obersten Gerichts nicht weiter zu torpedieren. Des Weiteren möchte ich Sie darüber belehren, bezugnehmend auf ihren ersten Antrag, dass eine vom Dominion Canada geehrte Person grundsätzlich die Kennung als »Members of the Order of Canada« im Namen trägt mit der Punktuation CM. Ich hoffe, dass ich damit Ihr Wissen erweitern konnte«. Weil erneutes Gelächter bei den Zuschauern aufkam, fühlte sich der Richter genötigt mit strenger Miene um Ruhe zu bitten.

»Herr Staatsanwalt, Ihre Zeugen«!

»Ich bitte Miss Ann Trebe CM. in den Zeugenstand«. Mit unverhohlener Genugtuung betonte er deren Namensbezeichnung. Ann trat nach vorn, wurde vereidigt und befragt. Danach Takoma. Ruhig und sachlich schilderten beide entsprechend den Fragen des Staatsanwalts das Geschehen.

»Hat die Verteidigung Fragen an die Zeugen der Anklage, Miss Ann Trebe CM. und Chief Takoma Adahy«?

Duke Worthington stand auf und würdigte Ann keines Blickes, stattdessen zeichnete er ein Bild der Zeugen, das bei den Zuhörern zunächst Fassungslosigkeit, dann aber empörten Tumult hervorrief. Die Hammerschläge des Obersten Richters übertönten schließlich die aufgebrachte Geräuschkulisse und er rief, dass er den Saal räumen lässt, wenn nicht sofort Ruhe einzieht; was eine Weile dauerte. An den Verteidiger gewandt äußerte der Vorsitzende säuerlich: »Also keine Fragen! Herr Staatsanwalt, bitte«.

»Ich bitte noch den Zeugen Little Bear vom Verbund des Ojibwa/Cree Gemeinwesens in den Zeugenstand«.

Takoma bekam bei diesem Aufruf feuchte Hände ...

Little Bear schilderte ebenfalls und deckungsgleich mit Ann's und Takomas Aussagen das Geschehen, fügte nur noch Details zu seinem Tun hinzu.

»Fragen der Verteidigung«?

Worthington erhob sich siegesgewiss, diese junge Rothaut würde er in belastende Widersprüche verwickeln! Mit heftigen Anschuldigungen und andersartiger Darstellung bombardierte er Little Bear, um ihn einzuschüchtern, verstummte schließlich mit überzeugter Miene und schaute den jungen Indianer herausfordernd an.

Little Bear blieb stumm!

Wütend kläffte Worthington: »Warum antworten Sie nicht«?

Little Bear war vielleicht hitzköpfig, aufbrausend und mitunter unbeherrscht, aber er besaß einen klaren Verstand und die Schläue eines Indianers. »Worauf soll ich antworten, Sie haben mich nichts gefragt«.

Nach einigen Augenblicken der Ruhe, breitete sich wieder Gelächter aus, verstummte aber gleich wieder, als der Oberste Richter den Kopf hob und nach dem Hammer griff. Mit gesenktem Kopf konnte sich Takoma ein Grinsen nicht verkneifen. *Ich habe ihn total unterschätzt, Little – du bist ein großer Häuptling.*

Noch einmal erhob der Verteidiger die Stimme: »Alles Vorgebrachte weist keinerlei Beweiskraft aus, die Aussagen sind allesamt erdacht und konstruiert. Die Verteidigung plädiert auf Freispruch aus Mangel an Beweisen«.

Staatsanwalt Mortimer: »Die fehlerhaften Begründungen der Verteidigung möchte ich nachfolgend ad absurdum führen«. Er wandte sich dem Publikum zu: »Mister Mick Talbot, bitte«. Mick stand auf, Joe und Mad boxten ihn kurz in die Seite. Gelassenen Schrittes ging er nach vorn – als er an der Zeugenbank vorbeikam, zwinkerte er kurz Ann, Takoma und Little Bear zu – blieb vor dem Podium des Staatsanwalts stehen und überreichte ihm ein Kuvert.

»Was soll das, würden Sie mir wohl erklären, was das zu bedeuten hat?«

»Gedulden Sie sich einen Moment, Sie bekommen gleich eine Antwort auf Ihre Frage.«

Hinter dem Richterkollegium leuchtete ein großer Bildschirm auf, Mortimer schob eine Speicherkarte in ein kleines Abspielgerät und drückte einen Knopf. Ein Gerichtsdiener dimmte ein wenig die Saalbeleuchtung herunter, und auf dem Bildschirm lief ein Film ab, der das gesamte Geschehen dieses Überfalls am Okinaga zeigte. Dröhnende Stille.

Der Oberste Richter machte sich nicht mehr die Mühe, mit seinem Hammer die polierte Oberfläche des antiken Podestes vor ihm zu malträtieren, der Jubel hätte die Schläge übertönt. Den Trappern, voran Mick, gelang ein mit dem Staatsanwalt vorbereiteter Coup. Mick hatte damals vom Blockhaus aus mit einem Camcorder alles aufgenommen.

»Hi, Sinona«, begrüßte sie Ann mit seltsam trübem Blick. Die Farben ihrer Augen waren blass, schläfrig glitten die Augenlider herab, und sie lehnte sich tastend an den Türpfosten. In Zeitlupe rutschte sie nach unten.

»Keomaaa!!!«schrie Sinona gellend.

Der stürzte herein, fing Ann gerade noch auf und fasste sie unter die Achseln und Kniekehlen. Vorsichtig verbrachte er sie in ihr Zimmer und legte sie aufs Bett. Erst fühlte er ihren Puls, der unregelmäßig pochte, dann griff er sich einen kleinen Handspiegel vom Regal über dem Waschbecken und hielt ihn an ihren Mund. Erleichtert sackte er zusammen, setzte sich neben dem Bett auf den Boden und legte beide Hände auf den Kopf; verzweifelt flüsterte er immer wieder ihren Namen.

Nebenan schrie Sinona mehrmals etwas ins Sat.-Tel., dann kam sie mit wachsbleichem Gesicht zurück. »Ein Heli von der RCMP startet gleich mit Dr. Conway und zwei Sanitätern von ihnen. Vorsorglich bringen sie eine Tragbahre mit, denn auch ein Flugzeug kommt zusätzlich noch, sollte Ann nach Whitehorse transportiert werden müssen. Spätestens in einer halben Stunde sind sie hier«, sagte Bob noch.

»Oh Wakan Tanka, bitte, bitte!« Zitternd rückte sie einen Stuhl an Anns Bett und reckte ihre auf sich gerichteten Hände gen Himmel, flüsternd schloss sie die Augen.

Auch Keoma sprach leise athabaskische Formeln und schob sein Gesicht über das von Ann. Plötzlich öffneten sich deren Augen; von draußen drang Wolfsheulen herein, langsam hob sie eine Hand und legte sie an Keomas Wange.

»Loup, wo warst du denn, die Wölfe heulen, schau nach, ist das Amak?«

Da die Haustür offenstand, war Sinonas Schrei in der Siedlung wahrgenommen worden. Einige kamen gelaufen, Sitka sprintete herbei, zögerlich tappte sie herein, und ihr Winseln wurde zu einem schrillen Fiepen, als sie Ann liegen sah. Sie kroch zum Bett, wo Anns wässrige Augen noch immer auf Keoma starrten und legte ihr den Kopf auf die Brust. Ann schluckte krampfhaft, ihr Brustkorb hob sich zu einem tiefen Atemzug, die Augen wurden wieder dunkler und klarer. Auch Marma-tea war mittlerweile erschienen und starrte erschreckt auf Ann, schaute abwechselnd zu Sinona und Keoma. Die blieben stumm, erst dann schlug sie die Hände vors Gesicht.

Noch bei laufenden Rotoren sprang Dr. Conway aus dem Heli, gefolgt von den Sanitätern mit der Trage. Als schließlich auch noch ein Flugzeug auftauchte, begriffen die letzten Bewohner die Situation und eilten herbei. Conway setzte sich zu Ann. Weitere drängten ins Haus und verfolgten stumm erste kurze Tests, die der Doc durchführte: Heben der Lider und mit einer kleinen Stablampe Kontrolle der Augen und Zunge, Puls und Blutdruck messen. Dann stand er auf und jagte alle hinaus, wandte sich kurz an einen der Sanitäter, und der flitzte los. Sinona und Marma-tea sollten bleiben sowie auch Sitka, »bleib bei ihr, sie spürt dich«.

Derweil saß Keoma zusammengesunken in einer Ecke, noch einmal flüsterte er Anns Worte: *Loup, wo warst du denn ... Sie hat mich nicht erkannt!* Er sprang auf und rannte hinaus, erst bei den Wolfshunden blieb er schweratmend stehen.

Keoma, der stille Meister der Totempfähle und Holzskulpturen, hatte noch nie Angst in seinem Leben; aber Stolz, Liebe, Schmerz, Zorn und Trauer kannte er. Nun überrollte ihn die Angst. Mit diesem Gefühl konnte sein Körper nicht umgehen, und sich zwischen das Rudel niederlassend, streichelten seine zitternden Hände Atka. Den Angststress baute sein Körper mit dem Zittern aller Gliedmaßen ab. Es heißt, dass Raubtiere Angst wittern können ... Torok kam zu ihm und stupste ihm an die Wange, erstarrte kurz, dann lief er davon, und die anderen stürzten ihm nach. Atka und Polar blieben bei ihm, er hatte sich etwas beruhigt und erinnerte sich, dass Anns Augen bei seinem Weggehen dunkler geworden waren und sie klare Worte formuliert hatte, wenngleich auch wirre, was ihrem Zusammenbruch zuzuschreiben war. Atka lag zwischen seinen Beinen und schien ihn mit Zunge und sanften Bissen beruhigen zu wollen, und mit einer Pfote klopfte sie auf seine Brust. Und tatsächlich schlich sich ein zaghaftes Lächeln in sein Gesicht; als dann sogar Polar zu ihm kroch, vergaß er für ein paar Minuten, warum er hier draußen saß.

Dr. Conway stellte den Elektroenzephalografen neben das Bett, ordnete die Kabelstränge und verteilte sie netzartig über Anns Kopf, dabei informierte er seine beiden Helferinnen über die Werte von Puls und Blutdruck – Puls unregelmäßig, Blutdruck etwas zu niedrig. Er schüttelte leicht den Kopf, »durchaus noch im »hellgrünen« Bereich«. Er schaltete das Gerät ein und kalibrierte ein paar Einstellungen.

»Dauert jetzt ca. 45 min, ein Kaffee wäre jetzt nicht schlecht, außerdem könnten wir reden.« Kurz prüfte er nochmals Puls und Atmung seiner Patientin. »Puls und Atemfrequenz okay, etwas verlangsamt zwar, aber das liegt an dem Beruhigungsmittel, das ich ihr anfangs verabreicht habe.« Sinona brachte den Kaffee.

»Um euch zunächst einmal etwas zu beruhigen, lehne ich mich jetzt mal weit aus dem Fenster. Es ist zwar ein umfassender, aber »einfacher« Schwächeanfall mit psychosomatischem Hintergrund, was das EEG hoffentlich bestätigen wird.« Er schlürfte genussvoll seinen Kaffee. »Wow, der erweckt ja Tote wieder zum Leben.«

*»Deadman's Reach,* Fleurs Lieblingskaffee«, klärte ihn Sinona auf.

»Warum wundert mich das nicht?! Also, wie soll ich anfangen – versetzt euch mal zurück in die Zeit der vergangenen letzten Jahre. Beginnend in der Nacht mit dem Tod des einen Wolfshunds und Sitkas lebensgefährlicher Schussverletzung. Ihre mehrmalige Krebsnachsorge, und dabei die stetige innere Anspannung, ob der Krebs wiederkommt; die Sepsis bei Loup und sein späterer Tod; der gefährliche Überfall am Okinaga; die Gerichtsverhandlung usw. Aber auch die vielen zwar positiven, aber dennoch belastenden Maßnahmen und Projekte, die sie umsetzte, all das nagte unbemerkt am mentalen Gerüst einer nicht mehr ganz jungen Frau. Ja, selbst die für sie völlig überraschende Ehrung mit dem Titel »Members of the Order of Canada« und dem Echo in der Bevölkerung sowie dem Stress der nachfolgenden Einladungen und der medialen Berichterstattung landesweit, belasteten sie, so widersinnig das auch klingen mag. Nach und nach brach eine Strebe nach der anderen ab, das Gerüst brach zusammen und der Müllkübel der verarbeiteten Probleme lief über. Nun haben ihre Psyche, ihr Körper und ihr Geist die Notbremse gezogen. Ich kann die Reaktion ihres Körpers nachvollziehen«.

Bedrückt und irgendwie schuldbewusst starrten Sinona und Marma-tea den Doc an. Der schenkte sich Kaffee nach und schaufelte mehrere Löffel Zucker hinein, rührte um, rührte und rührte. Schließlich hob er den Kopf und schaute die zwei Frauen an. Augenblicklich erfasste er, was in ihnen vorging.

»Hehe, ihr habt euch doch nichts vorzuwerfen, nicht das Geringste! Im Gegenteil! Ihr alle, die Gemeinschaft eurer zwei Völker, war zusammen mit Fleurs Wölfen die Stützen, die verhinderten, dass dieser Schwächeanfall schon früher eintrat. Ihr habt eine innige, liebevolle und verehrende Verbindung bis zum heutigen Tag zu ihr aufgebaut und aus tiefstem Herzen gepflegt. Ohne euch wäre sie nach dem Tod ihres Mannes der Trauer erlegen. Bei meiner vorigen Aufzählung vergaß ich noch, dass sie die anstrengende Suche nach ihrem Leitwolf stark belastete – körperlich wie mental. Dieser Wolfshund war Loups Wolf! Das war wohl der »Kipppunkt«.

Das Gerät blinkte. Eingehend studierte Dr. Conway die Ausdrucke. Mehrmals nickte er. »Ähm, mmh, ja. Es gibt Ausschläge ... sie hat auf bestimmte Umweltreize reagiert, bei den ersten zwei Dritteln der Aufzeichnung, dann flaut das ab bis fast zu einer Linie – der Schwächeanfall. Danach ansteigend zeigt die Kurve Normalität an.« Der Doc lehnte sich zurück. »Wenn das Beruhigungsmittel nachlässt, wird sie ...

»Heh, habe ich eine neue Frisur bekommen? Doc, hast du den Beruf gewechselt?«

Sitka sprang auf, Sinona schlug die Hände vors Gesicht und sackte erleichtert auf ihrem Stuhl zusammen, Marma-tea schrie laut auf und rannte hinaus. Dort schauten ihr die Versammelten entsetzt entgegen.

»Fleur geht es gut, es geht ihr gut!« Atemlos reckte sie beide Daumen hoch. Dennoch wurde sie mit Fragen bestürmt, hob nochmals beide Hände und berichtete vom Ablauf der EEG-

Untersuchung, dazu erklärte sie auch, dass Elektroden netzartig auf Anns Kopf angeordnet wurden.

»Als sie aufwachte und die Augen aufschlug ... wisst ihr, was sie als Erstes sagte: »Heh, habe ich eine neue Frisur bekommen? Doc, hast du den Beruf gewechselt?« Selbst in dieser Situation verlor sie nicht ihren Humor!«

Leises, sachtes Lachen ertönte – zu tief saß noch die Angst in den Köpfen.

»Sie ist eine Heilige, sie ist unsere heilige Mutter«, rief eine Frau. »Lasst uns gemeinsam dem Raben und Wakan Tanka danken!« Alle knieten nieder, legten die Hände aneinander, und vielstimmiges Gemurmel erklang. Weiter hinten, rechts vom Großen Haus, tauchte eine Gestalt auf. Grauer Biber verweilte in ehrfürchtiger Haltung, eine Hand aufs Herz gelegt, sang er eine alte indianische Weise.

Das bunte Laub der Ahorne, Espen und Erlen, die zusammen mit dem Grün der Nadelbäume das Gemälde des Herbstes schmückten, war einem eintönigen Braun gewichen. Es schneite Blätter, und die Natur folgte unnachgiebig ihren eigenen Regeln. Das Land im Nordwesten war hart und brachte harte Menschen hervor, die aber damit umgehen konnten. So wie die drei Trapper, Joe, Mad und Mick, die sich ein paar Tage in der Siedlung aufhielten, um sich Wolfswelpen auszusuchen. Für sie begann in Kürze die Saison, zuvor wollten sie noch die von Ann versprochenen Jungwölfe auswählen und mitnehmen. Ann begleitete das zwar traurig, aber nicht besorgt.

Als Dr. Conway darauf bestanden hatte, sie ins Whitehorser General Hospital zu überstellen, protestierte Ann, gab aber nach, nicht nur weil sie sich noch nicht gut fühlte, sondern weil sie erneut diese seltsame Müdigkeit spürte, schob es aber auf den Schwächeanfall. Eine Woche lang wurde ihr Gesundheitszustand umfassend gecheckt – körperlich, mental und neurologisch. Im Nachhinein dankte sie dem Doc, denn zwischen den Untersuchungen blieb ihr viel Zeit zum Schlendern in der Stadt, ignorierte mehrmals das gute Essen im Hospital, um in den legendären »Klondike Rib & Salmon« und »The Edge – Bar & Grill« Restaurants zu speisen. Von Einheimischen wurde sie überall erkannt, begrüßt und in Gespräche verwickelt. Im »Ridge Pub« versackte sie fast; weitestgehend von Trappern frequentiert und aus Loups Erzähltem, der sich dort mit Joe, Mad, Mick und Ethan mehrmals traf, kannte sie dieses Etablissement. Dass sie dort mit Jubel begrüßt wurde, lag nicht nur daran, dass der Pub eher selten von Frauen aufgesucht wurde, sondern weil sie bekannt und beliebt war und mutig genug war, als einzelne Frau in diese Männerdomäne einzudringen. Tische und Stühle wurden zurechtgerückt, gruppiert um Ann, die nichts selbst bestellen und bezahlen brauchte. Dafür musste sie erzählen, Fragen beantworten, derbe Späße kontern und selbst austeilen. Das beherrschte sie famos, fühlte sich dabei integriert und sauwohl. Die Begeisterung war riesengroß und der Lärm drang auch nach draußen, wo andere hereindrängten bis schließlich Jamie, der Inhaber des Pubs, die Bude dicht machte. Dennoch bzw. trotz des mäßigen Alkoholkonsums blieb ihre Selbstdisziplin aktiv. Als sie irgendwann aufstand und bedauernd lachte, weil sie sich verabschieden wollte, gab es lautstarken Protest. Einige erboten sich daraufhin sie zu begleiten, was sie gerne annahm. Vor dem Hospital angekommen, trat einer der Männer noch einmal an sie heran, »das mit deinem Mann tut mir, uns allen, sehr leid. Damals war ich gerade wegen eines Geschäfts bei Joe. Sein Sat.-tel. piepte. Er erhielt von einem Piloten, es war wohl Tak, die Nachricht, dass dein Mann gestorben sei. In einem ohnmächtigen Wutanfall zertrümmerte er seinen Schlitten, bis nur noch Einzelteile übrigblieben ... By Ann, wir sehn' uns hoffentlich, du weißt, wo der »Ridge Pub« ist.

In ihrem Zimmer legte sie sich aufs Bett. Laut sprach sie zu Loup. Vielleicht, so sagte sie sich, machten sich ihre Worte auf die Reise zu ihm, ehe sie sich in der Stille verloren. Den Behandlungen und neurologischen Sitzungen war sie offen und konzentriert gefolgt und hatte sich gut erholt. Körperlich spürte sie noch Defizite, bemühte sich aber auch in den therapiefreien Zeiten um Betätigung und Entspannung.

Wieder in der Siedlung dann, durchstreifte sie zusammen mit Marma-tea und einigen Wolfshunden die Wälder, und sie sammelten Kräuter, Beeren und Pilze. Aber die spätherbstliche Erntesaison neigte sich dem Ende zu, auch die Lachswanderung versiegte, nur noch einzelne, todgeweihte Nachzügler starben in den Fischrädern, und diese wurden inzwischen winterfest gemacht. Kalte Tage folgten, Wintervorbereitungen wurden getroffen, die Vorräte an Feuerholz noch aufgestockt und letzte Reparaturen an den Häusern vorgenommen.

Er kam stets einige Tage nach dem ersten strengen Frost, der Lakes und kleinere Creeks zufrieren ließ und bereits einen dünnen weißen Mantel über die unermesslichen Weiten des Nordens breitete. Die Indianer nannten ihn »Tyuitkuoit« (Den der Frost ruft). Der erste Schneesturm des Jahres. Er blies drei Tage ohne Unterlass. Dann, nach einem letzten Aufbäumen, mit dem der Sturm die Wolken vertrieb, kehrte vollkommene Ruhe ein. Der Himmel wandelte sich zu kristallener Klarheit und, fast hastig und wie um Verzeihung bittend, kletterten die Temperaturen auf einstellige Plusgrade. Es war wie ein Test, eine Vorwarnung an die Menschen, dass der Winter vor der Tür stand. Die Menschen der Wolfssiedlung (der neue Name war mittlerweile amtlich und im staatlichen Register geändert) nahmen die frühzeitige Warnung gelassen zur Kenntnis. Ihre Vorväter lebten noch in Zeiten, in denen das Wort Klimawandel keinen Platz in ihrem Wortschatz hatte. Jetzt, Anfang Oktober, hätte damals bereits eine dicke Schneedecke das Land bedeckt. Man weiß nicht allzu viel über diese Männer, die vor 200 Jahren dieses Land im Sommer mit Kanus und im Winter mit Schneeschuhen und Hundeschlitten erkundeten. Diese Männer, die die faszinierende Geschichte der Erforschung dieser Wildnis in die Wasser der Flüsse, den Schnee und die Dunkelheit der Polarnacht schrieben.

Ann durchstöberte die alten Chroniken der Ojibwa und Cree, drei große dicke Bücher umfassten diese Aufzeichnungen, das Dritte hatten Sinona, Keoma und weitere mit vielen Seiten ergänzt. Beim Lesen durchströmte Ann das Gefühl, dass die große Lebensreise nach und durch Kanada, die sie mit Loup unternommen hatte, bereichernder war als ihr früheres Leben. Noch saß sie draußen, eingehüllt in den Marderpelzumhang von Fiona, Mads Frau, und fröstelte inzwischen. Die ganze Zeit lagen Nanook, Inuk und Akiak an ihrer Seite – die drei »Junggesellen«. Sie hockte sich zu ihnen und steckte ihre kalten Hände in das schon wintergemäße Fell der Wolfshunde. Gegen Abend sank die Temperatur schnell.

»Ihr solltet euch endlich auch um eine Lady bemühen, oder wollt ihr alte griesgrämige Junggesellen werden?«, sie lachte, »naja, du hast noch genug Zeit«, zu Akiak gewandt knuddelte sie ihn. *Nun sind es nur noch sechs Jungwölfe,* dachte sie. Als sich die drei Trapper mit den jungen Wölfen verabschiedeten, erfasste Ann eine, wie sollte man es ausdrücken, irgendwie »frohe Traurigkeit«, denn sie war gewiss, dass die sechs Kleinen in gute Hände kamen. Sie knuddelte die Wolfshunde nochmal, und mit der schweren Chronik unterm Arm verschwand sie im Haus. Drinnen kümmerte sich Sinona bereits ums Abendessen.

»Morgen bringen wir noch einen Jungwolf zu Grauer Biber; du kommst doch mit, Sinona?«

»Mmh, ja, ich freue mich drauf.«

»Dann sind es nur noch fünf, die bei uns bleiben werden. Natae suchte sich auch schon einen aus, den sie ganz für sich allein behalten will. Ach Sinona, ein bisschen traurig bin ich schon.«

Es war ein Land, auf dem noch der Tau der Schöpfung lag. In friedlicher Abgeschiedenheit ruhen das Blockhaus und seine Bewohner, nur die Ufer streichelnden Wellen des Okinaga flüsterten geheimnisvoll, sich ihres Ursprungs erinnernd. Während der letzten zwei Tage hatte sich das Antlitz des Lake verändert. Morgens türmten sich eindrucksvolle Wolkenberge am Horizont, mittags schien die müde Herbstsonne aus blauem Himmel, und abends lag weiches, dunstiges Grau über den Wassern. Außer den Stimmen der Natur hörte man keinen Laut. Die ständige Begleitmusik in der Umgebung des Blockhauses bestand nur aus dem vertrauten Klatschen der Wellen am Ufer.

»Ich habe beinahe vergessen, wie schön es hier ist.«

»Wieso eigentlich habt ihr früher diesen Ort hier kaum genutzt?« entgegnete Ann, »auch Little Bear erwähnte einmal, dass er früher den Okinaga nur vom Hörensagen kannte.«

Keoma runzelte die Stirn, um sich sogleich mit lächelndem Gesicht Ann zuwandte: »Der Okinaga wartete auf euch! Erst ihr habt diese Idylle geheiligt. Ach überhaupt, ihr habt einfach alles verändert, alles. Und das Blockhaus hier ... es hängt wahrscheinlich damit zusammen, dass es von reichen snobistischen US-Boys erbaut wurde und nur für betuchte Hobbyangler und Freizeitjäger gedacht war, die nicht die geringste Achtung und Wertschätzung gegenüber der Natur und dem Wildreichtum der Region aufbrachten. Das hat uns abgestoßen, verächtlich werden lassen, und obwohl der Rückkauf ein gutes Geschäft für uns war, blieb der Ort hier tabu, verunreinigt. Verstehst du? Erst ihr habt ihn gereinigt, geheiligt und zu dem zurückverwandelt, was er ursprünglich schon immer war. Unsere Geister sind klug, bestimmten Menschen geben sie Macht in die Hand.«

Keomas Worten konnte man entnehmen, dass es zwar keinen Gott als Person und sicher keinen lenkenden Intellekt gab, der hinter den Dingen stand und über sie wachte, aber da war eine übergeordnete Kraft, ein großer Plan, der die Gesetze des Universums, der Erde und ihren Menschen ordnete, ihnen manchmal einen Schubser gab, um das Richtige zu tun. Neben Ann fühlte sich Sitka vernachlässigt und winselte, obwohl sie gern den ruhigen Worten von ihr und dem Indianer lauschte. Ann kraulte die Wölfin sanft zwischen den Ohren.

Keoma fuhr fort, »Unsere Geister herrschen nicht über uns Menschen, sondern sie begleiten uns und weisen den Weg. Sie fordern nichts ein, aber sie versetzen uns in die Lage, die Stimmungen, Anzeichen, Hinweise der Natur und des umfassenden Lebens auf unserer Erde wahrzunehmen. Dennoch lenken sie auch, was sie auch mit euch taten.«

Noch über Keomas Worte nachdenkend, stützte Ann den Kopf in eine Hand und schaute ihn gelöst an, »das war das Schönste, was ich seit Langem gehört habe; du bist Künstler, Poet und Philosoph in einem. Ich könnte dir stundenlang zuhören, dabei gab es eine Zeit, in der du kaum gesprochen hast, ruhtest nur in dir. Ich habe dich öfters beobachtet und fühlte mich zu dir hingezogen. Deshalb fiel es mir auch leicht, dich als Bruder anzunehmen, und Nao-ita war unser gemeinsamer Vater. Wir sind nicht gleichen Blutes, aber gleichen Geistes. Er formte uns beide.«

Torok stand an der Feuerstelle und stieß ein kurzes Wolfsbellen aus. Für Keoma war das wie eine Aufforderung, schweigend stand er auf und schaffte Holz herbei. Bedächtig entzündete er das Feuer, worauf Polar erschrocken beiseitesprang, wie alle Wölfe fürchtete sie Feuer. Soviel musste diese Wölfin in den letzten Monaten dazulernen, nun auch, dass dieser rote Zauber der Menschen nicht nur etwas Bedrohliches ist, sondern auch warmes Wohlsein erzeugte, wenn man Abstand wahrte. Nach einer Weile legte sie sich an die Seite von Torok. Derweil hatte Ann Tee gekocht und kam mit zwei großen Tassen zum Feuer, unter den Arm eine Flasche Canadian geklemmt. Sie veredelte ihren Tee mit einem Schluck davon, dabei hob sie erstaunt den Kopf – Keoma hielt ihr seine Tasse hin ...

Die drei »Junggesellen« Nanook, Inuk und Akiak waren in der Siedlung geblieben; Sitka, Atka, Torok und Polar waren mitgekommen sowie vier Jungwölfe, davon zwei aus dem Wurf von Polar. Diese ins Flugzeug zu verbringen hatte sich als problematisch erwiesen. Takoma löste es damit, dass er die dreistufige Leiter ausklappte, auf der die drei Wolfshunde hoch in die Kabine tappten. Das beobachtete Polar genau und sprang aufgeregt hin und her. Erst als Torok noch einmal aus der Kabine sprang und erneut die drei Stufen hochtappte, kam sie zögerlich heran und folgte ihm in dieses fremde »Ding«, in dem schon ihr Gefährte und die Jungen verschwunden waren. Nun lagen alle ums Feuer herum, wobei Polar größeren Abstand hielt und ihre Köpfe ruhten auf den ausgestreckten Vorderläufen. Schon wie zu früheren Zeiten die alte Meute, ergaben sie sich den sanften, ruhigen Worten von Ann und Keoma. Dieses Mysterium brachte auch die weiße Wölfin und Ann zueinander. Wölfe haben ein ausgezeichnetes Hörvermögen, sie nehmen Töne bis zu 40 Kilohertz wahr und sie erkennen so andere Wölfe auch in mehreren Kilometern Entfernung. Geräusche ordnen sie ein, analysieren Laute und trennen daraus Bedrohung von Gefahrlosigkeit. Bei Ann und Loup »lernten« die Wolfshunde das Einmaleins von friedvoll gesprochenen Worten. Auch Polar hatte dies inzwischen gelernt, wie so vieles.

Keoma nahm einen Schluck aus seiner Tasse, verzog kurz das Gesicht und nahm noch einen Schluck. »Fleur, es ist vielleicht der rechte Moment, dich mit einem Ritual unserer zwei Stämme vertraut zu machen«. Unsicher, aber offen schaute er sie an. »Weißt du, von jeher gehörte es zur Lebensphilosophie der indigenen Völker, tabulos über die Einheit von Leben und Tod zu sprechen. Sie ist naturgegeben. Jeder hat eine Vorstellung davon, wo er nach dem Übertritt ins Reich des Großen Geistes ruhen will. Das wird nicht emotionsüberladen und traurig in den Familien besprochen, sondern sachlich und mitunter sogar witzig erörtert. Fleur, mir ist bewusst, dass das in der Welt der weißen Menschen anders war und ist. Du warst eine weiße Frau, bist aber eine weise Schamanin der roten Völker der Ojibwa und Cree geworden und rot im Herzen. Du bist Nao-itas Nachfolgerin und unsere Mutter.«

Keoma verstummte kurz und schaute Ann ohne Scheu ruhig an. »Fleur, meine Schwester, unser Vater sprach kurz vor seinem Tod mit mir. Er sagte, dass dir als seine Nachfolgerin die Ehre zusteht, auf unserem Heiligen Ort, dem Ahnenfriedhof, die letzte Ruhe zu finden, er wäre sehr stolz. Das teilte ich damals auch unserem Chief und Sinona mit. Beide vermuteten, dass du zu gegebener Zeit anders entscheiden wirst. Wie ich schon sagte, wird es in den Familien entschieden, nach deinem Empfinden und Gefühl sind alle Ojibwa und Cree deine Familie, deshalb spreche ich mit dir.«

Im krassen Unterschied zu seiner Vermutung, lächelte Ann ihren Bruder gelöst an.

»Ich bin euch dankbar für diese Ehre und kann es nicht hoch genug wertschätzen. Aber ich möchte einmal am Okinaga, an unserem Blockhaus, am Felsenhügel neben Loup und Amak ruhen.«

Keoma nickte, »wie ich schon sagte, wir alle, nicht nur Takoma und Sinona, haben das vermutet. Fleur, verzeih mir, wenn ich dich mit diesem Thema betrübt haben sollte.«

»Ach was, ich muss dir doch nichts verzeihen. Wie du aus meinen Worten vorhin erkannt haben wirst, machte ich mir selbst schon Gedanken darüber, denn Loup wartet schon so lange ..., ich freue mich darauf, ihn wiederzusehen; das kann ich zwar jetzt schon, aber nur, wenn ich allein bin. Ich liebe mein Leben in unserer Siedlung, aber von Zeit zu Zeit habe ich deshalb das Bedürfnis, mit ihm und unseren Wölfen allein zu sein. Um das Thema jetzt zu beenden – ich habe bereits ein Testament erstellt und meinen Letzten Willen formuliert. Die Originale beider Dokumente sind unterschrieben bei einem Anwalt in Whitehorse hinterlegt, Kopien befinden sich in meinem Zimmer einschließlich des Namens und der Anschrift dieses Juristen. Das erledigte ich letztens bei dem Krankenhausaufenthalt. Für mich ist es eine große Genugtuung, eine stille Freude, wenn ich alles geregelt weiß.«

In Keomas gramvolles Gesicht schauend, lachte sie ihn aus: »Heh, mein kleiner Bruder, ich lebe noch und gedenke das noch eine Weile zu tun. Vor dem Tod habe ich keine Angst, eine lange Zeit »begleitete« er mich hartnäckig, aber mein Sturkopf setzte sich durch und er gab schließlich mürrisch auf.«

»Du schaffst es immer wieder, mich froh zu stimmen. Wie den Tod, so verjagst du auch die Ängste von uns allen. Nach deinem Schwächeanfall war der Chief verzweifelt und Marma-tea weinte fast jeden Tag, den du im Hospital verbrachtest. Bis zu den letzten Enden haben sich deine Wurzeln in uns verankert.«

»Selten sind die Menschen, die ihren Geist benutzen, rar sind die, die ihr Herz benutzen, aber einzigartig sind die, die das mit Gefühlen verbinden. Der Mensch ist wie ein Baum, er braucht Wurzeln, sonst verdorrt er, verliert seine Blätter und fällt irgendwann um. Wie du schon sagtest, meine Wurzeln haben sich nicht nur tief in die kanadische Erde am Okinaga und der Wolfssiedlung eingegraben.«

»Du bist eine weise Frau, Fleur, und inzwischen längst eine indigene. Nichts auf der Welt liebe ich mehr, als mit dir zu reden. How.«

Polar stand allein am Ufer, solch große, offene Wasserfläche kannte sie nicht, nur Rinnsale und kleine Creeks schmelzenden Schnees, die sich durch die Tundra schlängelten und von den Eisfeldern der Arktis gespeist wurden. Dort oben in den Weiten der unendlichen nordischen Tundra wurde sie geboren, und als erwachsene Wölfin jagte sie mit ihrem Familienclan Schneeschuhhasen, Caribous und eine kleinere Abart des Bisons. Sie kannte nichts anderes. In der Paarungszeit war sie, getrieben von den in ihr schlummernden Kräften der Natur, oft allein auf Streifzügen unterwegs. Dabei gelangte sie auch in südlichere Gefilde. Als sie diesem fremden großen schwarzen Wolf begegnete, der ihr anders erschien als ihre bisherigen Artgenossen, bestand ihre erste Reaktion aus purer Abwehrhaltung, was ganz natürlich war, denn Wolfsfamilien-Rudel dulden keine anderen Wölfe in ihrer Nähe, sie verjagen bzw. töten sie auch hin und wieder. Der Schwarze vor ihr, nur einige Meter entfernt, reagierte nicht auf ihre Aggressivität, er blieb stehen und rührte sich nicht, kein Knurren, keine Zähne blecken, nur dieses auf sie gerichtete Fixieren seiner blauen Augen. In den Tagen danach verloren sie sich immer wieder, verließen aber die Gegend nicht, um erneut aufeinanderzutreffen. Viele Tage ging das so. Wochen später schließlich näherten sie sich einander an. Die weiße Wölfin fühlte sich zu Torok hingezogen. Gewisse Parallelen zu menschlichem Verhalten drängten sich unwillkürlich auf. Manchmal schnappte die Wölfin nachgiebig nach Torok, der herumtänzelte und nie knurrte – er warb um sie. Manchmal brachte er ihr einen erlegten Hasen und zog sich wieder zurück. Nach fast drei Wochen hatte sich Polar für diesen herrlichen Wolf und gegen ihr Rudel entschieden. Sie erlag diesen klaren blauen Augen und seiner Gabe, Zusammenhänge zu begreifen und seinen Trieben folgend, sie an sich binden zu wollen.

Noch immer stand sie im seichten Wasser, tappte zögerlich ein paar Schritte weiter, blieb stehen und schlapperte sich mit der Zunge Wasser ins Maul. Aus östlicher Richtung wehte der Gesang von Wölfen heran. Augenblicklich hob sie den Kopf und antwortete. Auch hinter ihr ertönte ein Heulen, und sie schnellte herum. Ann und Torok kamen zu ihr. Ein halber Mond, bedeckt von Wolkenfetzen, warf silbriges Licht auf den Okinaga, und sanft gurgelnde Wellen vervielfachten es. Ann setzte sich, und Torok legte sich an ihre Seite. Polar verließ das Wasser und stand unschlüssig vor beiden. Schließlich streckte sie sich an Anns anderer Seite aus. Die legte die Hände auf die Köpfe der beiden und strich mit dem Daumen zärtlich über das Fell zwischen ihren Augen. Lächelnd nahm sie Toroks leises Brummen wahr; Polar fiepte wie ein Welpe.

Ann schloss die Augen, und Gedanken an Loup kamen auf. *Vielleicht kannst du uns sehen, mein Oller, es fühlen und dich erinnern. Ich kann mich den Erinnerungen nicht entziehen. Irgendwann, bald, werden wir uns hier am Okinaga wiedersehen und in die Ewigkeit eintauchen. Loup, trotzdem erfüllt mich eine gewisse Angst. Angst davor, zu erleben, den einen oder anderen von den Wölfen bald zu verlieren. Loup, unsere alte Meute hat längst ihre natürliche Lebenserwartung überschritten. Meines Wissens werden Wölfe in der Wildnis ca. 16-18 Jahre alt. In Gemeinschaft mit Menschen lebend bzw. in Gefangenschaft ein paar Jahre mehr. Oh Loup, ich möchte es nicht erleben.* Polar und Torok schmiegten sich gerade noch enger an sie, als würden sie spüren, woran sie gerade dachte.

Bald würden sich die weißen Nächte über das Land legen, über dem die Nordlichter ihre leuchtenden Schleier entrollen. Bereits jetzt erkannte sie erste sanftfarbene Linien am Himmel. Auch der Lake begann schon zuzufrieren, nur die Uferbereiche blieben noch eisfrei. Sie hörte Schritte, Keoma kam zu ihr, zwei kleine Gläser in der Hand und einen Pelzumhang über der Schulter. Die Gläser stellte er ab und legte ihr den Biberpelz von Marma-tea um die Schultern. Lächelnd dankte sie ihm. Er ließ sich neben Torok nieder und nahm ein Glas, »für manche Dinge gibt es immer eine bestimmte Zeit«. Über Torok hinweg stießen sie an.

Auf dem steinigen Ufersaum entzündete er ein Feuer, worauf sich Polar noch dichter an Ann schmiegte. Die Kälte kam; die Nacht war herrlich, Myriaden von Sternen funkelten am Himmel, und im Osten flimmerten die Farbkaskaden der Aurora borealis. Sie spürten in der vollkommenen Stille dieser Nacht, in der sich kein Windhauch regte, ihre Schwingungen, das Knistern der Bäume drang bis zu ihnen; die feuchte Erde ringsum, die der junge Frost mit weißen Streifen überzog, und das Murmeln des Wassers, das langsam auch am Ufer erstarrte und die kleinsten Feuchtigkeitsteilchen in der Luft kristallisierten. Aus diesen raschen Veränderungen erwuchs die Spannung, dass sie von Dauer sein werden.

»Hier möchte ich sterben und mein Leben ein letztes Mal umarmen, so wie Loup es mit mir getan hat. Keoma, ich bin sehr glücklich.«

# Zeitenwende 3.0

Die Monate und Jahre waren dahingegangen, wanderten vorüber wie der große Strom Yukon im Süden zu Füßen der Ogilvie Mountains, bald drängender und schneller, bald langsamer und nachdenklicher. Doch strömten sie wie das gewaltige Gewässer immer in die gleiche Richtung, blieben wie Gedachtes als Vergangenheit zurück, wanden sich durch die Dickichte des Geschehens, Leids und den Befindlichkeiten der Menschen, als wüssten sie nicht, wohin sie sich wenden sollten; anders als der Yukon, der seine Existenz als Fluss im Nordwesten Alaskas bei dem Nest Nome beendete und sich den salzigen Wassern des Pazifiks ergab.

Die Flüsse Ogilvie und Susitna, die im Süden und Norden die Wolfssiedlung tangierten, befreiten sich schon vor mehreren Tagen von den Klammern des Eises. Ihr Knallen und Poltern erschien den Bewohnern der Siedlung wie der Klang einer Glocke – kraftvoll, mächtig und lebensbejahend. Wie in einem

Algorithmus gefangen, war das Leben eine Abfolge von Augenblicken, keinen kann man festhalten, aber sich an jeden erinnern. So auch die Erinnerung an den Frühling, der einherging mit neuem Leben.

Symbolhaft empfunden und gefeiert wurde die Geburt von zwei neuen Erdenbürgern. Kurz hintereinander erblickten Nagamee (Gesang) und Sekani (Freude) das Licht der Welt. Ihre Mütter Aiyana und Manoaka baten Ann, zu ihnen zu kommen – die weise Schamanin sollte ihre Neugeborenen in ihrer spirituellen Welt willkommen heißen. Weitere hatten sich mit eingefunden, um die kleinen Erdenbürger zu sehen und Anns Worten zu lauschen. Die hatte sich im Vorfeld Worte zurechtgelegt, die sie Nao-itas Schriften entnahm für neu entstandenes Leben. Sie kniete sich zwischen die kleinen Wiegen, legte die flachen Hände aneinander und mit geneigtem Kopf sprach sie einen Text in athabaskischer Sprache, den sie einen Abend lang gelernt hatte. Ob sie manche Worte vielleicht falsch ausdrückte, machte sie nicht unsicher, denn sie würden dennoch verstanden werden. Sie dankte den heiligen indianischen Geistern der Schöpfung, die das Leben der Erde, der Tiere, Pflanzen und Menschen entstehen ließen, beschützen und bewahren.

Sie legte ihre Hände sacht auf die kleinen Köpfe, »ich heiße euch willkommen, nun seid ihr Teil dieser unserer Erde und sie ist ein Teil von uns. Die duftenden Blumen sind unsere Schwestern; die Hirsche, der Elch, der Adler, Bär und Wolf sind unsere Brüder, die Berge und felsigen Höhen, die Flüsse mit der Fülle an Lachsen und die Menschen der Ojibwa und Cree, sie alle gehören fortan zu eurer Familie, die euch lieben und behüten wird«. Ann hob die Hände über die Köpfe des Mädchens Nagamee und des Knaben Sekani und sprach: »Mögen die Geister der Ojibwa und Cree mir die Kraft geben, euch zu segnen«.

Sich tief verneigend übergaben Manoaka und Aiyana an Ann eine Weste aus Luchsfell. Ein Luchsfell war etwas Besonderes, denn diese Tiere gingen nur sehr selten in eine Falle. Ann bedankte sich nicht, es wäre ungehörig gewesen – die Annahme war der Dank. Daraufhin schlug die feierliche Atmosphäre um in eine fröhliche. Aus Krügen wurden ein schwach gärendes Getränk ausgeschenkt und mit Fleisch gefüllte Corn pones (Maisbrot) herumgereicht. Passend zum Schmaus aller Umstehenden meldeten sich die Babys nacheinander lautstark und forderten wohl auch ihren »Anteil«.

Ein lauter Schrei von draußen drang wie ein Dolchstoß in die ausgelassene Stimmung. Und nochmals: »Nein!!« Marma-tea, die der Tür am nächsten stand, stürzte hinaus. In einiger Entfernung sah sie Natae auf dem Boden hocken. Voller Angst rannte sie zu ihr, stoppte aber ein paar Meter vor ihr. Neben Natae lag ein Tierkörper, den sie zaghaft zitternd streichelte. Es war Inuk ... er war tot. Weitere waren aus dem Haus getreten, auch Ann. Marma-tea ging langsam zu ihr und fasste ihre Hand, »komm!«

Ann stand neben Inuk, langsam sank sie auf die Knie und legte die Hände auf ihn. Ihre Psyche blockierte alarmiert die Ausschüttung von Adrenalin. Ihre Gedanken aber tropften wie weiches Harz. *Nao-ita, Amak, Loup ... Inuk. Mit Nao-ita begann das Sterben.* Augen und Maul geschlossen, als würde er schlafen, lag der Wolfshund vor ihr. Ihre weichen Knie versagten fast, als sie versuchte aufzustehen. Stumm half ihr Marma-tea.

»Natae ... «?

»Ich bekam mit, dass Inuk sich vom Rudel entfernte. Er folgte Fleur. Nach einigen Minuten schaute ich wieder zu ihm. Er war nicht viel weitergekommen, blieb stehen, tappte dann unsicher weiter. Nun wurde ich aufmerksam, denn sein Lauf wirkte seltsam. Ich sah noch, dass er wankte, dann fiel er auf die Seite und rührte sich nicht mehr. Ich rannte zu ihm.«

»Er ist mir gefolgt, er wollte bei mir sterben. Es wird weitergehen. Sie werden alle sterben«, flüsterte Ann tonlos. Dann schrie sie: »Loup, verdammt nochmal, du hast dich davongemacht und mich mit all dem Leid zurückgelassen!«

Marma-tea nahm sie in die Arme und streichelte beruhigend ihren Rücken. Erst jetzt weinte Ann. Ringsum Stille. Vor dem Haus standen die Eltern der beiden Babys beieinander und redeten leise, mit den Babys auf dem Armen schritten sie dann gemeinsam zu Ann.

Indianer, die indigenen Menschen der Stämme in Nord- und Südamerika, leben noch immer in und vor allem mit der sie umgebenden Natur, sie beobachten und achten sie. Veränderungen stellen sie fest, ob nun positive oder negative – nachhaltige bzw. einschneidende deuten sie zumeist als ein Zeichen.

Die Väter und Mütter mit den Babys standen vor Marma-tea, die noch immer Ann in den Armen hielt. Die löste sich aus deren Armen und kniete sich wieder zu Inuks totem Körper.

»Du hast dein Leben weitergegeben und wirst neben Amak und Loup ruhen. Du bleibst in meinem Herzen.« Sie stand auf, die Väter und Mütter mit den Babys traten an sie heran.

»Fleur, weise Schamanin, uns wurde ein Zeichen offenbart. Du sagtest, Inuk hat sein Leben weitergegeben – ja, es ist ein Zeichen. Wir werden unsere Kinder umbenennen ... sie sollen fortan Inuk und Inuka heißen. How.«

Unter ihren Tränen lugte ein Lächeln hervor, als Ann sagte: »Möge es so sein. Eure Kinder werden einen Platz in meinem Herzen haben«, und sie legte noch einmal die Hände auf die kleinen Köpfe der Babys.

Erst jetzt bemerkte sie Nanook, er stand ein paar Meter entfernt, einer leblosen Statue gleich. »Ich werde ihn dazu bewegen, zu Inuk zu gehen. Er muss verstehen, dass sein Kamerad tot ist. Es ist wichtig. Wenn wir Inuk wegbringen, würde er ewig gequält nach ihm suchen.« Marma-tea nickte, »versuchen wirs.«

Langsam kam der Wolfshund mit. Mit Maul und Pfoten versuchte er, Inuk aufstehen zu lassen, beugte sich über ihn und schnüffelte. Plötzlich sprang er zurück – er hatte den Tod gerochen! Sein Heulen war grausam anzuhören. Ann schlang ihre Arme um seinen Hals und heulte mit, bis er abbrach und ihr Gesicht leckte. Dann riss er sich von ihr los und rannte wie gehetzt davon und verschwand im angrenzenden Bergwald. Aneinander gedrängt starrte das restliche Rudel zu Ann. Den noch warmen Körper Inuks hoben Ashok und Yakai, die Väter der Neugeborenen, auf und trugen ihn zu Sinonas Haus, wo Keoma ein dichtes Leinentuch ausbreitete, in das sie den Wolfshund einwickelten.

»Morgen bringen wir ihn zum Okinaga, in Ordnung Fleur?« Takoma schaute Ann fragend an. Sie nickte nur, während das Rudel unentwegt knurrte, seit die Männer den Körper des Wolfshunds in das Tuch gewickelt hatten. Von weit her, oberhalb der Siedlung, drang unheimliches Heulen zu ihnen, fast im Minutenabstand wiederholte es sich.

Noch einmal trat Ann zu den Eltern von Inuk und Inuka. »Dass dieser wunderbare Tag so traurig endet, tut mir unendlich leid. Ich weiß, es ist nur ein Tier, ein Wolfshund ... «. Aiyana unterbrach sie: »Was redest du denn da! Fleur, dein Inuk war nicht nur ein Wolfshund. Er war wie alle eures Rudels einer von uns, von ihnen war Inuk der Sensibelste, die Kinder spielten mit ihm, kletterten auf ihm herum und er kam öfters zu uns ins Haus.«

Ashok ergänzte: »Er war kein Hund, er war ein Wolf. Fleur, ist dir denn noch immer nicht bewusst, dass sich unsere Gemeinschaft diesbezüglich schon vor Jahren nachhaltig verändert hat? Wir Trapper stellen schon ewig keine Wolfsfallen mehr auf. Und außerdem, für das notwendige Gleichgewicht des Wildbestands in unserer Region sorgten eure Wölfe. Fleur, verstehst du? Sie sind keine Hunde, denn, wie soll ich das sagen, Hunden kann man nicht unbedingt intensives Sozialverhalten nachsagen. Wenn zwei Hunde in einer Familie leben und der eine stirbt, dann berührt das den anderen nicht besonders – zehn Minuten später frisst er seelenruhig beide Näpfe leer. Wölfe trauern! Keoma erzählte mir einmal von Torok, eurem Leitwolf, der, jedenfalls nach seinen Worten, noch immer um Loup trauert. Fleur, unseren Sohn,« kurz schaute er zu Yakai und Aiyana, »und eurer Tochter werden wir eindringlich die Herkunft ihrer Namen erklären. How.«

»Es werden weitere eurer ursprünglichen Meute sterben«, sagte Yakai mit zaghaften Worten, »sie haben ihre voraussichtliche Lebenserwartung schon überschritten. Verzeih mir bitte, aber die Natur ist unerbittlich. Aber was ich eigentlich sagen wollte ist, dass weiterer Nachwuchs unserer zwei Stämme die Namen eurer Wölfe tragen werden. Dessen bin ich mir sicher. Schließlich sind wir die Wolfssiedlung. How.«

»Fleur«, Takoma hinter ihr räusperte sich, »ich habe nachgedacht. Inuk und Sitka sind die am schlimmsten Verletzten der alten Meute. Inuk traf dieser furchtbare Tatzenhieb des Grizzlys, der höchstwahrscheinlich Frakturen am Kopf zur Folge hatte, und Sitkas Schusswunden waren lebensgefährlich. Dagegen stellten sich Nanooks Bisswunden von dem Wolfsrudel damals als eher halb so schlimm dar, es handelte sich weitestgehend um Fleischwunden. Bei Torok verhält sich das ähnlich. Fleur, bitte sei vorbereitet, wir sind es auch. Denke jetzt nur noch an dich, es ist Zeit, an dich zu denken.«

Erneut hörten sie schrilles, klagendes Heulen, noch immer von der gleichen Stelle. Manoaka zeigte zum Wald – das gesamte Rudel setzte sich in Richtung der Berge in Bewegung.

Die Vorbereitungen zum seit langem geplanten Powwow liefen auf Hochtouren. Mehrmals weilte Takoma mit wechselnden Begleitern bei den Siksika, um Gestaltung und Ablauf zu besprechen; seit Jahrzehnten hatte es kein derartiges Fest dreier indianischer Völker mehr gegeben. Auf eigenen Wunsch blieb Ann nur mittelbar eingebunden. Deshalb und wegen weiterer Geschehnisse der letzten Zeit, rückte für Ann ein Ereignis in den Vordergrund: Die Einladung ins kanadische Parlament in Ottawa. Obwohl ihr im Augenblick nicht der Sinn danach stand, nahm sie Abstand zu einer Absage, es könnte als Missachtung des Parlaments verstanden werden. Sie vermutete außerdem, dass dort von ihr eine kurze Rede erwartet wurde. So saß sie abendelang an einem Text und formulierte, verwarf und ergänzte ihn. Dabei entwickelte sich zaghafte Freude und Neugier, vor allem aber auf Ottawa, die sechstgrößte Stadt Kanadas mit ihren ca. 1,5 Millionen Einwohnern, gelegen im äußersten Osten des Landes in der Provinz Ontario. In der Vergangenheit weilten Ann und Marty bei ihrer ersten Kanadareise in Ontario, besuchten dabei aber nicht Ottawa, sondern die Weltmetropole Toronto, die mit einer Bevölkerung von knapp 3 Millionen fast doppelt so groß ist wie Ottawa. In einer ergänzenden Offerte wurde Ann schriftlich mitgeteilt, dass aufgrund eines aktuellen Ergebnisses auch die Anwesenheit des Vorstands des Gemeinwesens der Ojibwa und Cree Wolfssiedlung wünschenswert sei.

Im Haus der Familie Adahy saßen Marma-tea und Takoma Ann gegenüber, die das Schriftstück vorlas. Takoma schüttelte den Kopf: »Unmöglich, die Hauptsaison hat begonnen, mindestens einem Dutzend Aufträgen gab ich schon mein Okay. Steht denn nichts von einem Grund bezüglich meiner Anwesenheit dabei?«

»Nein, aber es ist eine offizielle Aufforderung.«

Takoma raufte sich die Haare: »Ein Stellvertreter muss her ... oder eine Stellvertreterin«, dabei schaute er seine Frau an. Marma-tea reckte sich in die Höhe: »Tak, dich hat wohl ein Coyote gebissen! Annulliere einfach einige Aufträge und fertig!«

»Unmöglich, ich würde eine ganze Liste verlieren und außerdem stecke ich noch in vielen Initiativen zum Powwow. Es geht nicht.«

In Anns Gesicht hielt der Frühling Einzug. »Marma«, sagte sie sanft, »wir beide in Ottawa, oh Marma, flanierend durch die Hauptstadt Kanadas, entlang des Ottawa River, vorbei an alten Bauten und Häusern im Stil der britischen Neugotik, Parks und Museen. He Marma, wir beide allein! Es wäre großartig, und ich würde mich unheimlich freuen.« Die schluckte zweimal krampfhaft und schaute erschreckt in die Gesichter der beiden, die völlige Übereinstimmung zeigten.

»Das kann nicht euer Ernst sein. Noch nie war ich in einer größeren Stadt. Whitehorse ist die größte Siedlung, die ich kenne. Und noch etwas, wir müssten doch fliegen ... ?«

»Natürlich.«

»Und mit so einem ... Jet, einem großen Flugzeug. Oh Wakan Tanka, und wie lange, so 2, 3 Stunden?«

Takoma lachte schallend, und Ann schmunzelte beherrscht. »Ca. 10 Stunden.«

»Nein!« Marma-tea war aufgestanden und wanderte hin und her und blieb vor Ann stehen, »du wirst keine Sekunde von meiner Seite weichen, verstanden!«

»Versprochen. Marma, eine alte greise Schamanin der Ojibwa und Cree und die schöne junge Indianerin des Chiefs werden die kanadische Hauptstadt erobern und mitleidig all die Greenhorns der Großstadt beobachten.«

Flug und Hotel waren von den Behörden in Ottawa gebucht worden, am Flughafen wurden sie abgeholt und zum Marriot Hotel gefahren. Nach Bezug des Zimmers, dessen pompöse Ausstattung sie sprachlos machte, erwartete sie ein Sekretär im Foyer, der sie mit dem Protokoll der folgenden Tage vertraut machte. Da sie bereits gegen 17 Uhr gelandet waren, blieb noch reichlich Zeit für einen ersten Bummel in der näheren Umgebung des Hotels. Den Ottawa River, den sie vom Hotelzimmer aus sehen konnten, erwählten sie als erstes Ziel. Das Häuserviertel, das sie dabei durchqueren mussten, empfand Marma-tea als beängstigend eng, aber nur hervorgerufen durch die vielen Menschen, denen sie begegneten. Sie wurde immer stiller, hängte sich krampfhaft bei Ann ein, und erst nach und nach wurde sie von Anns schon lebenslang anhaltender Neugier und Entdeckerfreude angesteckt. Mit einem Eis in der Hand saßen sie schließlich auf einer Bank am Ottawa River.

»Morgen die Stadtrundfahrt, übermorgen der Parliament Hill und danach noch ein weiterer freier Tag für uns; ich freue mich auf alles, Marma. Dennoch spüre ich eine gewisse Nervosität, wenn ich an unser Auftreten im Parlament denke. Von mir wird wahrscheinlich erwartet, dass ich ein paar Worte sage, oh weh. Ach ja, und dass Tak bzw. du an seiner Stelle mit eingeladen wurdest, hat sicher einen Grund, den wir noch nicht kennen.«

»Bei allen Geistern, oh Wakan Tanka, steht mir bei. Einen ruhigen Schlaf kann ich jetzt schon vergessen, trotz dieser prächtigen Betten im Hotel. Und überhaupt wirkt der pompöse Prunk dieses Hauses auf mich eher bedrückend. Was würde denn eigentlich so ein Zimmer überhaupt kosten?«

»In einem alten Reiseführer über Kanada schlug ich nach: Ca. 240 Dollar.«

»Für wie lange, 1 Woche?«

»Eine Nacht.«

»Waas?!«

»Aber nochmal zurück zu dem Rätsel deiner Einladung. Ich habe nämlich eine vage Vermutung. Bei meinem letzten Aufenthalt im Hospital hatte ich den Laptop mit. Als es mir besser ging, surfte ich aus Langeweile ein wenig im Internet. Dabei stieß ich auf Gewinnerlisten eines Wettbewerbs der Ortschaften und Gemeinden im Yukon Territory. Vor Jahren rangierte einmal die Susitna-Siedlung der Ojibwa und Cree unter den Top Fünf der Bestgeführten und Schönsten. Überleg mal, was hat sich seitdem nicht alles zum Besseren gewandelt, man könnte eine ganze Menge aufzählen. Vielleicht geht es genau darum, denn einem weiteren Artikel war zu entnehmen, dass im Herbst letzten Jahres der aller zwei Jahre stattfindende Wettbewerb abgeschlossen wurde. Und erst im darauffolgenden Jahr wird der Gewinner bekanntgegeben. Marma, was meinst du?«

»Keine Ahnung, lassen wir uns einfach überraschen.«

Das Parlament von Kanada hat seinen Sitz auf dem Parliament Hill, es besteht aus drei Teilen:

1. dem Souverän, zurzeit König Ch. III., vertreten durch den Generalgouverneur von Kanada
2. dem Senat
3. dem Unterhaus

Das im neobarocken Stil erbaute Parlamentsgebäude wurde im Jahre 1867 Sitz der kanadischen Regierung und stellt einen beeindruckenden Bau dar.

Ann und Marma-tea wurden mit einem Kurierwagen des Parlaments vom Hotel abgeholt. Dass Ottawa und die angrenzenden Regionen zweisprachige Gemeinwesen sind, fiel beiden schon beim gestrigen Spaziergang auf; in und auf den Straßen und Plätzen mischten sich Französisch und Englisch, was auch an deren Beschilderungen erkennbar wurde. Mit wachen Augen und voller Neugier folgten sie einem Führer, der sie durch das weitläufige Parkgelände rund um das Parlamentsgebäude begleitete. Im Innern machte er sie aufmerksam auf Besonderheiten und erklärte die historische Geschichte, Entstehung und Einweihung. Ein opulentes Mittagessen in den Clubräumen des Hauses rundete diesen ersten Teil des Tages ab. Im großen Senatssaal wurden sie erwartet.

Der Sprecher des Senats eröffnete die Sitzung. »Verehrte Abgeordnete! Heute wird mir die Ehre zuteil, zwei ehrenvolle Gäste begrüßen zu dürfen: Miss Ann Trebe, CM., »Member of the Order of Canada«, und Miss Marma-tea Adahy, Vorstandsmitglied des Gemeinwesens der Ojibwa und Cree im Yukon. Bitte ... «

Der Senatssprecher brauchte seine Bitte nicht vollenden – die Abgeordneten waren aufgestanden und applaudierten. Er fuhr fort: »Kanada ist ein freies Land mit freien Bürgern, jedweder Herkunft und Hautfarbe. Viele davon leisten Außergewöhnliches, mit Engagement und Unterordnung eigener Ansprüche. Seien wir stolz darauf, solch Charaktere inmitten des Dominions Canada zu haben.«

Wie Ann vermutet hatte, wurde sie gebeten, einige Worte ans Parlament zu richten. Noch nie in ihrem Leben sprach sie vor so einem Gremium. Aber sie wäre nicht Ann gewesen, wenn sie nicht auch diese Herausforderung gemeistert hätte. Ihre Rede hielt sie kurz, bedankte sich vor allem für die Einladung und den ehrenvollen Empfang und verwies auch auf die vorbildliche Führung des Gemeinwesens der Ojibwa und Cree. Marmatea wurde noch nach vorn gebeten, sie nahm die Ehrung als Sieger des Wettbewerbs der Orte und Siedlungen des Yukon Territory in Form eines großen gerahmten Bildes von der Wolfssiedlung und einer Yukon Flagge entgegen. Auf der Rückfahrt zum Hotel schwiegen die zwei Frauen, erfüllt von den Erlebnissen des Tages. Im Zimmer dann fielen beide müde aufs Bett und voller Inbrunst sagte Marma-tea: »Mein Leben lang werde ich diese Reise nicht vergessen, Fleur. Es ist das Großartigste, was ich je erlebt habe.« Sie sprang wieder auf, schnappte sich die Yukon Flagge und schwenkte sie euphorisch.

Während des langen Rückflugs schlief Marma-tea mit noch immer glückseligem Gesicht schnell ein, dagegen rankten sich Anns Gedanken schon um die nächsten Tage. Die Dinge, an die sie dachte, bestimmten den Zustand ihres Geistes, ihre Seele aber nahm die Farben einer dunklen Vorahnung an. Vor ihrem geistigen Auge erschien das Bild der drei Kreuze am Felsenhügel des Okinaga und sie rief sich noch einmal ihre damaligen Gedanken ins Gedächtnis: *Loup, mein geliebter Oller, bald werden wir wieder alle beieinander sein – die alte Meute und wir beide. Vier Wolfshunde und zwei verrückte Auswanderer entdecken ein nächstes Leben, ein neues Universum. Geschichte und das Leben wiederholen sich? Nein! Es werden immer neue Kapitel aufgeschlagen.*

Nebendran regte sich Marma-tea und riss sie aus ihren Gedanken. »Sind wir endlich da?«, murmelte sie schlaftrunken.

»Nein, aber wir sind schon über dem Pelly Plateau und den Seen von Ross River. Ausgeschlafen?«

»Mmh. Ich freue mich aufs Zuhause«, Marma-tea gähnte.

Das kurze Gespräch versiegte, als die Boeing zum Landeanflug ansetzte. In Whitehorse dann Umstieg in die Air North nach Dawson City, dort wartete nicht Takoma auf sie, wie Marma-tea gehofft hatte, sondern ein Heli der RCMP mit Bob und Wayne. Nur einsilbig beantworteten die beiden Frauen die neugierigen Fragen der Piloten, denn seit ca. 16 Stunden waren sie inzwischen unterwegs. Dennoch verabschiedeten sie sich herzlich mit einem Danke und liefen steifbeinig zur Siedlung, wo sich trotz des späten Abends ein kleines Empfangskomitee formierte. Deren endlose Fragen nur Marma-tea beantwortete und dabei stetig unter den begeisterten Hoho Rufen die Yukon Flagge schwenkte.

Völlig erschöpft zog sich Ann zurück, nur beim Rudel verweilte sie noch eine Weile. In ihrer Abgespanntheit entging ihr dabei die veränderte Verhaltensweise von Sitka, obwohl sie eine stürmische Begrüßung erwartet hatte, wirkte die Wölfin apathisch. Appetitlos aß sie einen Happen, kurze sparsame »Katzenwäsche«, dann verschwand sie in ihrem Zimmer und ging zu Bett. Rücksichtsvoll, aber mit sorgenvollem Gesicht schaute ihr Sinona hinterher.

Das Powwow warf seine Schatten voraus, während Anns und Marma-teas Abwesenheit waren alle Vorbereitungen abgeschlossen worden, rund um den Platz vor dem Großen Haus standen Tipis, Kochstellen im Freien waren eingerichtet, zu einem Rund formierte Bänke ergänzten die Mitte der Siedlung. Seit dem gestrigen Abend war auch Takoma wieder zu Hause, weitere Aufträge hatte er nicht mehr angenommen und kümmerte sich nun zusammen mit zwei weiteren Buschfliegern um die Beförderung der Siksika Leute zur Wolfssiedlung. Rege Geschäftigkeit ringsum, was Ann nur nebenbei registrierte, denn die Sorge um Sitka füllte sie aus. Die Wölfin wirkte schwach, fraß auch nicht und winselte, wenn sich Ann einmal entfernte. Der war das bevorstehende Fest egal, den ganzen Vormittag verbrachte sie mit Sitka und schließlich leerte Sitka ihren Futternapf und erhob sich. Ann führte sie weg vom Trubel ringsum und sie schlugen den Weg zu Grauer Biber ein. Der empfing sie erfreut, bemerkte aber gleichzeitig ihre Besorgnis. Ein Blick auf Sitka signalisierte ihm warum und er kniete sich wortlos zu ihr, betastete ihren Körper, schaute sich ihre Zunge an, roch an ihrem Atem und mit zwei Fingern öffnete er ihre Augen weit. Beim Aufstehen knetete er sanft ihren Nacken und streichelte ihren Rücken. »Oberflächlich betrachtet scheint ihr nichts zu fehlen, aber ich bin kein Tierarzt. Fleur, weißt du, was ich denke – dein tagelanges Wegsein machte ihr zu schaffen. Du bist ihre Bezugsperson, du bist für sie das, was ich für Oumiak war.«

Sichtlich entspannt atmete Ann auf. »Ich wusste schon, warum es mich zu dir zog.«

Chitaa hatte sich zu Sitka gesellt, beide beschnupperten sich und sie trabten gemeinsam davon.

»Lass sie gehen, Chitaa tut ihr gut, sie verstehen sich. Bleibst du noch?«

»In deiner Gegenwart geht es mir ebenfalls gut. Ja, ich möchte gerne noch bleiben.«

»Du musst mir von Ottawa erzählen und ich mache uns einen Tee dazu.« Er verschwand im Haus.

*Sitka empfindet wie ich – obwohl er jünger ist als ich, strahlt dieser alte Indianer das aus, was ich von Nao-ita gelernt habe. Er ruht in sich. Sitka spürt das ebenso.*

# Weise Dämmerung

Dem Powwow wohnte Ann nur am ersten Tag bei. Als der sich neigte, die Nacht hereinzog, ein voller Mond in den Himmel über den Bäumen stieg und das Land in geisterhaftes Licht tauchte, entfernte sie sich unbemerkt, obwohl es durch die vielen Feuer in der Siedlung nicht wirklich dunkel geworden war.

Sitka, Nanook, Torok und Polar folgten Ann, als sie sich am Rand der Siedlung auf den Weg machte. Die eindringlichen Laute der Trommeln und Gesänge begleiteten sie, bis sie am Anwesen von Grauer Biber und beim Ankommen der Nacht versiegten. Als sie vor ihm stand, schaute er sie lange an und eine steile Falte spaltete seine Stirn. Nie hatte der alte Indianer in seinem langen, unsteten Leben etwas erlebt, das ihm Furcht eingeflößt hätte, und doch war er imstande, Furcht zu spüren. Statt zu ihr wandte er sich der Wölfin zu, wie ein nicht wahrnehmen wollendes Alibi. Aber die entfernte sich in friedvoller Einheit mit Chitaa.

»Komm, setz dich ans Feuer«, und er legte Holz nach. »Warum bist du nicht bei den anderen? Es ist doch dein Powwow, du hast es angestoßen und auf den Weg gebracht. Ohne dich hätte das noch in Ewigkeiten nicht stattgefunden.«

Er wartete nicht auf eine Antwort, stattdessen stand er auf und ging ins Haus. Sitka kam allein zu Ann gelaufen, setzte sich neben sie, bettete ihren Kopf auf ihre Schenkel und schaute sie an; die Liebe zu Ann schien noch immer gewachsen zu sein. Mit zwei Tassen Tee erschien Grauer Biber wieder.

»Warum bist du nicht dabei?«

Der alte Indianer antwortete nicht gleich und ließ seine Augen auf Chitaa und Sitka ruhen. Wehmut schwang in seinen Worten mit, als er antwortete. »Weil ich ein Leben lang allein war und die einsame Wildnis mein Bedürfnis zu menschlicher Gesellschaft verkümmern ließ. Ob das nun falsch oder richtig war, weiß ich nicht. Genaugenommen bin ich das genaue Gegenteil von dir. Du hast immer Menschen an dich gebunden und diese suchten stets deine Nähe. Meine Fähigkeit bzw. mein Ansporn, Gutes zu tun, beschränkte sich auf meine Hunde. Inzwischen weiß ich, dass das im Leben nicht ausreicht. Zu Sinona sagtest du, dass ich ein feiner Mensch sei – aber ich war und bin kein guter. Fleur, du hast alles, was die indianische Seele ausmacht, verinnerlicht. Aber nun, im fortgeschrittenen Alter, verdrängst du das Wissen von den Regeln des Werdens und Vergehens. Der Tod von Nao-ita, das Sterben deines Mannes, der Tod von Atka und Inuk, und jetzt beherrscht dich die Angst um Sitka. Fleur, weise Frau, du darfst der Angst nicht die Herrschaft über dein Leben überlassen. Du musst den Tod als Ende aller Bewegung, als Weggehen vom Leben der Lebenden, als naturgegeben annehmen.« Anns Augen füllten sich mit

Tränen, aber sie lächelte und streichelte zärtlich den Kopf der Wölfin.

Der letzte Tag des Powwow war angebrochen, eine friedvolle Atmosphäre mit sich locker findenden Gesprächsrunden löste die ausgelassenen Spiele, Tänze und Wettbewerbe ab. Ann mischte sich unter einzelne Gruppen, die stets ehrerbietend auseinanderrückten. Bei einigen Siksika verblieb sie und bemerkte unter anderen auch Little Bear, der neben Dakota und ihrem zweijährigen Sohn in angeregtem Gespräch saß. Die quirlige Aquene dagegen tobte in der ganzen Siedlung umher und folgte den zwei Wölfinnen überall hin. Allerdings sonderte sich Sitka bald ab und kam zu Ann. Mit Atka spielte das Mädchen weiter. Nach einer scheinbaren Erholungsphase wirkte Sitka wieder schwach, was Ann längst bemerkt hatte. Freundlich verabschiedete sie sich deshalb von der Runde und verließ mit ihrer Wölfin die Mitte der Siedlung. Sie selbst fühlte sich auch nicht wohl und so richtete sie ihre Schritte zurück zu Sinonas Haus. Die empfing sie erfreut, und Torok und Polar, die bei ihr gelegen hatten, kamen hinzu.

»Genug vom Trubel?«

»Ich bin einfach nur müde.«

»Ich mache dir einen Kaffee«, Sinona verschwand im Haus. Langsam setzte sich Ann, schaute umher, erkannte die einzelnen Freunde der Ojibwa, Cree und Siksika, die in vertrauten Gesprächen beieinandersitzen. Keoma sah sie mit dem alten Vater seiner O'inea.

*Es ist alles getan ... Alles ist gut ... Loup.* Ein sie schon länger verfolgender Gedanke breitete sich aus, groß und mächtig, alles andere verdrängend. *Unser Weg, Loup ... ich folge ihm bis zum Ende.*

Sinona brachte den Kaffee. Stumm tranken sie. »Sinona, könntest du bitte Marma-tea, Takoma und Keoma herbitten, auch Grauer Biber? Und du bleibst bitte auch bei mir.«

Sinona starrte sie an, erkannte in Anns Gesicht das, was sie niemals sehen wollte, und lief wortlos davon. Es dauerte eine Weile, ehe alle erschienen.

»Ich habe euch hergebeten, weil ich etwas mitteilen möchte. Ich traf eine mir schwer gefallene Entscheidung, die unwiderruflich und endgültig ist. Sie ist nicht spontan entstanden, sondern reifte in den letzten Tagen und Wochen. Ich werde die Wolfssiedlung verlassen und zusammen mit Sitka, Nanook, Torok – den drei noch lebenden Wolfshunden der alten Meute und Polar, an den Okinaga zurückkehren, zum Blockhaus, und zum Felsenhügel.«

Sie schaute zu Keoma und fuhr fort: »Mein Bruder, erinnerst du dich an unser Gespräch damals am Blockhaus, in dem wir über die Weissagung von Nao-ita sprachen, dass bald zwei weiße Menschen in euer Leben treten werden? Am Ende deiner Worte sagtest du den Satz: *Mein Weg wurde ein anderer.* Diese Aussage war bedeutungsvoll für dich, richtig?«

Keoma nickte.

»Sie gilt im Wortlaut und ihrer Bedeutung auch für mich. Dort am Okinaga begann Loups und mein anderer Weg. Und dort werde ich unseren, meinen Weg beenden. Am Felsenhügel stehen drei Kreuze, in naher Zukunft werden es sieben sein und weitere kommen später noch dazu. Dann sind wir wieder beisammen, vereint. Ich freue mich darauf; bitte versteht das. So wie einst Nao-ita in seinem Vermächtnis Wunsch bzw. Vorschlag zu seiner Nachfolge schriftlich äußerte, formulierte auch ich selbiges zu meiner Nachfolge im Anhang meines Testaments. Aber mündlich teile ich euch jetzt schon meinen Wunsch mit: Es soll Keoma sein, Sohn von Nao-ita, mein Bruder.«

Reihum schaute sie alle an: »Bitte verzeiht mir meine Worte und Entscheidungen, aber sie quälten mich schon lange. Nun fühle ich mich erleichtert. Das alles im Großen Haus vorzutragen, dazu glaubte ich nicht die Kraft zu haben. Takoma, bitte tue es für mich. Verzeiht mir nochmals; nehmt aber gleichzeitig meinen aus tiefstem Herzen kommenden Dank an dafür, dass Loup und ich Teil eures Lebens sein durften. Seid ohne Sorge, der Okinaga ist nur eine halbe Flugstunde entfernt.«

Marma-tea sprang auf und rannte wie gehetzt davon. Wortlos verließen auch die anderen das Haus, nur Sinona blieb.

Tage waren vergangen, Wochen schlossen sich an. Sie schlängelten sich durch die einsame Weite der Okinaga Region, wohin es außer Ann und Loup keine Menschen verschlagen hatte. Sitka tat die alte vertraute Umgebung gut, wiedererwachte Lebensfreude spiegelte sich in ihrem Verhalten wider und Anns liebevolle Zuwendung bewirkte das Übrige. *Loup, ich habe das Richtige getan.*

Polars Integration in die Meute, wie Ann sie wieder nannte, verlief unbemerkt, schnell und allumfassend. Außer Sitka jagten die drei anderen, nicht immer erfolgreich, denn zu dritt wurde es schwierig, zumal sie inzwischen nicht mehr in der früheren Verfassung waren. Das glichen sie aber aus durch Erfahrung und Schläue.

Zwei Tage nach Anns Ankunft erschien noch einmal Takoma aus Dawson kommend und brachte eine große Ladung Futter für die Wolfshunde und Lebensmittel, Proviant und Trinkwasser für Ann, denn die Filtereinrichtung für die Wasserleitung vom Creek musste erneuert werden. Takoma zeigte sich einsilbig, dunkle Ringe und Fältchen um die Augen hatten sein Gesicht verändert. In der kurzen Zeit, die er blieb, wich Torok nicht von seiner Seite. Als er sich verabschiedete, hielt er Ann lange in seinen Armen. Sie spürte sein Beben. »Wie geht es Marma und Sinona?«

Er antwortete nicht und winkte nur ab ... Lange schaute sie der Beaver hinterher, bis sie hinter den Bergwäldern im Norden verschwand. Gedankenversunken ging sie zurück zum Haus. Für Arbeiten war es zu warm, so drehte sie ab und lief hinunter zum Lake, blieb am Ufer stehen und beobachtete, wie sich die kleinen Wellen über den blauen Tiefen kräuselten und glitzernde Glimmerflöckchen langsam in den Wirbeln verschwanden. Einer spontanen Idee folgend zog sie sich aus und tappte ins seichte Wasser, die Kälte ignorierend lief sie weiter und ließ sich schließlich ins kalte Nass fallen. Der Kälteschock hielt nur kurz an. Mutig schwamm sie so weit, bis kein Bodenkontakt mehr zu spüren war. Sich kurz umschauend gewahrte sie die versammelten Wolfshunde am Ufer. »Na los, ihr Feiglinge, rein mit euch«, rief sie lachend. Und tatsächlich, Torok und Nanook sprangen mit ein paar Sätzen ins Wasser, die beiden Fähen verharrten am Ufer. Im flachen Wasser stehend winselte Polar. Dass Ann und die anderen darin verschwanden, war ihr wohl unheimlich; in ihrem früheren Leben musste sie nie schwimmen. Ann schnappte inzwischen nach Luft und schwamm zurück, die wenigen Schwimmstöße genügten. Langsam dem Ufer zustrebend fühlte sie sich erfrischt. Auch Torok und Nanook verließen das Wasser, schüttelten sich die letzten Tropfen aus dem Fell und zusammen mit Polar trabten sie in Richtung der Bergwiesen davon. Gutgelaunt, aber verärgert vom Schwirren der altbekannten, gehassten schwarzen Fliegen, die schlimmsten Blutsauger, die es gab; die stechen nicht, die beißen, verschwand sie im Blockhaus. Angezogen bereitete sie Futter für Sitka, die ihren Napf auch leerte, was Ann erleichtert registrierte. Der Tag neigte sich allmählich, aber die Sonne ließ sich Zeit und zauberte gutgelaunt dezente Farbenspiele auf den Okinaga. Seit fast drei Wochen weilten sie nun schon hier und nur zeitweilig unterbrochen von einem Sommergewitter, wurden sie von Sonne und angenehmen Temperaturen verwöhnt. Sitka genoss Anns Nähe, was nicht geschmälert wurde von deren täglichen Schreiben an ihren Memoiren. Der Wölfin genügte die Anwesenheit der Person, die sie liebte. Und die war beim Schreiben längst angelangt in der kanadischen Phase ihres Lebens. So hielt sich Sitka stets an Anns Seite, wenn sie auf der Terrassenbank saß und schrieb, dann ruhte ihr Kopf auf ihren Beinen und brummte leise, wenn sie deren Hand auf ihrem Kopf haben wollte. Sitka kannte keine größere Freude als dieses kräftige Kraulen hinter den Ohren und das Gemurmel der Schimpf- und Kosenamen. Die meiste Zeit allerdings drückte sich Sitkas Liebe in Anbetung aus. Und sie konnte eifersüchtig sein!

»He, mein Mädchen, erinnerst du dich noch an Loup, erinnerst du dich – Loup!«

Die Wölfin warf den Kopf zurück und heulte auf.

»Ja, er fehlt dir auch. Er weiß, dass du mir das Leben gerettet hast. Und das zählt bis in alle Ewigkeit.« Ann beugte den Kopf und legte ihn auf den von Sitka. So verhielt sie und beider Liebe floss ineinander. Als sie sich wieder aufrichtete, wurde ihr für einen Moment schwarz vor Augen. *Was ... Loup.* Sie spürte schmerzvolles Verlangen.

»Heute will ich erstmals wieder oben schlafen, neben Loup. Und du sollst neben meinem Bett ruhen. Sitka, in Ordnung?« Die stand auf und eilte ins Haus. *Sie hat verstanden!* Kopfschüttelnd stand sie auch auf und erinnerte sich an Keoma, der einmal, das ganze Rudel betreffend, sagte: *Sie haben dich verstanden!* Ann ging nach oben, Sitka lag neben ihrem Bett ... ! Ihr wurde schwindlig, ein Flackern – schwarz und weiß, kurz und wieder vorbei. *Egal, vielleicht sollte ich endlich etwas essen.* Von unten drang kurzes Wolfsbellen herauf. »Komm mit.«

Später saßen alle ums Feuer, wie zu alten Zeiten. Warm, keine Moskitos, laue Lüftchen. Ann war glücklich und verdrängte diese Aussetzer. Leise begann sie zu singen, alles Mögliche, was sie in Erinnerung hatte, mit oder ohne Text, die Melodien ohne Text summte sie. Übermächtiges Glück durchströmte sie. Das Sat.-tel. war zu hören.

»Fleur, alles okay? Wie geht's dir?«

»Ach, Marma, mir geht es gut. Wir sitzen am Feuer, das Rudel ist um mich herum. Alles ist gut. Der derbe Schnitt mit der Rückkehr zum Blockhaus war zwar schmerzvoll, aber richtig. Kommt mich besuchen, wann immer ihr wollt. Ich bin nicht aus der Welt und in Gedanken immer bei euch.«

»Da bin ich erleichtert. Und ja, wir kommen bald als ganze Mannschaft und werden deine Idylle aufmischen. Bye.«

Jeden zweiten oder dritten Tag meldeten sie sich, Frauen und Männer der Ojibwa und Cree, bei ihr. Die Verbundenheit war stark, innig und unverbrüchlich.

Sitka starb, als Ann Heidelbeeren sammelte. Die Wölfin war mitgekommen, ihren unsicheren Lauf bemerkte Ann nicht, da sie hinter ihr hertrottete. Am Rand ihres Blickfeldes sah sie eine kleine Bewegung. Sitka lag ausgestreckt ein paar Meter neben ihr. Ihr Kopf fiel langsam zur Seite. »Sitka? He Sitka!!« Sie legte eine Hand auf ihre Brust ... Dann schrie sie: »Sitka! Nein! Sitkaaa!!!« Dann brach sie zusammen.

Eine Zunge weckte sie, nein, mehrere. Anns Orientierung versagte. Ohne eine Träne stand sie auf und lief zurück zum Blockhaus. Aus dem hinteren Teil des Anbaus zerrte sie den Wagen und zog ihn zu der Stelle im Wald. Die emotionslose Starre spendete ihr die Kraft, die ihr ermöglichte, Sitkas Körper auf den Wagen zu betten. Stoisch, wie in Trance, grub sie an diesem Abend am Felsenhügel eine weitere Grube. Wie bei Loups

Tod erzeugte ihr Geist keine Träne. Wie nicht anwesend in der realen Welt, nagelte sie noch zwei kleine Bretter zusammen und setzte das Kreuz. Ohne sich auszuziehen, legte sie sich aufs Bett, krallte sich Loups Kopfkissen und schlief augenblicklich ein.

Am Morgen schrillte das Sat.-tel., Ann blieb liegen. Später, am Vormittag, meldete es sich erneut. Sie ging hinunter und nahm ab; dann sah sie die drei Wölfe an der die ganze Nacht geöffneten Tür und legte das Gerät ab. Sie kniete sich zu ihnen und umarmte sie. Dann ging sie wieder hinauf.

»Hat sie sich gemeldet?«

»Nein.« Marma-tea schaute betreten. »Ich versuche es nachher nochmal.«

Etwas später erschien Keoma, »Fleur reagiert nicht, es kommt nur das Besetztzeichen.« Stumm saßen sie beieinander und beratschlagten. Sinona kam zu ihnen. »Noch immer das Besetztzeichen.«

»Verdammt nochmal, worauf warten wir noch«, »da stimmt was nicht«, rief Marma-tea voller Angst.

Als sie aus der Beaver sprangen, hörten sie nur Stille, dann schrilles Winseln. Aber die Wölfe waren nicht zu sehen. Keoma rannte zum Blockhaus. Die anderen schauten nur suchend umher. Keoma trat aus dem Haus.

»Ist Fleur im Haus?« Keoma nickte.

»Und die Wölfe auch?« Erneutes Nicken.

»Kommt sie zu uns?« Keoma schüttelte den Kopf.

»Warum denn nicht?«

»Sie schläft ...

# Epilog

So wie der Wind über die Bäume und Blumen streicht und die Samen verteilt, so wandelte sich auch das Leben der Menschen am Susitna River. Die Indianer der Ojibwa, Cree und Siksika hatten sich zu einem Gemeinwesen vereint und aus der Wolfssiedlung war eine Ortschaft geworden – »Fleur and Loup Town«.

Jeden Tag, wenn die Dämmerung einsetzte, die Gipfelgrate der Ogilvie Mountain erglühten, die Schatten zwischen den Häusern der Dunkelheit wichen, beendeten die Indianer ihr Tun, traten aus den Häusern, vereinten ihre Hände miteinander und warteten ...

Weit aus dem Süden trug der Wind allabendlich das Heulen von Wölfen heran, traurig und grüßend, auf- und abschwellend, mehrkehlig, bittend und grollend.

Ihre Verbindung zueinander lösend, legten alle ihre Rechte aufs Herz, manche knieten sich hin. So verharrten sie, bis dort, wo einst zwei Menschen mit ihren Wolfshunden lebten, das Heulen erstarb.

Eine neue Wolfsart hatte sich entwickelt, größer als ihre Artgenossen, mit Fellschattierungen, die es bisher nicht gab, die Bindungen zu bestimmten Menschen eingingen und deren Schutz zu ihrem ererbten Charakter gehörte. Wenn irgendein Tier der Wildnis die Fähigkeit hätte, Erinnerungen und Verehrung zu bewahren, dann dieses Okinagarudel. Der Felsenhügel am Blockhaus war ihr Zuhause und die dortigen Gräber waren ihre Familie.

Die Okinaga Region war zur Heiligen Erde erklärt worden und nur die Indianer durften sie betreten. Regelmäßig weilten Angehörige der drei indigenen Völker dort und zelebrierten ihre Rituale. Ein in den amtlichen Registern vermerkt*es* Schutzgebiet war entstanden.

Mit ihrer Autobiografie gelang Ann Trebe ihr dritter Bestseller, der auch in andere Sprachen übersetzt wurde. In Auszügen gehörte das Buch in der Schule der Ortschaft »Fleur and Loup Town« zum Unterricht; nicht nur für die dortige Bevölkerung war und blieb sie ein hehres Symbol der Empathie.

## Im nächsten Leben

Die Menschen leben mit ihren Träumen, manche erfüllen sich, andere bleiben das was sie sind. Vor dem Hintergrund einer einzigartigen Natur erzählt Lothar Ebert die sehr emotionale Geschichte einer großen Liebe, die auch der Tod nicht zerstören konnte. Gleichzeitig macht er uns auch bewusst, dass die zutiefst menschlichen Gefühle wie Liebe, Vertrauen und Loyalität auch auf Tiere übertragbar sind und von diesen erwidert werden. In seinem Buch verbindet er Glück, Tragik und Hoffnung miteinander.

**Im nächsten Leben**
Lothar Ebert
gebunden
ISBN: 978-3-03830-748-8
313 Seiten

Erschienen im Paramon Verlag
www.Paramon.de
Info@Paramon.de